JOSEPH BEUYS

Les Arts d'ailleurs

Collection dirigée par Dominique Berthet, Dominique Chateau, Giovanni Joppolo, Bruno Péquignot

Cette collection s'adresse à tous ceux qu'intéressent les formes d'art qui ont pu émerger ou émergent encore à l'écart du champ artistique dominant. Non seulement les arts dits premiers (africains, océaniens, etc.), mais toute manifestation d'art contemporain où une culture « non occidentale » s'exprime – art de la Caraïbe, d'Amérique du sud, d'Afrique, d'Asie… et d'ailleurs. Les livres de la collection, monographies ou traités, développent une approche ethnoesthétique, historique, philosophique ou critique.

Titre parus

Olivier VARGIN, *Regards sur l'art contemporain russe (1990-2010)*, 2010.
Samar NAHED HAKIM, *L'imaginaire dans l'art et la poésie au Liban*, 2009.
Iba Ndiaye DJADJI, *Propos esthétiques, édité par Abdou Sylla*, 2009.
Olivier VARGIN, *Regards sur l'art de « l'autre » Europe. L'art contemporain est-européen après 1989*, 2008.
Giovanni JOPPOLO, *Portraits en métissages*, 2008.
Olivier VARGIN, *Regards sur l'art polonais de 1945 à 2005*, 2008.
Iba NDIAYE DIADJI, *La critique d'art en Afrique*, 2006.
Iba NDIAYE DIADJI, *Qui a besoin de la critique d'art en Afrique – et ailleurs ?*, 2006.
Dominique BERTHET, *Les corps énigmatiques d'Ernest Breleur*, 2006.
Pie-Aubin MABIKA, *Les arts d'ailleurs*, 2006.
Dominique BERTHET (sous la direction de), *L'audace en art*, 2005.
Pie-Aubin MABIKA, *La chanson congolaise*, 2005.
Christine FREROT, *Art contemporain d'Amérique latine*, 2005.
Hortense VOLLE, *La promotion de l'art africain contemporain et les N.T.I.C.*, 2005.
Susana SULIC, *Sciences et Technologies de l'art contemporain en Argentine*, 2004.

Eric Valentin

JOSEPH BEUYS

Art, politique et mystique

L'Harmattan

Du même auteur

Claes Oldenburg,Coosje van Bruggen. Le grotesque contre le sacré,
Paris, Gallimard, 2009.

Claes Oldenburg et Coosje van Bruggen.
La sculpture comme subversion de l'architecture (1981-1997),
Dijon, Les presses du réel, 2012.

5-7, rue de l'École-Polytechnique ; 75005 Paris
http://www.harmattan.fr
diffusion.harmattan@wanadoo.fr
harmattan1@wanadoo.fr
ISBN : 978-2-343-03732-5
EAN : 9782343037325

Remerciements

Ma gratitude s'adresse tout particulièrement à Dominique Berthet qui m'a permis de publier cet essai sur Joseph Beuys dans la collection *Les arts d'ailleurs* dont il a la direction. Je remercie chaleureusement pour leurs remarques et leurs conseils, les premiers lecteurs de mes recherches sur Beuys, notamment Claude Amey, Marc Hiver, Jean-Marc Lachaud, Jacinto Lageira, Gérard Pelé et Germain Roesz.

Avant-propos

Une question est devenue incontournable pour les défenseurs de l'œuvre de Beuys : répondre à une accusation implicite et récurrente par des experts de l'art contemporain, notamment en France, selon laquelle l'artiste allemand serait un crypto-nazi. Beuys n'aurait pas su surmonter le passé de l'Allemagne, sa pensée et son art seraient hantés par l'idéologie nazie. Certains experts n'hésitent pas à parler d'un germanisme de Beuys, plus ou moins assumé, qui serait un héritage des idées d'Alfred Rosenberg. Le néo-paganisme de l'auteur du *Mythe du XXe siècle* serait à l'arrière-plan de l'intérêt de l'artiste pour le chamanisme, la nature et les animaux. Le néoromantisme de l'artiste correspondrait à l'irrationalisme des hitlériens hostiles à la philosophie des lumières.

En effet, il y a des points de contact, rarement clairement désignés par la critique d'art hostile à Beuys, entre l'idéologie *völkisch* à laquelle adhéraient des nazis et la pensée et l'art du sculpteur, comme par exemple une mystique de la force vitale, dans les deux cas étroitement associée à une politique. Mais on verra que les deux mystiques n'ont pas la même teneur et que les orientations politiques de Beuys sont diamétralement opposées à l'extrême droite allemande du début du XXe siècle qui a pu se reconnaître dans l'idéologie *völkisch* et la pensée de théoriciens comme Ludwig Klages, Julius Langben et Paul de Lagarde. On ne trouve nulle trace de racisme et d'antisémitisme dans la pensée et l'art de Beuys, et les engagements politiques de l'artiste ne sont évidemment pas monarchistes.

La référence au chamanisme dans les performances de Beuys a contribué à rendre plus hermétique son art et à renforcer les préventions et les alarmes. On a vu dans cette référence de l'artiste au chamanisme un symptôme d'aberration mentale. La condamnation, d'emblée, a dominé. Ce rejet compréhensible quand il stigmatise un primitivisme régressif dont ne sont pas toujours exempts la pensée et l'art de Beuys, n'est plus acceptable quand il n'est que l'expression d'un ethnocentrisme euro-américain incapable de s'ouvrir à l'altérité que représentent par exemple les chamanismes sibériens et amérindiens. Un racisme inconscient hérité du colonialisme européen et souvent lié à un rationalisme arrogant et dogmatique n'est jamais très loin du rejet *a priori* du chamanisme.

Il convient de faire un premier rappel : le chamanisme auquel se réfère essentiellement Beuys n'est pas germanique mais asiate. Cet intérêt pour le paganisme n'est pas propre à Beuys et à certains idéologues nazis. On le retrouve au cœur des écrits d'Antonin Artaud, et il est présent à l'esprit de nombreux artistes du XXe siècle qui ont lié leur art au primitivisme, de Pablo Picasso et Alberto Giacometti à Barnett Newman et Michael Heizer. On doit de même remarquer que l'exploitation du paganisme par les nazis, quand il est lié à une mythologie guerrière, ne signifie pas que le paganisme présenterait par définition des affinités avec l'idéologie nationale-socialiste.

La référence au chamanisme dans des actions ou des œuvres de Beuys est capitale. Je ne crois pas qu'elle ait été comprise aussi bien pas les adversaires que par les défenseurs de l'artiste. Tant que ne sera pas élucidé le sens de cet intérêt pour le chamanisme, l'art de Beuys ne sera pas vraiment intelligible. On montre ici que cette référence correspond en fait au mysticisme de Beuys. Pour l'artiste comme pour l'historien des religions Mircea Eliade, le chamane est pour l'essentiel un mystique.

La part la plus hermétique de l'art de Beuys est sa dimension religieuse. Le contenu religieux de ses œuvres est d'autant plus déroutant que dans certaines performances importantes des années 1960, on est en face d'un syncrétisme religieux : une association du christianisme et du chamanisme. Pour compliquer un peu plus l'affaire, les références chrétiennes de Beuys évoluent. Elles sont d'abord catholiques et assez traditionnelles en se fiant à Ignace de Loyola, pour évoluer à la fin des années 1960 vers un christianisme révolutionnaire tel qu'il a été défini par le philosophe Ernst Bloch. On verra que Beuys demande au christianisme une morale plus qu'une mystique. Dans la mesure où le christianisme a été exploité et manipulé par le nazisme, il convenait aussi de bien distinguer le christianisme de l'artiste, de la propagande « chrétienne » haineuse et pervertie à laquelle les nazis ont eu parfois recours.

La conversion de l'artiste au christianisme, qui apparaît dès les années 1950, doit se comprendre comme la volonté de Beuys d'épouser les valeurs universalistes du catholicisme contre le nationalisme radical du nazisme, et de mettre en avant l'humanisme chrétien en s'opposant à l'idéologie raciste des hitlériens.

Un rappel des engagements politiques de Beuys et l'analyse de certaines œuvres majeures, comme *Honigpumpe* (1977) ou *Tram Stop* (1976), confirmeront l'impossibilité d'en faire un crypto-nazi, ou même un nationaliste. Ils permettront aussi de situer politiquement Beuys qui n'est pas à droite de l'échiquier politique comme certains l'ont suggéré, en dépit des évidences de son appartenance à la nouvelle gauche allemande des années 1970. L'analyse de l'action *7000 chênes* (1982) permettra de même de comprendre la teneur de ses engagements écologiques, bien distincte de la politique écologique nazie. L'amalgame et l'association libre ont été plus ou moins la règle dans la critique d'art française attaquant l'art de Beuys. Il est temps de mettre fin à la confusion qui règne dans les esprits.

Une autre critique récurrente de l'art de Beuys est l'idée qu'il n'y a pas d'œuvres de qualité dans la production de l'artiste, mais pour l'essentiel des objets plus ou moins inintelligibles. On veut montrer dans cet essai que certaines œuvres de Beuys comme *Plight* (1985) et *Honigpumpe* font partie, en fait, des œuvres majeures de l'art du XXe siècle. Les attaques contre l'art de Beuys peuvent avoir plusieurs causes. Elles procèdent parfois du refus de considérer que les œuvres plastiques ne relevant pas des beaux-arts soient des œuvres d'art. Il s'agit donc dans ce cas d'un conservatisme artistique qui vise les héritiers du ready-made de Duchamp. Beuys montre que des œuvres importantes peuvent être dérivées du ready-made et que l'art de la performance peut avoir des qualités stylistiques et une force énigmatique. C'est le cas de certaines de ses performances comme *Der Chef* (1964), *Eurasienstab* (1967), *Vakuum-Masse* (1968) et l'action Coyote (1974).

Si l'on n'est pas encore persuadé de la valeur artistique d'une partie des œuvres de Beuys, cela tient en partie au fait que les critiques d'art favorables à Beuys n'ont pas suffisamment désigné la qualité artistique des œuvres et relevé la richesse sémantique de certaines de ses productions. La description des œuvres et des performances ne suffit pas. Il faut interpréter les œuvres, dégager leurs significations et montrer leur intérêt et leur pertinence.

Certains détracteurs de Beuys ont considéré que l'artiste instrumente l'art et que cette instrumentation est politique et idéologique. Cette critique est plus pertinente que les précédentes. Il y a en effet une instrumentation religieuse, morale et politique de l'art dans la production de Beuys, qui tend parfois à nier la dimension artistique de ses œuvres. Beuys reconnaissait lui-même que certains de ses objets n'étaient que des documents ou des restes de ses actions[1]. Il convient certainement, quand c'est le cas, de ne pas les considérer comme des œuvres d'art. Il y a notamment des actions dont le sens est exclusivement politique, notamment durant les années 1970. De nombreux multiples, installés ou non dans des vitrines, n'ont pas de statut artistique. Ce sont les supports matériels de valeurs sociales, écologiques ou autres que défend Beuys. À certains moments, l'artiste a confondu le politique, la morale et l'artistique. Il a aussi délibérément fait parfois le choix d'une orientation strictement politique, considérant que l'art n'avait plus de potentiel critique par rapport à la société et

[1] Beuys déclare à propos de ses objets produits ou utilisés durant ses actions : « Ce sont les restes nécessaires de toutes les activités, des documents, des outils qui permettent la reconstitution de mes actions. Il y a beaucoup de personnes, et entre autres trois aux USA, qui refont systématiquement toutes mes actions à partir des résidus dans les musées » (« Entretien avec Bernard Lamarche-Vadel » [1979], in Bernard Lamarche-Vadel, *Joseph Beuys, is it about a bicycle ?*, Paris/Verone, Marval, galerie Beaubourg, Sarenco-Strazzer, 1985, p. 94). On voit que Beuys n'utilise pas le terme de « relique » dont ses adversaires abusent.

qu'il était incapable de changer le *statu quo*. Beuys, sur ce point, a reconduit les illusions du productivisme artistique russe dans les années 1920, en cherchant le moyen d'intervenir dans la sphère économique pour transformer le monde et en voulant abandonner la création artistique réservée à une élite et sans efficacité sociale. Les équivoques sur le statut artistique de la production de Beuys ont été engendrées en partie par l'artiste.

Beuys est partagé entre des impératifs éthiques et un désir de prodigieux que transmettent avec bonheur quelques œuvres et des performances liées à la religion. Mais l'emporte trop souvent la morale. Ce poids de la morale dans ses créations a plusieurs causes. Beuys pensait que la dégradation écologique grave et irréversible de la planète était imminente[2]. Cela le conduisit progressivement à privilégier des engagements écologiques et politiques, et à délaisser en partie la création artistique ou à politiser et moraliser cette dernière. La Guerre froide, le double échec du communisme et du capitalisme renforçaient ce sentiment qu'une transformation de la société était impérieuse. Le développement du nucléaire civil et militaire était un autre motif d'inquiétude. Le sentiment de culpabilité par rapport aux crimes du nazisme a joué aussi pour renforcer la moralisation de l'art dans les productions de Beuys. La barbarie nazie semblait ne pouvoir être jugulée que par une moralisation de l'existence à laquelle l'art pourrait contribuer. Beuys se réfère souvent à Friedrich Schiller et à ses *Lettres sur l'éducation esthétique de l'homme*. Cette idée d'éducation par l'art devait préluder à l'ennoblissement moral et à l'harmonie sociale et politique.

Quand l'art rayonne dans la production de Beuys, il est lié au prodigieux qui, par son excès solaire, ne se laisse par circonscrire par le beau idéal de Schiller, trop mesuré et trop équilibré et surtout subordonné d'emblée à la morale et à une paix sociale qui certes importent, mais sont bien éloignées de

[2] Beuys déclare : « Nous nous trouvons de façon évidente dans une crise si profonde que nous ne pouvons pas savoir si les hommes vivront encore sur cette planète à la fin du siècle ». (« Entretien avec Elisabeth Rona » [1981], in B. Lamarche-Vadel, *op. cit.*, p. 111.

l'extraordinaire que tout être humain désire et auquel il a droit en se fiant à l'art et à la mystique.

Les défenseurs de Beuys ont souvent privilégié l'élucidation des théories de l'artiste en les rapportant au romantisme allemand. Les philosophies romantiques de la nature sont incontestablement au cœur de la pensée de Beuys. Mais il importe aussi de mieux le situer dans l'histoire de la création artistique. Pour cette raison, il convient d'expliciter les rapports de Beuys à Marcel Duchamp et à John Cage, qui sont deux références majeures de Fluxus auquel Beuys a été lié. La confrontation des pensées de Beuys et des idées de George Maciunas permettra de mieux saisir les différences et les similitudes entre ces deux artistes, et les raisons de l'estime du sculpteur allemand pour le fondateur de Fluxus.

Enfin, si le théâtre de la cruauté d'Artaud ne correspond pas aux performances de Beuys sur bien des points, les deux artistes partagent néanmoins un même intérêt pour le paganisme mystique. La rare éloquence d'Artaud à propos de cette mystique permettra d'éclairer certains aspects de la religiosité de Beuys.

En suivant l'exemple du philosophe Ernst Bloch, on montre ici que la présence du mythe et de la mystique dans la production de Beuys n'est pas nécessairement obscurantiste et qu'elle recèle une part de lumière salvatrice et vitale, notamment d'un point de vue artistique.

L'art et la pensée de Beuys se déploient avec pour objectif que jamais Auschwitz ne se répète. Ce n'est pas là uniquement une intention de l'artiste, c'est le sens fondamental de son œuvre qui se veut une nouvelle éducation esthétique de l'homme dans le sillage de l'humanisme de Schiller. L'art de Beuys n'est finalement qu'une réponse parmi d'autres à la barbarie, une contribution précieuse mais qui a aussi ses limites, en substituant par exemple la morale à l'art, en sous-estimant la complexité du phénomène nazi, en se confiant aux religions sans se prémunir assez contre toutes leurs ambiguïtés parfois dévastatrices, et en faisant des choix politiques discutables.

Mais il est un des rares artistes à avoir eu le courage d'affronter la barbarie de la première moitié du XXe siècle en se demandant ce que pouvait faire l'art et ce qu'il devait faire pour lutter contre le retour du mal et du chaos. Il est bien évident que les réponses ne pouvaient être que partielles et discutables. Il y en a une particulièrement convaincante, c'est le choix mystique par Beuys de la douceur infinie pour panser l'immensité de la douleur humaine après Auschwitz.

A/ Joseph Beuys : art et politique

I/ *Honigpumpe am Arbeitsplatz* : une machine utopique

En 1977, à la documenta VI de Cassel, Beuys organise un forum pour la F.I.U. durant cent jours[3]. Ce sera l'occasion de nombreux échanges concernant la politique et la société. L'artiste réalise l'une de ses œuvres les plus marquantes *Honigpumpe am Arbeitsplatz* (*Pompe à miel sur le lieu de travail*). La pompe propulse du miel dans des tuyaux en plexiglas, du sous-sol du musée Fredericianum à l'étage où se situe le bureau d'information de la F.I.U. Les spectateurs peuvent voir l'installation de Beuys composée de moteurs électriques, de miel (2 tonnes) et de graisse (100 kilogrammes de margarine). Elle est située dans un espace semi-circulaire, mais à distance du public et en contrebas. Cette salle des machines, odorante et bruyante, est associée à un cœur par l'artiste, et l'ensemble des tuyaux est comparé à un réseau sanguin. Le cœur étant lui-même une pompe propulsant le sang dans le corps, l'analogie de Beuys est compréhensible et le dispositif machinique a une dimension organique. La mécanique se réconcilie avec l'organique. Beuys avec *Honigpumpe* dépasse ses positions romantiques des années 1960, viscéralement critiques par rapport aux techniques et aux machines. La nature, dans son art, se réconcilie enfin avec la technique et un monde rationnel et industriel. L'artiste a enregistré les limites de son primitivisme et les impasses de son romantisme restaurateur, fantasmant dans l'originaire et les sociétés préindustrielles un âge d'or. Avec *Honigpumpe*, Beuys dépasse ce que Bloch désigne comme la « technique bourgeoise ». Le philosophe écrit à son propos : « La technique bourgeoise acquit, en dépit de tous ses bienfaits, un tel caractère d'artificialité et d'abstraction que dans maintes de ses

---

[3] La F.I.U. est l'Université libre internationale fondée par Beuys et le prix Nobel de littérature Heinrich Böll en 1974 à Düsseldorf.

inventions astucieuses, elle donne encore l'impression d'être non seulement dirigée de façon inhumaine mais de n'être pas fondée naturellement[4]. » La douceur du miel propulsé dans les tuyaux transparents de l'installation de Beuys, associée à l'énergie des moteurs de *Honigpumpe*, et la présence de la graisse, matière naturelle et organique, donnent à la machine de l'artiste son ancrage dans la nature. La mécanique associée au miel avec ses vertus thérapeutiques donne naissance à une machine liée à une utopie médicale. Avec sa couleur, le blanc de perle, le grand bloc de margarine dans la salle des machines de Beuys ajoute sa présence nourricière et protectrice aux bienfaits du miel. Les tuyaux de plexiglas remplis de miel et courant le long des murs de l'espace réservée à la F.I.U., durant la documenta, sont une incitation à la circulation des idées et à la communication. La pompe à miel est le substrat machinique de la fécondité des échanges lors des conférences organisées par Beuys et ses amis. C'est une machine utopique. Elle est liée à une utopie technique, médicale et sociale.

1/ Pour une utopie technique

Les utopies techniques sont plus anciennes que les utopies sociales, elles sont plus ambigües et souvent obscurantistes ; elles sont d'abord proches de la magie. L'idée de s'approprier et de canaliser les forces cosmiques est un vieux rêve qui hante parfois les actions de Beuys durant les années 1960, comme dans sa performance *Hauptstrom-Fluxus* (1967). Bloch écrit : « Le fluide du vieux Mesmer fut lui aussi ranimé lorsqu'il put s'annexer un langage scientifique, celui de l'électricité du dix-neuvième siècle. » Ce fluide énigmatique arrêta l'attention de Beuys. L'électricité est utilisée par l'artiste allemand dans des actions comme *Manresa* (1966) ou *Fond II* (1968) comme une métaphore d'une énergie cosmique supposée pouvoir

[4] E. Bloch, *Le Principe espérance II. Les épures d'un monde meilleur* [1959], trad. F. Wuilmart, Paris, Gallimard, 1982, p. 255.

transformer le monde[5]. Une ontologie irrationnelle des forces, empruntée en partie à Friedrich Nietzsche et à *La Naissance de la tragédie*, est au cœur de la philosophie de Beuys. Cette ontologie, qui a en soi assez peu d'intérêt, demande à être interprétée. Elle traduit le désir de Beuys de transformer la vie et la société. Elle peut être une croyance métaphysique utile pour intensifier le désir d'exister et garantir, au moins fantasmatiquement, la possibilité d'une transformation d'un monde conçu comme essentiellement en devenir et lié au changement. L'alchimie chrétienne semble aussi avoir été une référence majeure pour Beuys. *Les noces chimiques de Christian Rosencreutz*, de Johann Valentin Andreae, ont peut-être inspiré indirectement Beuys, passionné dès les années 1950 par l'anthroposophie de Rudolf Steiner[6]. L'art et la pensée de Beuys pourraient avoir pour emblème une croix ceinte de roses. Ici, selon Bloch, « l'alchimie est conçue comme damc d'honneur d'une métamorphose du monde ou d'une réformation générale [7] ». Bloch ajoute d'un ton ironique mais plutôt bienveillant : « ce que l'on voulait, c'était lancer un appel à l'éveil, qui traverserait toute la couche terrestre : "réveille-toi chrétien engourdi", et c'est l'écho de ce cri qui devait traverser le plomb, la créature, la société et [...] le reste de l'altérité. C'est à partir d'ici que la préparation de l'or et le progrès de l'humanité vont se mêler intimement dans la pensée rosicrucienne constituant de la sorte la singularité de son fantastique alliage[8]. » Certaines sectes arborant la « rose-croix » au XVIIe siècle « voulaient orienter, dit Bloch, le courant de la société et celui de la nature vers l'état originel de paradis, où

---

5 Les rapports de certaines œuvres intitulées Fonds avec les piles de volta sont bien spécifiés par Jean-Philippe Antoine dans *La Traversée du XXe siècle. Joseph Beuys, l'image et le souvenir*, Dijon, Les presses du réel, 2011, p. 350, *sqq*.

6 Günther Grass rappelle dans l'un de ses ouvrages que lors de ses études à l'Académie des beaux-arts de Düsseldorf, il croisa Beuys qui était déjà un adepte de Rudolf Steiner : « Je ne ressentais plus aucune attraction pour Mataré, où, autour de l'élève Joseph Beuys qui dominait maintenant, tout allait son train ascétiquement chrétien, voire anthroposophique. » G. Grass, *Pelures d'oignon*, trad. C. Porcell, Paris, Seuil, 2007, p. 291.

7 Ernst Bloch, *Le Principe espérance II*, *op. cit.*, p. 229.

8 *Ibid.*

l'égalité sociale et la nature d'avant la chute, celle de l'âge d'or, ne faisaient qu'un[9] ». L'utopie inscrite dans *Honigpumpe* est cette fois tournée vers l'avenir et un âge d'or à inventer et non à découvrir. La graisse, matière de prédilection de Beuys, est dans son imagination une matière alchimique, elle condense le chaos et le cristal, la boue et l'or. La transmutation des métaux des alchimistes hante la plupart des matériaux utilisés par Beuys. Pour Andreae et ses successeurs, la transmutation en or demeure synonyme de transformation du monde. Durant les années 1960, Beuys réalise des actions liées à un imaginaire de l'action et de la transformation, mais cela reste assez abstrait ou s'apparente à une spiritualisation de la vie liée à la morale. Bloch écrit : « C'est de sa propre purification que devait d'abord se soucier le disciple[10] » de l'alchimie. On peut comprendre les premières actions de Beuys liées au chamanisme ou au christianisme comme un processus de purification ou de conversion après les années de guerre. C'est en s'associant à la nouvelle gauche allemande que l'art de Beuys et sa volonté de transformation vont acquérir un contenu plus déterminé.

Le romantisme restaurateur de Beuys, durant les années 1960, ne semble pas pouvoir envisager les aspects positifs de la technique moderne. La pensée de Beuys est d'abord tournée intégralement du côté de la nature qu'il oppose mécaniquement à la technique et au monde industriel. L'idéologie restauratrice de Beuys lui interdit de dialectiser la nature et la technique. *Honigpumpe* réalise enfin cette dialectique. La machine n'est plus *a priori* condamnable. La technique n'est plus questionnée du côté de l'alchimie ou de la magie, mais bien du côté du monde des machines au service de l'humanité. Beuys se distingue des artistes ayant associé leur art à la machine. Tinguely associe le machinisme à un grotesque plus tragique que comique. Duchamp en propose une subtile critique ironique d'inspiration dadaïste. Les futuristes en font un symbole de puissance et d'ivresse. *Honigpumpe* : c'est la technique « au

[9] *Ibid.*, p. 230.
[10] *Ibid.*, p. 234.

service de la satisfaction maximale des besoins » et non « la recherche du profit maximal[11] ». Bloch écrit : « La technique, pour autant qu'elle représente celle des moyens de survivre et non celle des moyens de tuer, est en soi, *cum grano salis*, déjà socialiste[12]. » La Pompe à miel est la métaphore d'un vitalisme, d'un élan vital, qui a su subordonner la technique pour instaurer une vie fraternelle. Beuys, avec cette machine, dépasse ses préjugés romantiques par rapport au rationalisme. Il le confirma en déclarant : « La position du matérialisme [...] est avant tout un véritable événement pour la connaissance, la perception et la pensée humaines, limité à la partie matérielle du monde, à tout ce qui est mesurable, pondérable et calculable [...], le matérialisme se trouve dans une phase où il doit être élargi [...], l'art joue naturellement un rôle décisif dans ce processus[13]. » À ce que Beuys désigne comme le matérialisme, les sciences et les techniques, il faut donc adjoindre des préoccupations spiritualistes, humanistes et artistiques. En 1976, Beuys avait eu l'intention de réaliser *Honigpumpe* lors de la biennale de Venise ; cette machine utopique alliant la puissance et la douceur, installée dans le pavillon allemand édifié dans un style néoclassique par un architecte nazi, aurait été une antithèse efficace et somptueuse à l'exploitation barbare de la technique par les hitlériens. Les bruits de la machine de Beuys auraient perturbé la création d'une œuvre de l'artiste Reiner Ruthenbeck, dans une autre salle du pavillon allemand. À la place de *Honigpumpe*, Beuys décida en conséquence de réaliser une autre installation : *Tram stop*.

2/ Vers le christianisme révolutionnaire d'Ernst Bloch

Dans les années 1960, la référence de Beuys aux jésuites, dans des performances comme *Manresa* (1966), comportait des ambiguïtés notables, comme la soumission traditionnelle de cet

[11] *Ibid.*, p. 259.
[12] *Ibid.*, p. 257.
[13] Joseph Beuys, in *Beuys, Kounellis, Kiefer, Cucchi, Bâtissons une cathédrale. Entretien,* trad. O. Mannoni, Paris, l'Arche, 1988, p. 127-128.

ordre religieux au Vatican et le principe fondamental d'obéissance au vouloir divin. Beuys finalement se tourne vers un christianisme libéré de l'Église et de toute servitude ou orthodoxie institutionnelle. Il était nécessaire aussi pour l'artiste de prendre ses distances par rapport au Christ cosmique de Rudolf Steiner, qui tend à subordonner la christologie à l'ontologie, en dissociant le Christ de l'éthique et du message évangélique de la charité. C'est ce dernier message qui est au cœur du christianisme renouvelé de Beuys transparaissant dans *Honigpumpe*.

Une action comme *Celtic +*, réalisée en 1971 à Bâle, indique une proximité de Beuys avec l'anabaptisme. Son alliance avec la gauche radicale étudiante et ses sympathies pour l'anarchisme l'orientent vers un christianisme dissocié de l'Église, ce qui n'était pas encore le cas dans sa référence encore assez traditionnelle à Loyola dans les années 1960. Sans que l'artiste souscrive explicitement à la philosophie chrétienne de Bloch, il me semble qu'il y a des liens assez étroits entre Beuys et une tradition hérétique dans le christianisme, qui va de Joachim de Flore et des albigeois au christianisme révolutionnaire d'un Alexandre Block ou d'un Kazimir Malevitch en Russie. Le christianisme de Beuys, plus moral que mystique, est lié à l'idée de charité et d'amour des hommes ; ce christianisme, qui se donne comme un retour aux Évangiles et à un christianisme primitif authentique, est lié à un engagement social révolutionnaire, comme ce fut le cas des anabaptistes au 16e siècle en Allemagne, par exemple[14]. Voyons cette tradition minoritaire et hérétique le plus souvent, à l'intérieur du christianisme et découvrons ses liens avec l'art et la pensée de Beuys.

Bloch écrit : « Müntzer et ses pareils qui voulurent établir sur terre ce véritable royaume d'amour, qui le voulaient établir sans attendre, enthousiastes autant que Jésus, avaient du même

---

[14] Sur l'anabaptisme révolutionnaire, voir E. Bloch, *Thomas Müntzer. Théologien de la révolution* [1921], trad. M. de Gandillac, Paris, Julliard, 1964.

coup très mauvaise presse dans la théologie chrétienne[15]. » C'est bien ce royaume d'amour que l'on entend dans des déclarations de Beuys liées d'ailleurs à *Honigpumpe*. À propos de cette œuvre, Beuys déclare : « On peut observer ce qui naît des forces proprement dites, des forces d'amour humain sur ces lieux du travail humain[16]. »

Bloch dessine les contours et les orientations d'un christianisme subversif auquel Beuys peut souscrire. William Blake dit à propos de la Révolution française : « Du sauveur l'esprit de révolte fondit sur le monde[17]. » C'est ce Christ révolutionnaire et rebelle qui s'impose dans l'art de Beuys. Selon Saint Jean-Baptiste : « Le royaume de dieu est à portée de la main, celui qu'il avait initié par le baptême devait nécessairement apparaître non seulement comme un rebelle mais comme un fou de dieu[18]. » Le message eschatologique du christianisme primitif est entendu par Beuys, rebelle et lui-même « fou de dieu ». Si la religion est un opium du peuple, Bloch rappelle toutefois que la religion n'aurait pas été aussi critiquée si elle n'avait pas été le plus souvent du côté des pouvoirs pour manipuler le peuple. La religion s'est compromise en servant d'alibi à l'oppression. Bloch montre que ce ne fut pas toujours le cas. Il faut distinguer la religion, l'Église et ses dogmes. Bloch cite le théologien protestant Karl Barth qui écrit : « Le divin lance son non constant au monde[19]. » Le divin peut être critique comme l'a compris Beuys. « Depuis toujours, c'est le divin qui se trouve au faîte de l'idéal [...] dans la pure félicité[20] » écrit Bloch. C'est au nom de cette pure félicité que la société inique sera combattue. Voilà des raisons pour lesquelles on ne peut pas et on ne doit pas

---

[15] Ernst Bloch, *L'Athéisme dans le christianisme. La religion de l'exode et du royaume* [1968], trad. E. Kaufholz et G. Raulet, Paris, Gallimard, 1978, p. 71.
[16] J. Beuys, « Entrée dans un être vivant », in *Par la présente, je n'appartiens plus à l'art*, trad. O. Mannoni et P. Borassa, Paris, L'Arche, 1988, p. 62.
[17] E. Bloch, *L'Athéisme dans le christianisme...*, p. 74.
[18] *Ibid.*, p. 71.
[19] E. Bloch, *Le Principe espérance III. Les images souhaits de l'Instant exaucé* [1959], trad. F. Wuilmart, Paris, Gallimard, 1991, p. 338.
[20] *Ibid.*

liquider la référence au divin. Il y a là une aspiration indéracinable et qui peut être socialement critique.

En se référant au chamanisme dans son art, Beuys a situé l'âge d'or dans le passé. Son mysticisme, dans un premier temps, est une régression à l'origine et une passion de l'archaïque et de l'immémorial. Il faut attendre, dans son œuvre, son retour au christianisme, la conjonction du christianisme et de la politique pour que le présent et l'avenir puissent être un possible âge d'or. Un messianisme de Beuys s'affirme dans lequel l'avenir a maintenant une valeur cardinale. Il dépasse ainsi l'élément conservateur du chamanisme qui situe le paradis à l'origine et le conçoit déjà entièrement créé. Le refus du statisme et du *statu quo* social, qui est interne à l'énergétique de Beuys, contredit les aspirations à une origine mythique qui sont inhérentes à son adhésion au chamanisme. Beuys a enfin entendu l'aphorisme d'August Schlegel : « L'image d'un âge d'or passé est l'un des plus grands obstacles à l'approche de l'âge d'or qui doit encore venir. Si âge d'or il y eut, il n'était pas d'or véritable [...], si l'âge d'or ne doit pas durer éternellement, il vaut mieux qu'il ne commence même pas[21]. »

Bloch écrit que Jésus, rebelle et hérétique, a été crucifié car il représentait un danger pour Rome et la haute société juive[22]. Ce danger, c'était celui du renversement effectif des iniquités par des disciples du Christ écoutés par le peuple. Le philosophe ajoute : « Jésus [...] utilise le terme d'évangile en lui donnant le sens d'une guérison miraculeuse de la terre toute entière grâce au royaume de dieu[23]. » Beuys est dans cette logique avec son œuvre *Honigpumpe*. Ce qui est en jeu comme avec Bloch, c'est « la promesse d'un salut politique et religieux mettant fin à la misère concrète, ouvrant une ère de bonheur concret[24] ». Il ne

[21] August Schlegel, Fragment 243, « Fragments de l'Athenaeum », in Philippe Lacoue-Labarthe/Jean-Luc Nancy, *L'Absolu littéraire, théorie de la littérature du romantisme allemand*, Paris, Seuil, 1978, p. 133.
[22] E. Bloch, *L'Athéisme dans le christianisme, op.cit.*, p. 170.
[23] *Ibid.*, p. 164.
[24] *Ibid.*

faut donc pas réduire l'évangélisme de Beuys à l'éthique. Bloch précise : « L'authenticité de l'Évangile impliquait un sens réel et révolutionnaire[25]. » Beuys aurait acquiescé à cette idée ; l'idée que le royaume de dieu est seulement en nous détourne les énergies messianiques. Ce royaume doit être réalisé ici et maintenant ; il ne saurait être purement intellectuel ou sensible comme l'affirme la tradition mystique. Mais peut-être faut-il dire que le royaume de dieu est bien en nous mais qu'il veut par essence être réalisé en ce monde.

Bloch reproche à Rudolf Otto le manque, dans sa conception du sacré, de la dimension de la douceur christique[26]. C'est cette dimension que Beuys intègre dans *Honigpumpe* avec la présence du miel dans cette installation. Cette douceur est aussi liée au pacifisme politique de Beuys. Le correctif de l'énergétique de Beuys avec sa possible violence, c'est la bienveillance ou l'amour du christianisme ; c'est encore elle qui vient contredire heureusement la violence inhérente au scénario initiatique, incluant souffrance, mort et renaissance ou à l'initiation chamanique sibérienne, incluant le rituel symbolique du découpage du corps de l'initié.

Humaniser le divin et le sacré est l'un des enjeux du christianisme. Il faut faire que le divin ne soit pas le terrifiant et ce qui domine absolument. Beuys, comme Bloch, refuse toute théocratie. Il faut émettre des réserves à l'égard de la puissance, y compris la puissance du divin. Il y a une violence dans la rhétorique des forces ou des énergies de Beuys et dans celle du paganisme. Le christianisme de l'artiste est un correctif par rapport à l'énergétique déchaînée du romantisme Nietzschéen. Beuys avait conscience que l'énergie à laquelle il se réfère si souvent pouvait être destructrice ; lors de son action Coyote par exemple, on entendait un bruit dissonant et pénible de turbines. Beuys dit à propos de cette énergie machinique, qu'elle est dangereuse et destructrice[27]. L'énergie dans la nature, quand

---

[25] *Ibid.*, p. 165.
[26] *Ibid.*, p. 63.
[27] J. Beuys, in Caroline Tisdall, *Joseph Beuys. Coyote*, trad. Paris, Hazan, 2009, p. 16.

elle est chaotique, est de même vue par Beuys comme un danger.

Le communisme d'amour du christianisme primitif résonne dans *Honigpumpe*. La « prédication subversive de l'apocalypse sociale[28] » dont parle Bloch est audible dans l'œuvre. Avec Beuys, la douceur associée à une brûlante ardeur rejette toute forme de quiétisme. Bloch écrit : « Dès son origine l'authenticité de l'évangile impliquait un sens réel et révolutionnaire[29]. » Le christianisme de Beuys ne vise pas un au-delà ou une transcendance, mais la venue du royaume ici et maintenant ; le bonheur est social et politique et pas uniquement mystique. Impossible de se contenter d'un royaume intérieur. Il n'y a pas, ici, de fuite dans la transcendance. Un christianisme combatif et militant refusant toutes les formes d'oppression et un esprit de révolte contre les injustices s'imposent dans l'art de Beuys.

Des déclarations de l'artiste laissent penser qu'il ne croit pas en Dieu mais plutôt à l' « avènement de dieu en l'homme » dont parle Bloch, dans le sillage de Ludwig Feuerbach[30]. L'humain possède en lui-même un devenir divin qui se manifeste dans des circonstances exceptionnelles. Ce qui intéresse l'artiste allemand, dans le christianisme, c'est l'éthique et l'amour chrétiens, mais pas spécialement le monothéisme ou le dogme religieux.

Il y a toutefois un point de divergence capitale entre Beuys et le christianisme révolutionnaire que défend Bloch. L'artiste ne se démarque pas de la dimension sacrificielle du christianisme ; c'est l'un de ses impensés majeurs. Le dieu mis en croix est une grande référence pour Beuys. L'invention de Saint Paul, le sacrifice suppliciant du Christ pour les péchés des hommes a introduit un sacrifice humain au cœur du christianisme. Beuys, comme la plupart des chrétiens n'en voit

---

28 E. Bloch, *L'Athéisme dans le christianisme*, *op. cit.*, p. 121.
29 *Ibid.*, p. 165.
30 *Ibid.*, p. 171.

pas la monstruosité que dénonce à juste titre Bloch[31]. Il n'y a pas suffisamment de distance de Beuys par rapport aux idéologies sacrificielles. La morale elle-même reste trop fortement sacrificielle dans sa pensée. Pour l'artiste, la connaissance suppose aussi la souffrance ; il déclare à ce propos : « Pour qu'on parvienne à la connaissance, il faut une douleur durable[32]. » Le dolorisme irrationnel de Beuys, ici, finit par justifier et perpétuer la souffrance.

3/ Une source d'inspiration : les utopies sociales judéo-chrétiennes

Les déclarations de Beuys à propos d'une nouvelle société sont liées à des aspects positifs de l'histoire des utopies sociales. On reconnaît dans ses propos des éléments de l'utopie sociale la plus importante du Moyen Âge, celle de Joachim de Flore qui visait en 1200, déjà, l'abolition de l'État et de l'Église. Beuys le rejoint sur ce point. Dans les dernières années de sa vie, il se rapproche du programme des Joachimites. Son art a évolué depuis la performance *Manresa,* liée à Loyola, et *Honigpumpe* dont l'inspiration est joachimite. Il doit cette évolution de son christianisme à la jeunesse allemande de la nouvelle gauche et à ses références philosophiques comme Ernst Bloch par exemple. Rudi Dutschke, membre et professeur de la F.I.U., leader étudiant des années 1960 en Allemagne, participa aux cent jours de la documenta 6 et s'entretint avec Beuys. L'une des références philosophiques majeures de Dutschke était Bloch, qu'il rencontra en 1967 et avec lequel il noua une amitié[33].

L'utopie, pour Joachim, est dans l'avenir, dans l'histoire et non dans l'au-delà[34]. Le Royaume doit advenir ici et

---

[31] *Ibid.*, p. 209-210.
[32] J. Beuys, *Bâtissons une cathédrale*, *op. cit.*, p. 160.
[33] Voir sur ce point Arno Münster, *L'Utopie concrète d'Ernst Bloch. Une biographie*, Paris, Kimé, 2001, p. 313-314.
[34] E. Bloch, *Le Principe espérance II, op.cit.*, p. 80.

maintenant ; dans sa nouvelle démocratie mystique, les élus sont les pauvres. On retrouve ce dernier point dans des déclarations de Beuys quand il prend le parti des éboueurs lors de ses entretiens avec l'artiste Yannis Kounellis[35]. Dans l'utopie joachimite, le paradis concernera les corps et pas seulement les âmes. Cet aspect se concilie avec le paganisme de Beuys. L'Éden s'inscrira dans ce monde. C'est un « communisme monastique que défend Joachim de Flore fondé sur une alliance fraternelle » dit Bloch[36] ; il y a de cela chez Beuys après 1968, avec son insistance sur la fraternité. Jésus, pour Joachim, cesse d'être un chef, et dans son utopie il est mis fin à la propriété privée ; la fraternité se traduit entre autres par la tolérance envers les juifs et les païens à la différence de l'Église et de ses théologiens. Bloch écrit : « La citoyenneté du futur royaume de Dieu n'était pas conférée par le baptême mais par l'expérience intime et profonde du mot d'ordre de la fraternité[37]. » De ce point de vue, *Honigpumpe* de Beuys a plus de pertinence que le rituel du baptême qu'il imite dans son action *Celtic +,* car c'est la fraternité qui est visée et non la référence à un sacrement. Joachim a refusé la théologie du père liée à l'autorité, à la crainte et à la domination. Il a dissout le Christ dans une communauté. Joachim, selon Bloch, est la référence première du christianisme révolutionnaire et de son utopie sociale dans l'histoire. On retrouvera la même aspiration avec les anabaptistes en Allemagne. Thomas Münzer veut supprimer la richesse et la pauvreté. La tolérance envers les juifs et les païens est acquise là aussi. Selon Münzer le royaume futur est composé de « tous les élus venus de toutes les directions et issus des races les plus variées, adeptes de toutes les croyances possibles[38] ». Voilà ce que pourrait prôner aussi *Honigpumpe.*

Joachim, selon Bloch, est proche de la critique de la religion par Karl Marx. Le philosophe cite Marx à ce propos : « Les

---

[35] Beuys déclare à propos des éboueurs de Madrid : « Ils sont les représentants d'une humanité future. » in *Bâtissons une cathédrale*, *op. cit.*, p. 154 ; les derniers seront les premiers dans la démocratie mystique de Beuys.
[36] E. Bloch, *Le Principe espérance II*, *op. cit.*, p. 83.
[37] *Ibid.*
[38] Thomas Munzer cité par E. Bloch in *Le Principe espérance II*, *ibid.*, p. 83.

principes sociaux du christianisme ont justifié l'esclavage de l'Antiquité, ils ont glorifié le servage médiéval [...]. Les principes sociaux du christianisme tiennent toutes les infamies exercées par les oppresseurs soit pour des punitions légitimes du péché originel et d'un tas d'autres péchés soit pour des épreuves auxquelles le Seigneur, dans sa grande sagesse, soumet les êtres qu'il veut racheter[39]. » Les albigeois, les hussites, et les baptistes qui ont reçu l'essentiel du message de Joachim seraient d'accord avec ce point de vue de Marx. Bloch fait remarquer que l'on retrouvera l'esprit de l'utopie de Joachim dans l'Église orientale, dans laquelle l'esprit des Évangiles aurait été plus durable et notamment dans le christianisme russe. Au début du 20e siècle, le poète révolutionnaire Alexandre Block par exemple, avec son hymne chrétien « Les Douze », fait entendre à nouveau l'esprit joachimite. Tolstoï fait revivre « le ton rebelle des premiers chrétiens, de même le prince Mychkine de Dostoïevski[40] ». Les croix de *Malevitch* n'instaurent pas uniquement un nouvel iconoclasme lié à l'art abstrait, elles sont les allégories d'une nouvelle sensibilité mystique liée à une révolution sociale. Ces croix, éminemment sensibles, traduisent une nouvelle douceur toute évangélique.

L'utopie sociale de Joachim est peu développée ou théorisée, mais l'esprit le plus authentique de l'utopie approuvé par Bloch est là, plus qu'avec Thomas More ou Tommaso Campanella. Beuys s'est parfois référé à Campanella dans ses déclarations. Il déclare ainsi : « Le but doit tout de même être de créer une nouvelle planète, exactement dans l'esprit de la "ville soleil" de Campanella[41]. » Cet utopiste a inspiré les jésuites en Amérique du sud pour la création au Paraguay de colonies qu'ils dirigeaient au XVIIe siècle. Beuys devait sans doute mal connaître Campanella et son utopie étatique et autoritaire. Cette utopie est diamétralement opposée à la critique anarchiste de l'État que défend Beuys. La référence de l'artiste à Campanella

---

[39] Karl Marx, cité par E. Bloch, *ibid.*, p. 84-85.

[40] E. Bloch, *L'Athéisme dans le christianisme, op.cit.*, p. 297.

[41] J. Beuys, *Bâtissons une cathédrale, op. cit*, p. 145.

n'est pas heureuse. Cette utopie est liée à l'autorité, l'ordre et la bureaucratie. C'est une régression par rapport à la liberté de l'utopie de More. Les exigences de la communauté ne laissent rien à l'individu dans l'utopie de Campanella[42]. Beuys a été séduit par l'importance que réserve Campanella à la nature pour penser la société idéale ou encore, par l'abolition de la propriété privée, par la défense de l'amour désintéressé, la considération des infirmes, l'égalité des hommes et des femmes. Mais l'idéal social de Campanella lié à une idéologie sacrificielle, c'est aussi la réglementation rigide des rapports entre les hommes et les femmes, la méfiance à l'égard du désir et la condamnation des artifices de la séduction, une théocratie comme modèle, un dirigeant dictatorial cumulant les fonctions de savant, de prêtre et de philosophe (un double de Campanella).

Il faut toutefois relativiser la critique de l'utopie sud-américaine des jésuites par Bloch. Les jésuites au Paraguay avaient supprimé la peine de mort, réduit considérablement le temps du travail et alphabétisé les Guaranis. Des progrès par rapport à l'Europe étaient très clairs. Les jésuites ont su se mettre à l'écoute du paganisme des Guaranis. Voltaire, Montesquieu, l'abbé Raynal et d'Alembert ont salué l'œuvre humaniste des jésuites au Paraguay.

En se référant à Loyola dans les années 1960, Beuys restait dans l'ombre de l'Église catholique et de l'autorité de l'institution. C'est progressivement que son christianisme change de ton et devient un christianisme révolutionnaire. L'anthroposophie de Steiner, à laquelle il adhéra très tôt, lui a interdit probablement d'adopter rapidement et explicitement le christianisme révolutionnaire de la tradition qui s'ouvre avec Joachim de Flore. L'amour est une catégorie cardinale de Beuys dans ses déclarations des années 1980. La révolution aussi, dès les années 1970. Mais il s'agit d'une révolution non violente ; c'est une différence importante avec l'histoire de la violence révolutionnaire enclenchée par Münzer et par des anabaptistes.

---

[42] Voir sur ce point Pierre Macherey, « La cité du soleil de Campanella : le programme utopique d'une société ordonnée à la nature » in *De l'utopie !*, Paris, De l'incidence éditeurs, 2011, p. 238-300.

L'île du soleil de Iamboulos, qui a influencé Campanella et More, a peut-être inspiré *Honigpumpe*. Dans cette utopie solaire, on découvre une grande fête communiste et collective. Les maîtres et les esclaves ont disparu, ainsi que la propriété privée. Règne une « communauté dans le travail et la joie[43] ». Ce dernier point est proche de la pensée de Beuys, mais il est aussi partiellement contestable. Il faut réduire le travail et le supprimer autant que possible. Il n'est pas nécessaire de l'associer à la joie et de lui conférer ainsi un alibi. More conservait six heures de travail par jour dans son utopie, et Campanella quatre heures. La valorisation du travail par Beuys est anti-utopique. Il s'agit là d'un reliquat des idéologies nazies et communistes, de la morale luthérienne du travail ou tout simplement d'un conformisme social. La dimension festive de l'île du soleil, en revanche, est intéressante. Il y a une festivité dans *Honigpumpe*, en dépit de son titre qui honore le travail. Elle est inhérente à la suggestion de l'abondance associée à cette machine et à ses coulées de miel.

L'utopie de Joachim de Flore, comme le rappelle Bloch, est dérivée de la pensée des prophètes de la Bible. Selon le philosophe, on retrouve dans la Bible les éléments d'un communisme primitif qui a été évidemment marginalisé par les différentes Églises. Les prophètes sont à l'origine des premières manifestations de l'esprit de l'utopie. Dans les évangiles, les nazaréens sont contre la richesse et la tyrannie et on trouve des éléments d'un communisme d'amour dans le christianisme primitif qui inspire *Honigpumpe*. Des prophètes comme Isaïe et Miché sont considérés comme des agitateurs indésirables. Amos entreprend la défense des pauvres contre l'injustice des riches. Il s'écrie : « Que plutôt jaillisse l'équité comme une source[44]. » La morale ici devient révolutionnaire. La morale aussi chez Beuys est révolutionnaire pour l'essentiel, elle vise un changement social radical et ne cherche pas en priorité spécialement à moraliser les différents aspects de la vie quotidienne, même si parfois la catégorie de l'amour, dans ses

---

[43] E. Bloch, *Le principe espérance II*, *op. cit.*, p. 58.

[44] *Ibid.*, p. 67.

déclarations, est opposée à la sexualité considérée comme une satisfaction égoïste. Il dit à ce propos : « Tant que l'éros est réduit à une compréhension bourgeoise d'un biologisme entre les gens, cela ne m'intéresse pas. L'Amour est le grand secret [...], tant qu'éros n'est qu'un intérêt égoïste, cela reste bourgeois. Mais à présent nous devons transformer cet éros individualiste en un éros social[45]. »

Jésus, rebelle selon Bloch, a vu son message révolutionnaire détourné par Saint-Paul. Ce dernier a laissé croire que le Royaume n'était pas de ce monde mais qu'il résidait dans l'au-delà. Pour Bloch, le Royaume n'est pas dans l'au-delà mais maintenant ; il n'est pas purement intérieur. Il est à réaliser dans l'histoire, dans ce monde. Le communisme de l'amour, comme pour Beuys avec *Honigpumpe*, n'est pas purement spirituel, il s'immisce dans la sphère du travail et de l'économie, il doit devenir réel. L'amour doit être jugé selon ses effets, l'harmonie sociale et la justice. Le sermon du Christ sur la montagne, auquel se réfère parfois Beuys, est eschatologique plus que moral. Pour Bloch, on doit y entendre la fin de l'État et du Temple. Pour lui, l'histoire du christianisme est celle du détournement du christianisme primitif. C'est vrai aussi pour Beuys. Le miel et le lait de l'utopie sociale dont parle Bloch, on les découvre avec *Honigpumpe*.

4/ L'influence des utopies sociales modernes

Pour mieux cerner les contours de l'utopie sociale de Beuys, on peut la comparer à d'autres utopies[46]. La célèbre utopie de More abolit la lutte des croyances religieuses. Elle est épicurienne et non puritaine. L'utopie de More est l'utopie de la liberté religieuse. C'est aussi une démocratie. L'utopie sociale

---

[45] J. Beuys, Entretien de Joseph Beuys avec Bernard Lamarche-Vadel, août 1979, in B. Lamarche-Vadel, *Joseph Beuys. Is it about a bicycle ?*, *op.cit.*, p. 99-100.

[46] Voir sur cette question Pierre Macherey, *De l'utopie !*, *op.cit.* et « Regards sur l'utopie » revue *Europe* n° 985, mai 2011.

de Beuys est plus radicale en adhérant à l'idée de démocratie directe, mais elle est ascétique, et c'est une limite. Beuys, tout en adhérent au christianisme, refuse l'intolérance séculaire de l'Église à l'égard du paganisme[47].

L'artiste est proche de l'idée utopique de Locke, se représentant « l'état naturel comme un monde de paix, de bonne volonté et d'assistance mutuelle et de protection[48] ». Avec Beuys, on retrouve la candeur de Robert Owen, l'idée que l'altruisme aurait raison des résistances des industriels. Pour Beuys, faire appel à la morale et à l'amour semble suffire pour réaliser une société harmonieuse. Une telle position est évidemment idéaliste.

Beuys adhère à l'idée de Charles Fourier selon laquelle le capitalisme ne pourra jamais éradiquer la pauvreté. Fourier pense que la passion dominante de l'homme est la charité chrétienne ; cet optimisme est partagé par Beuys, mais il est peu crédible. L'homme serait né pour l'harmonie. Fourier veut supprimer la grande industrie et le capitalisme. Beuys veut aussi supprimer le capitalisme.

Cabet, lui, ne refuse pas la grande industrie. Il pense que l'utopie peut être réalisée sans violence, comme Owen et Fourier. Beuys a le même point de vue. Mais la théorie de Cabet ne contient pas de sentimentalisme, à la différence de celle de Beuys, étroitement liée à l'idée de l'amour chrétien. Beuys écrit en effet : « Le concept de socialisme [est] pris dans l'acception chrétienne d'amour du prochain[49]. » Il y a des composantes autoritaires de l'organisation du travail dans l'utopie de Cabet ; il n'y a pas de revendication spéciale de

---

47 Sur cette intolérance Marc Augé écrit : « Si les polythéismes païens ont toujours perdu [...], c'est entre autres raisons à cause de leur exceptionnelle vertu de tolérance. Rien de plus étranger au paganisme que l'idée de mission ; chez les païens ce sont les vainqueurs qui empruntent leurs dieux aux vaincus : c'est vrai des Romains en Orient [...]. Ainsi il faudrait opposer le paganisme au christianisme comme la tolérance à l'intolérance. » (*Génie du paganisme*, Paris, Gallimard, 2008, p. 109).

48 E. Bloch, *L'Athéisme dans le christianisme, op. cit.*, p. 113.

49 J. Beuys, *Par la présente, je n'appartiens plus à l'art*, *op.cit.*, p. 81.

l'autorité dans les déclarations de Beuys ; mais la teneur essentiellement morale de son utopie semble bien impliquer une composante autoritaire. Bloch inclut Claude-Henri de Saint-Simon dans l'histoire de l'utopie. On trouve, dans sa pensée, l'apologie de l'industrie, plus encore que chez Cabet. Sur ce point, Beuys aurait sans doute des réserves ; persiste en effet dans son idéologie, à certains moments, les signes d'une utopie agraire ou carrément, dans les années 1960, une hostilité romantique au monde industriel. Saint-Simon élabore une utopie du travailleur et de l'entrepreneur ; il n'y a pas, selon lui, de contradictions entre les catégories créatives de l'humanité : le commerçant, l'entrepreneur, l'artiste, l'ouvrier, le paysan et l'industriel. Sur ce point, Beuys le rejoint ; en effet, pour l'artiste, il n'y a plus de conflits de classes et n'importe quel corps professionnel est supposé être créateur.

L'anarchisme est rangé parmi les utopies par Bloch. De ce point de vue, Beuys est encore relié à la pensée utopique ; mais il y a trop de christianisme et de religion chez Beuys pour qu'il soit un anarchiste authentique. Il rejoint néanmoins Mikhaïl Bakounine dans son refus de l'État, du capitalisme et certainement dans sa critique de l'Église. Il adhère aussi sans doute au spontanéisme du théoricien anarchiste, qui refuse l'élitisme marxiste et croit en la possibilité de mobilisation et d'auto-organisation des masses. Beuys déclare : « Les anarchistes rationnels comme Bakounine sont très intéressants dans leur rapport à une société en dehors des idéologies et des préoccupations matérialistes comme le marxisme[50]. » Les anarchistes comme Bakounine refusent toute autorité ; ce point n'est pas sûr concernant Beuys. La critique radicale de l'État dans l'anarchisme de Beuys trouve sans doute sa limite dans le refus de reconnaître une légitimité à l'État providence. Beuys veut « libérer tout l'enseignement de l'emprise de l'État et notamment l'enseignement supérieur[51] ». Une telle libération pourrait aussi se traduire par une privatisation insupportable.

---

[50] J. Beuys, Entretien de Joseph Beuys avec B. Lamarche-Vadel, août 1979, in B. Lamarche-Vadel, *op.cit.*, p. 95 et 97.

[51] J. Beuys, *Par la présente…*, *op. cit.*, p. 40.

Beuys, comme les utopistes Fourier et Owen, était néanmoins conciliant. Son utopie est abstraite plutôt que concrète. En dépit de ses exposés sur une nouvelle économie, inspirée en partie de l'anthroposophie, et de son insistance sur l'importance de l'économie politique, Beuys reste un idéaliste et sa pensée, parfois confuse, bien trop générale et abstraite, ne peut que manquer la concrétude de l'utopie. Pour Bloch, l'utopie concrète était le marxisme ; Beuys, à juste titre, s'opposait au marxisme réalisé, chinois ou soviétique, et considérait que le marxisme s'était traduit par un échec. Mais les alternatives proposées par Beuys manquent franchement de crédibilité. Toutefois, la recherche d'un monde meilleur n'est pas du tout une affaire classée selon Bloch, et sur ce point, Beuys lui donnerait raison. Elle n'est certainement pas classée pour les habitants des bidonvilles dont le nombre atteint aujourd'hui plus d'un milliard d'individus[52]. Même dans des sociétés privilégiées et riches, on ne peut se contenter des rapports humains, pauvres pour l'essentiel. La richesse matérielle ne compense pas la misère des relations humaines. Un quart monde demeure. En outre, la démocratie reste, dans ces pays, un idéal à toujours défendre dans la mesure où elle est continuellement menacée. Beuys s'oppose au parlementarisme qui souvent est une fausse démocratie ; il défend l'idée de la démocratie directe mais il se présentera néanmoins à la députation pour représenter les Verts. L'artiste dénonce la « démocratie apparente qui ne sert qu'à masquer le pouvoir de l'argent[53] ». Beuys étant par ailleurs contre l'économie de marché et la logique du profit[54], c'est un contresens de le situer à droite sur l'échiquier politique.

« L'abstraction, dit Bloch, est la grande faiblesse, la ténacité et l'absolu sont la force des anciens grands livres utopiques[55]. » On pourrait dire la même chose de Beuys. En dépit des prétentions de Beuys à la théorie sociale et à l'économie

[52] Voir sur ce point Mike Davis, *Le Pire des mondes possibles. De l'explosion urbaine au bidonville globale*, trad. J. Mailhos, Paris, La découverte, 2006.
[53] J. Beuys, *Par la présente..., op. cit.,* p. 34.
[54] Voir *ibid.*, p. 35-36.
[55] E. Bloch, *Le Principe espérance II, op.cit.*, p. 167.

politique, ce qui reste de sa production, ce sont quelques œuvres magistrales comme *Honigpumpe* pour dire l'exaltation d'un nouveau monde plus humain, plus enchanté et plus heureux.

L'utopie a été, depuis Owen ou Etienne Cabet, trop située à un niveau strictement économique. L'invention de la vie est secondaire, sauf avec Fourier[56]. Les utopistes du XIXe siècle dont parle Bloch n'ont pas répondu à la revendication d'une vie intense et transfigurée. Ce sont en partie les artistes qui ont considéré cette demande ; Beuys l'a fait avec *Honigpumpe.* Mais il a fini par bien trop concéder à l'économie politique à laquelle manque absolument le sens utopique par excellence, le « prodigieux » selon Bloch, qui n'est pas éloigné de l'objet de la mystique.

5/ Le mythe et la mystique sauvés par la lumière dans la philosophie de Bloch

On a cru invalider et pouvoir même condamner l'art et la pensée de Beuys en la réduisant au mythe et à la mystique.

Selon Bloch le mythe peut être « sauvé par la lumière[57] ». Des rayons de lumière peuvent traverser le mythe et la mystique. Bloch considère le rejet a priori du mythe comme une erreur. Le mythe n'est pas entièrement obscurantiste, comme le pensait le positivisme ou les ethnologues du 19e siècle. La présence du mythe dans les œuvres d'art n'est pas non plus automatiquement le signe d'une régression intellectuelle. À ce compte là, bien des œuvres majeures seraient compromises et perdraient leur valeur. Pour Bloch, la mystique de Jan Huss et de Münzer recèle des éléments subversifs et lumineux. Le mysticisme n'est pas toujours réactionnaire ou régressif. Les brumes de la mystique, remarque Bloch, ne sont pas toujours au service des maîtres. Situer dieu dans l'homme, dans n'importe

[56] Sur l'utopie de Fourier voir Pierre Macherey, « Une utopie sociale, anticonformiste et apolitique » in *De l'Utopie !, op. cit.* p. 303-460.
[57] E. Bloch, *L'Athéisme dans le christianisme*, *op. cit.*, p. 57.

quel homme, c'est déjà un message révolutionnaire, c'est un superbe désaveu de la hiérarchie entre les êtres humains ; trouver dieu en soi ne favorise pas la soumission et la docilité aux autres hommes ou aux institutions.

La lumière est exaltée par exemple dans la mystique rhénane. Peut-on dire que la pensée d'Eckart est obscurantiste, car mystique ? On peut déjà dire qu'elle donne un tel crédit à l'intellect, qu'elle est sur la voie du progrès selon Bloch. La mystique rhénane est une propédeutique sensible et inouïe au désir de connaissance, au désir de vérité et à son potentiel critique[58]. « Contre Iahvé et son despotisme oriental[59] », contre les idoles tonnantes et écrasantes, il faut sublimer le divin ; la mystique rhénane correspond à l'un de ses moments de sublimation majeure du divin. Il faut faire la part de l'obscurité et de la lumière dans ses idées. Bloch s'oppose au marxisme vulgaire qui a réduit la religion à l'absurde et à l'opium[60]. Les potentialités critiques et subversives de la religion ont été bien trop ignorées. Il ne faut pas laisser l'imagination religieuse au pouvoir et à la répression.

Vouloir devenir et être semblable à dieu, il y a cela chez Beuys ; c'est sa folie, récurrente dans l'histoire de la mystique, mais c'est aussi la source de son enthousiasme et de son utopie sociale[61].

Pour Bloch, les prophètes bibliques sont les précurseurs de Joachim de Flore et leur religion n'est pas uniquement

---

[58] Sur la mystique rhénane, voir Alain de Libera, *La Mystique rhénane. D'Albert le grand à Maître Eckart*, Paris, Seuil, 1994. Sur la mystique d'Eckart, voir Rudolf Otto, *Mystique d'Orient et mystique d'Occident* [1951], trad. J. Gouillard, Paris, Payot & Rivages, 1996.

[59] E. Bloch, *L'Athéisme dans le christianisme*, *op. cit.*, p. 113.

[60] *Ibid.*, p. 84-85.

[61] Sur cette assimilation du mystique à Dieu, cette déclaration d'Eckhart est explicite : « Dieu a créé toutes choses par moi tandis que je me trouvais dans le fond insondable de Dieu [...] et si je n'avais pas été, Dieu n'aurait pas été non plus ». Cité par Rudolf Otto, *Mystique d'orient et mystique d'occident*, trad. J. Gouillard, Paris, Payot & Rivages, 1996, p. 108. Otto commente en écrivant que Eckhart a le sentiment, dans son expérience mystique, d'être la puissance créatrice éternelle et divine elle-même.

obscurantiste. La prédication morale des prophètes se tourne contre les riches et les puissants. La prophétie laisse entendre une prédication subversive de l'apocalypse sociale. Les prophètes enseignaient, selon Bloch, le pouvoir de la décision humaine. Il n'y a pas de destin dans cette pensée prophétique qui n'entend pas se laisser faire. L'avenir est ouvert et dépend des hommes. Les prophètes ont défendu et créé un dieu de la moralité s'opposant à toutes les divinités violentes et arbitraires. Ils ont défendu le principe de la rationalisation du divin en le libérant de l'adoration des rituels ; avec les prophètes, dieu s'humanise ; son essence devient la raison morale et non un infini de puissance. Amos condamne le sacrifice des animaux. L'authentique prophétisme n'est pas celui des possédés, il s'associe à la réflexion critique et prend ses distances par rapport au Dieu de la Genèse, trop prosaïque et surtout, trop despotique et aveugle.

Prophétisme et activisme sont liés, il s'agit de changer les choses, sans se contenter d'enregistrer ce qui arrive. Bloch écrit : « Les temps de la morne défaite font s'éteindre la prophétie[62]. » Beuys, sur la question du destin, est moins clair que les prophètes bibliques. Comme dans les religions archaïques, il pense que la souffrance et la mort sont nécessaires à la renaissance. Le scénario initiatique, se composant des phases de la mort et de la renaissance, a trop de prestige dans sa pensée. Il faut en fait abolir la souffrance et même souscrire au projet utopique suprême : celui de tenter d'abolir la mort ou du moins de neutraliser sa violence (ce que semble parfois vouloir faire Beuys avec sa magnifique formule « même sans cœur, on vivra s'il le faut[63] ». Beuys, avec ses références au chamanisme et au christianisme, n'est pas capable de s'opposer à l'éternel retour de la souffrance et de la mort.

Un nouveau ciel et une nouvelle terre, c'est cela la promesse et le ton eschatologique des prophètes de la Bible. Le

[62] E. Bloch, *L'Athéisme dans le christianisme, op. cit.*, p. 128.
[63] Joseph Beuys cité par Max Reithman dans le titre de son ouvrage : *Joseph Beuys : si nécessaire, nous vivrons aussi privés de cœur*, Dijon, Les presses du réel/ Flammarion 4, Art édition, 1994.

messianisme prophétique est important pour Bloch. Il faut regarder en avant plutôt qu'en arrière, éviter la nostalgie de l'origine. Le futur royaume de Dieu n'est pas la restauration de l'Éden originel car cet Éden est imparfait selon le philosophe. Beuys, avec son intérêt pour le chamanisme, croit que le sacré se situe dans l'originaire. Le tempérament utopique des prophètes de la Bible situe ce qui importe dans l'avenir des possibles. Les prophètes annoncent l'Apocalypse de Jean.

Bloch s'arrête sur une expression devenue énigmatique celle de « Fils de l'Homme ». Cette expression du prophète Daniel signifie fils du premier homme Adam et non fils de Dieu. L'expression a un sens anti-théocratique. Il s'agit de donner une importance à l'homme et finalement de rabaisser Dieu. Un athéisme latent couve dans cette expression. Le premier homme est Adam Kadmon. Il est à la fois « macrocosme et image exemplaire de dieu[64] ». Dans le Zohar et pour la Kabbale, il est le « véritable secret de l'univers et en même temps clef de ce monde[65] ».

Bloch dit : « Tout cela n'est que fantasmagorie, mais elle tranche étonnamment avec la nullité de l'Adam de glaise de la Genèse, dans la Bible, avec le Iahvé de l'orthodoxie et avec l'homme, ce ver de terre au plus bas de la création[66]. » On trouve dans les marges de la religion chrétienne une divinisation de l'homme qui concurrence Dieu. Cet humanisme crypté est secrètement anti-théocratique. Il s'agit d'en finir avec la grandeur despotique de Dieu, sa majesté divine auréolée faussement de terreur. Bloch signale : « Chez Paracelse l'homme est la quintessence des puissances cosmiques, il contient en lui-même l'essence de toutes choses sous la forme d'une subtile concentration[67]. » L'anthroposophe Beuys, avec son intérêt pour Paracelse, partage ces croyances[68]. C'est la foi

[64] E. Bloch, *L'Athéisme dans le christianisme, op. cit.*, p. 186.
[65] *Ibid.*
[66] *Ibid.*, p. 187.
[67] *Ibid.*, p. 189.
[68] L'anthroposophe Rudolf Steiner a fait une conférence à propos d'Adam Kadmon que Beuys connaissait peut-être. Voir R. Steiner, *Les Processus*

en l'homme qu'il faut retenir dans les propos de Bloch à propos de la chimère de l'Adam Kadmon, la foi en ses facultés créatrices et à sa capacité d'accueil et de générosité ; ce qui est intéressant dans cette rêverie extravagante et audacieuse sur l'homme, c'est sa dimension athée. Le divin n'est pas le « tout autre » de l'homme ; le divin est en l'homme comme une possibilité. Le Fils de l'Homme avec sa dimension cosmique a un aspect monstrueux et inquiétant, mais il indique aussi que le divin est en l'homme et que l'homme est donc ouvert aux possibles ; à certains moments, ce mythe peut ébranler le monde, dit Bloch. L'expression « le Fils de l'Homme » se trouve aussi dans l'Évangile de Jean, ce qui confirme l'anti-théocratie du texte de cet apôtre.

Bloch rappelle que Jésus peut se désigner comme Fils de l'Homme, l'homme primitif céleste avant la création du monde, l'homme caché à venir. Il écrit : « Et le Fils de l'Homme resta aux côtés des pauvres, de ceux qui se révoltaient intérieurement et surtout extérieurement contre tout ce qui est en haut et où l'Homme ne tient aucune place : auprès des hérétiques, frères [...] de la Vie en commun, de l'esprit dans sa plénitude, de l'esprit libre, de Thomas Münzer dont il inspira le sermon d'Allstedt sur le visage du fils de l'homme chez Daniel et sur cette véritable pierre angulaire qu'est Jésus [...] rejeté par les bâtisseurs[69]. »

Le fils de l'Homme sera à peu près oublié, il deviendra « un hiéroglyphe incompréhensible »[70] dit Bloch, mais ce mythe libérateur se fera encore entendre ici et là. Job, par exemple, introduit l'idée que l'homme peut être meilleur que Dieu. Au 4e siècle, la pensée d'« Ephrem le syrien, doctrine capitale pour l'église orientale[71] » dit Bloch, énonce « aujourd'hui la divinité a revêtu le sceau de l'humanité afin que l'humanité se pare du

---

physiques et l'alimentation. Adam Kadmon et lémurie, 10 conférences à Dornach, 1922, Laboissière-en-Thelle, éditions Treiades, 2006.

[69] *Ibid.*, p. 198.

[70] *Ibid.*

[71] *Ibid.*, p. 268.

sceau de la divinité[72] ». Une telle phrase pourrait être approuvée par Beuys. Le « devenir homme de la transcendance » est une idée qui pourrait être de l'artiste.

La mystique chrétienne se rapproche de l'utopie, dit Bloch, quand on assiste à l'avènement du sujet humain et au déclin du ciel divin. Le transcender sans transcendance, voilà, selon Bloch, ce qu'il faut conserver de la mystique chrétienne pour la pensée utopique. Bloch cherche dans l'histoire du judéo-christianisme les préfigurations d'une pensée utopique. Le philosophe cite le mystique Silesius et cette phrase inouïe et paradoxalement athée : « Je sais que sans moi Dieu ne peut vivre un instant[73]. » Bloch rapproche cette phrase de Silesius de la philosophie de Feuerbach qui pense que le divin n'est que la sublimation intense de l'humain et l'expression aliénée des possibles humains.

Dans son étude de la mystique, Bloch s'arrête souvent à ce point autour duquel Dieu et l'homme ne se distinguent plus. L'avènement de Dieu en l'homme, c'est la teneur du messianisme du Christ. C'est aussi le contenu du messianisme de Beuys.

Bloch dit que pour Ludwig Feuerbach, Dieu est créé à l'image de l'homme. Avec Feuerbach, on assiste à la « disparition de dieu conçu comme créateur du monde au profit de l'apparition en l'homme d'une gigantesque sphère créative, où se lève, en même temps que toute la richesse de l'imaginaire et de l'illusion, un divin conçu comme image-souhait humaine hypostasiée d'ordre suprême[74] ». Bloch ajoute : « Si la religion peut s'être remarquablement entendue avec l'ignorance, voire la bêtise, elle ne peut jamais s'être alliée à l'ordinaire car les mystères sont anti-ordinaires par excellence[75]. » La religion recèle en effet la croyance vitale en l'extraordinaire qui peut transfigurer la vie.

---

[72] *Ibid.*
[73] *Ibid.*
[74] E. Bloch, *Le Principe espérance III, op. cit.,* Gallimard, 1991, p. 448-449.
[75] *Ibid.*, p. 449.

Bloch souligne l'originalité de Feuerbach dans un siècle réaliste et positiviste : « Au 19e, peu de penseurs ont ressenti tout ce que la religion avait de non liquidé et peu l'ont placée aussi près de nous que Feuerbach[76]. » Il ajoute : « Démythifier le ciel pour rendre l'homme important[77] », c'est ce que fait Feuerbach, alors que la plupart des ennemis de la religion démystifient le religieux en rabaissant l'homme et en humiliant ses souhaits et ses espoirs. Bloch, dans le sillage de Feuerbach, définit ainsi Dieu : « Celui qui exauce, celui qui fait accéder à la réalité mes souhaits ; dieu c'est le condensé de mes souhaits exaucés[78]. » Feuerbach cité par Bloch écrit : « Dieu n'est autre chose que la joie éternelle et ininterrompue, faite essence[79]. » Il écrit encore : « La conscience de l'Être infini, n'est autre chose que la conscience qu'a l'homme de l'infinité de sa propre essence, ou encore dans l'Être infini qui est l'objet de la religion, l'objet qui s'offre à l'homme est sa propre essence infini[80]. » Feuerbach, en écrivant « l'homme est le dieu du christianisme, l'anthropologie est le secret de la théologie chrétienne[81] » est tout proche de la pensée de Beuys. « Les contenus religieux s'avèrent ne pas être de pures chimères pour l'athéisme anthropologique[82] » dit Bloch. « Le transcender délivré de toute transcendance céleste[83] » s'impose. Le philosophe précise : « L'unique vérité de l'idéal divin est l'utopie du Royaume, et ce que celle-ci présuppose justement, c'est qu'aucun dieu ne reste dans les hauteurs, où d'ailleurs aucun ne se trouve et ne s'est jamais trouvé[84]. »

Il me semble que Beuys n'est pas très éloigné de cette position athée dans ses déclarations. L'homme est en effet pour lui le divin ou s'est substitué au divin. Je crois que la pensée de Beuys oscille entre une divinisation de l'humain et une

---

76 *Ibid.*, p. 450.
77 *Ibid.*
78 *Ibid.* p. 451.
79 Ludwig Feuerbach, cité par E. Bloch, *ibid.,* p. 451.
80 *Ibid.*, p. 452.
81 *Ibid.*
82 E. Bloch, *ibid.*, p. 452.
83 *Ibid.*, p. 453.
84 *Ibid.*, p. 456.

conscience tragique de ses limites. Le crucifié a trop de prestige dans le christianisme de Beuys. La place de la blessure dans son art est très marquée et compromet parfois la force de son œuvre en l'exposant à un misérabilisme. Plus globalement, la souffrance, la maladie, la mutilation et la malformation ont trop de place dans l'art de Beuys, au détriment du « prodigieux » qui, pour Bloch, est « le tout autre » ou le sacré mais mis à la disposition des hommes et restitué à la vie ici-bas et non à l'au-delà. Bloch écrit : « L'utopie du Royaume annihile la fiction d'un dieu créateur et l'hypostase d'un dieu au ciel. C'est l'athéisme qui fournit son espace au messianisme[85]. » Le divin n'est pas supprimé par Bloch, il est l'homme caché qui se révélera peut-être dans le futur. Le « tout autre » de Rudolf Otto, dit Bloch, « pénètre l'hybris d'un Thomas Münzer et en fait une mystique, une mystique de révolte et héritière du Royaume [86] ». Bloch écrit : « L'intention religieuse du Royaume, renferme implicitement et par essence l'athéisme, un athéisme enfin compris[87]. » En effet, le Royaume ce n'est pas l'accès au divin, c'est la transformation de l'homme en divinité vivante se substituant à l'ancienne chimère que fut dieu. L'humanisme enthousiaste de Bloch écrit : « La critique de la religion s'achève par cet enseignement que l'homme est pour l'homme l'être suprême, c'est-à-dire par cet impératif catégorique : renverser tous les rapports qui font de l'homme un être avili, asservi, délaissé, méprisable[88]. »

6/ Beuys et Bloch : convergence et divergence sur la question du divin

En citant des déclarations de Beuys, nous allons relever les points de jonction et de divergence entre l'artiste et la philosophie de Bloch sur la question du divin.

---

[85] *Ibid.*, p. 346.
[86] *Ibid.*, p. 340.
[87] *Ibid.*, p. 345.
[88] E. Bloch, *L'Athéisme dans le christianisme, op. cit.*, p. 81-82.

Beuys a certainement trop concédé au cosmos dans ses références au chamanisme ; son dieu est le cosmos et ses forces infinies, un cosmos qui peut être radicalement indifférent aux hommes et à leur souffrance. C'est l'évangélisme de Beuys qui apporte un correctif moral à son ontologie. L'humanisme emphatique de Beuys semble parfois se rapprocher de l'idée du fils de l'Homme que rappelle Bloch. Beuys déclare : « Si l'homme n'est pas dieu, alors qui d'autre[89] ? » Beuys est athée comme Bloch. Le divin n'existe pas objectivement. Il existe uniquement en l'homme. Le divin est « l'*homo absconditus* » de Bloch : les possibilités infinies de l'être humain en germe. Sans l'homme, pas de dieu, semble dire Beuys. On entend ici la formule du mystique Silesius que relève Bloch. L'artiste allemand dit : « Nous pouvons dire que l'homme est un dieu ou du moins un prolongement, un soutien du doigt de Dieu[90]. » Dans cette affirmation, on voit que Beuys hésite à assimiler dieu et l'homme, mais l'idée est là. Il écrit par ailleurs : « Le problème central, aujourd'hui, c'est l'être humain, l'*anthropos*, en tant que créateur, en tant qu'espèce de Dieu[91]. » Pour Beuys, la divinité de l'être humain se fonde sur la liberté qui est à l'origine du pouvoir de création[92]. Dans le même entretien, il associe Dieu et l'homme de manière plus audacieuse : « Dieu est impensable sans l'être humain. Sans l'être humain il serait à plaindre[93]. » Puis dans une formule athée, il déclare : « Aucun Dieu n'est plus là pour nous aider ; nous devons devenir nous-mêmes des dieux[94]. » On n'est pas loin, ici, de Feuerbach : on a su inventer des dieux, il est temps de nous réapproprier le divin qui est notre création.

Quand le christianisme de Beuys devient révolutionnaire, l'athéisme de son christianisme semble de plus en plus évident

89 J. Beuys, *Par la présente…*, *op. cit.*, p. 94.
90 *Ibid.*, p. 95.
91 J. Beuys, *Bâtissons une cathédrale…*, *op. cit.*, p. 138.
92 Voir sur ce point ce qu'il dit : « C'est l'art, le premier qui ressent si l'homme […] est une créature libre ou dépendante. » (J. Beuys, *Bâtissons une cathédrale…, op. cit.,* p. 148).
93 *Ibid.*
94 *Ibid.*, p. 222.

dans ses déclarations. En effet le Christ n'est plus divin, il est un exemple moral à suivre, un exemple d'amour et de douceur. Bloch écrit : « Un homme était donc apprécié pour sa seule bonté, cela ne s'était encore jamais vu. Il se penchait vers le bas, vers les hommes pauvres et méprisés, mais le faisait sans condescendance. Et il se rebellait contre ceux qui étaient en haut [...], les listes des noms sont bientôt mises la tête en bas, afin que les derniers deviennent les premiers [...], c'est la pauvreté qui est la plus proche du salut dont le principal obstacle, intérieur et extérieur, est la richesse[95]. » Dans le même état d'esprit, Beuys sanctifie des éboueurs qu'il a vus à Madrid, il écrit : « J'étais récemment à Madrid et j'ai vu à quel point les hommes qui travaillent au ramassage des ordures sont de grands génies [...]. On voit qu'ils sont les représentants d'une humanité future. Et j'ai vu chez ces éboueurs quelque chose que je ne retrouve pas chez les artistes merdiques, car les artistes sont en grande partie opportunistes[96]. » Avec *Honigpumpe*, Beuys veut une communauté édifiée sur l'amour chrétien, dans laquelle les délaissés et les opprimés auront leur place. Chercher le divin dans les dépossédés, cet objectif confirme que sur ce point Beuys n'est pas nietzschéen.

L'artiste dit : « Les éboueurs sont de plus grands poètes que certains poètes contemporains[97]. » Que veut dire Beuys ? Je crois qu'il entend déclarer que les opprimés sont potentiellement créateurs car ils souhaitent que le monde change alors que bien des artistes se contentent du *statu quo* ou bien se livrent au kitsch qui consiste à ne rien créer et à seulement imiter de manière stérile. « L'avenir, dit Beuys, appartient plutôt aux hommes de la benne à ordure[98]. » La révolution sera entreprise par ceux qui ont intérêt au changement, par exemple, les masses exploitées et accablées de misère comme les habitants des bidonvilles.

---

[95] E. Bloch, *Le Principe espérance III*, *op. cit.*, p. 419.
[96] J. Beuys, in *Bâtissons une cathédrale...*, *op. cit.*, p. 154.
[97] *Ibid.*, p. 156.
[98] *Ibid.*, p. 156.

Beuys tend à nier par ailleurs la divinité du Christ pour en faire le fils de l'Homme. La transcendance absolue de dieu est abolie. Dans « Discours sur mon pays », Beuys déclare : « Je m'empare d'un concept de dieu et je le donne à l'homme [...], le Christ l'a déjà fait. L'acte qui rendra l'homme libre, l'acte qui représente le Christ dans l'être humain et crée le souverain dans l'être humain, cet acte a déjà été accompli. Mais on le tait, les idéologies matérialistes le taisent et les Églises le couvrent d'un silence de mort[99]. » Cette phrase sibylline s'éclaire à la lumière de la pensée de Bloch ; avec d'autres déclarations de Beuys, elle peut signifier que l'être humain, libre, souverain, créateur, par essence est divin.

Beuys parle dans le même discours des « possibilités monstrueusement inexploitées qui sont en nous[100] ». N'est-il pas fait illusion, ici, à l' « *homo absconditus* » de Bloch, aux possibilités infinies de l'homme qui sont cachées en lui. L'artiste dit : « Le monde est plein d'énigmes mais c'est l'homme qui est la solution de ces énigmes [...] comme porteur de l'amour[101]. » Les brumes du mystère se dissipent au profit d'une lumière non plus divine mais humaine. La formule célèbre de Beuys « tout homme est un artiste » signifie que tout homme est créateur. « Tout homme est un être créatif » dit-il dans une conférence intitulée « Entrée dans un être vivant[102] ».

Toutes ces idées, liées à un humanisme emphatique, sont contestables, mais elles dessinent une configuration utopique proche du christianisme révolutionnaire. Beuys déclare au début de l'une de ses conférences : « Notre force se déploiera à partir de fondements sociaux radicalement renouvelés[103]. » L'artiste a toujours espéré que le sacré soit immanent, proche, non dissociable de la nature et du monde. Le sacré ou le divin, comme plénitude d'être, est à faire advenir dans ce monde-ci. Le sacré ou la surabondance d'être est à réaliser plutôt qu'à

---

[99] J. Beuys, *Par la présente..., op. cit.*, p. 27.
[100] *Ibid.*, p. 27.
[101] *Ibid.*, p. 31.
[102] *Ibid.*, p. 50.
[103] *Ibid.*, p. 21.

découvrir. Beuys récuse le dieu en majesté judéo-chrétien ou les divinités despotes. Il refuse le destin, même si ses conceptions laissent parfois penser le contraire quand il croit aux vertus de la souffrance. À la fin des années 1960, Beuys se tourne vers l'avenir, vers l'utopie, et concède moins au passé ; ses liens amicaux avec Rudi Dutschke, disciple de Bloch, laissent penser que le philosophe peut devenir une référence partielle pour l'artiste allemand.

Dieu, pour Beuys, c'est aussi de l'énergie. Il associe Dieu à un générateur, « le grand générateur tout en haut, le grand générateur qui est aussi une machine, un générateur d'énergie[104] ». Il déclare : « Dieu est le Générateur pour utiliser un terme des sciences exactes[105]. » *Honigpumpe* est une image du grand générateur pour l'artiste.

Jean-Philippe Antoine, dans son ouvrage sur Beuys, prétend qu'il n'y aurait pas de métaphore ou de symbole dans l'art de Beuys[106]. *Honigpumpe* est, avec *Plight*, l'œuvre majeure de Beuys ; or *Honigpumpe* est une métaphore pour l'artiste[107]. Volker Harlan dit : « Ma foi, ce que tu appelles pompe à miel ou machine a davantage cet aspect d'image que ce caractère de machine, même si la machine intervient dedans, c'est-à-dire la pompe, le générateur ou le moteur ; ce sont en fait davantage des signes que des machines[108]. » Beuys répond : « Oui, c'est exact, des images[109]. »

---

[104] *Ibid.*, p. 95.

[105] *Ibid.*, p. 94.

[106] Voir Jean-Philippe Antoine, *La traversée du 20e siècle. Joseph Beuys, l'image et le souvenir, op. cit.*

[107] Antoine reconnaît toutefois une exception en citant *Honigpumpe,* sans doute parce que Beuys reconnaît lui-même que l'œuvre est symbolique voir *ibid.*, p. 44, note 65. On peut remarquer que *Honigpumpe* est une œuvre majeure de Beuys qu'il compare en importance à la Tour de Tatline. Le fait que cette œuvre soit symbolique aurait dû inciter Antoine à être plus prudent dans son refus de faire des œuvres de Beuys des symboles.

[108] Volker Harlan, in J. Beuys, Volker Harlan, *Qu'est-ce que l'art,* trad. Laurent Cassagnau, Paris, l'Arche, 1992, p. 111.

[109] J. Beuys, in Volker Harlan, *op. cit.,* p. 111.

Lisons Beuys : « La pompe à miel est une chose qui agit déjà en tant qu'idée, c'est-à-dire que l'idée de pompe à miel se suffit déjà comme littérature ou poésie[110]. » Il n'est donc pas nécessaire de la voir, elle a une efficacité déjà en tant qu'idée. Beuys dit qu'il a utilisé l'idée de pompe à miel avant de la réaliser. C'est donc une idée qui va s'incarner, se matérialiser avec son œuvre. À ce titre *Honigpumpe* est lié à un concept ou plusieurs. Harlan se demande s'il est possible de s'en tenir à l'idée sans voir la pompe elle-même ? Pour Beuys, sans doute. Mais maintenant qu'elle est réalisée, il importe de la voir ; sa matérialisation ajoute des contenus nouveaux à l'idée initiale. L'Université libre internationale (F.I.U.) est invitée à la documenta durant laquelle la machine de Beuys est présentée ; *Honigpumpe* est manifestement un symbole des théories sociales de Beuys sur la créativité par exemple, sur le socialisme et le christianisme. Beuys déclare à propos de la symbolique d'*Honigpumpe* : « la Free International University travaille également de façon intensive sur le système de circulation du capital, c'est aussi un excellent symbole de ce travail : c'est un circuit organique de matière, ou un circuit organique d'argent ou un circuit d'argent qui fonctionne comme la circulation du sang[111]. » Pour Beuys, l'une de ses œuvres majeures est un symbole. La métaphore du cœur est au centre du dispositif de *Honigpumpe*. La machine, ici, a une dimension organique, par là elle rejoint, comme on l'a vu, les utopies techniques dont parle Bloch. Mais pour l'essentiel, *Honigpumpe* est une image du divin, selon Beuys l'image du « grand générateur d'énergie ». L'artiste déclare : « En se réunissant autour de cette pompe à miel, les gens pourront réaliser la pompe à miel comme idée fondamentale, non seulement comme signe, comme machine, mais aussi spirituellement dans la mesure où pendant cent jours ils échangeront mutuellement leurs idées[112]. » *Honigpumpe* est la métaphore anticipée des échanges intenses, communiels et intellectuels des personnes du public. C'est une image de relations humaines constructives,

[110] *Ibid.,* p. 88.
[111] *Ibid.*, p. 90.
[112] *Ibid.*, p. 88.

riches, passionnantes contre la stérilité des échanges sociaux habituels, notamment sociaux et professionnels. Métaphore de processus de circulation comme le dit Beuys, *Honigpumpe* est une image anthropomorphique de la machine. « Le courant, dit Beuys, n'est dissimulé nulle part[113]. » L'énergie électrique est présente, avec les significations qui lui sont propres, dans l'art de Beuys. L'artiste déclare : « Je me suis beaucoup servi de l'électricité dans mes idées de sculpture[114]. » Cette énergie, dans les installations de Beuys, est le signe d'une énergie cosmique. Beuys déclare : « L'on pourrait qualifier les hommes de pompe à miel[115]. » Cette déclaration est étrange, comme bien souvent les propos de Beuys. Mais elle indique peut-être que cette machine énergétique qui propulse indéfiniment du miel est une métaphore du divin en l'homme quand il est un condensé inimaginable de douceur infinie. C'est d'une telle douceur qu'il est question dans la mystique, notamment féminine, pour dire l'extraordinaire bonté divine[116]. En tout cas, *Honigpumpe* est une machine symbolique révolutionnaire. Beuys dit : « C'était un symbole révolutionnaire comme la Tour de Tatline[117]. » Bloch écrit : « l'objectif de toutes les grandes religions fut

---

[113] *Ibid.*
[114] *Ibid.*, p. 99.
[115] *Ibid.*, p. 101.
[116] Cette douceur est désignée dans les moments extatiques par Angèle de Foligno, par exemple, qui à propos de Dieu écrit : « Il se retira lentement, majestueusement, avec une immense douceur. » (A. de Foligno, in Jean-Noël Vuarnet, *Extases féminines*, Paris, Hatier, 1991, p. 102. Elle est encore présente dans cette déclaration de Ruysbroeck : « L'âme alors sent la douceur et de cette douceur nait une jouissance chaste qui est l'embrasement de l'amour divin serrant le fond de l'âme. Prenez toutes les voluptés de la terre, fondez les en une seule volupté, et précipitez-la toute entière sur un seul homme, tout cela ne sera rien auprès de la jouissance dont je parle. Cette jouissance fait fondre l'homme et il n'est plus maître de sa joie. » (Ruysbroeck, in *ibid.*, p. 60). La douceur est au cœur d'une partie de la mystique chrétienne. On la retrouve dans l'union mystique décrite par Grégoire le Grand ou dans les écrits de Saint Bernard et de Guillaume de Saint-Thierry. William James fait remarquer que cette douceur est récurrente dans la mystique en précisant que l'intuition « mystique de la bonté absolue de l'univers [...] joue un rôle considérable dans l'histoire de la pensée religieuse ». (W. James, *Les Formes multiples de l'expérience religieuse*, trad. F. Abauzit, Paris, Exergue, 2001, p. 122).
[117] *Ibid.*

toujours un pays où le lait et le miel coulent de manière aussi réelle que symbolique[118]. » Ce pays, c'est aussi celui de *Honigpumpe*, une œuvre qui est le symbole du mysticisme de Beuys.

Impossible d'omettre *L'Imitation de la vie du Christ* de Thomas a Kempis quand on s'intéresse aux actions chrétiennes de Beuys ; l'artiste aurait souscrit à ce propos de Thomas a Kempis : « Je préfère être mendiant et te suivre partout sur la terre que de posséder le ciel sans toi[119]. » Les idées de don de soi et même de charité, au sens théologal, sont capitales dans la pensée et l'art de Beuys, au moins autant que son mysticisme. Bloch écrit : « Les grands maîtres religieux ont bien senti cette vocation de l'homme pour l'inouï [...], tout dans leur enseignement convergeait vers cette vocation[120]. » Beuys n'est pas un grand maître, sa pensée était trop confuse pour atteindre cette ambition, mais comme d'autres artistes importants de son époque, il a pris en compte le besoin du prodigieux qui nous anime encore, en dépit de la mort de Dieu et du désenchantement de la vie et de la société. Bloch précise que les oppresseurs ont remisé l'inouï dans le ciel alors qu'il est au cœur même de l'être humain. C'est ce que pensait aussi Beuys. *Honigpumpe* est une image de l'inouï. La circulation du miel dans l'installation talentueuse de l'artiste est le flux de douceur infinie ressenti par les extatiques du christianisme. L'énergie cosmique des religions archaïques, ambigüe et dangereuse pour les hommes, trop liée à l'idée de puissance infinie, trop proche du sacré de Rudolf Otto et de ses connotations terrifiantes, est dans *Honigpumpe* symboliquement convertie à la douceur par le miel. L'artiste allemand adhère ici aux mystiques du Sacré-Cœur, comme l'indique deux images légendées par Beuys qui sont des effigies du Christ avec son cœur sacré enflammé[121].

---

[118] E. Bloch, *Le Principe espérance III*, *op. cit.*, p. 481.

[119] Thomas a Kempis cité par E. Bloch, *Le principe espérance III*, *op. cit.*, p. 419.

[120] E. Bloch, *ibid.*, p. 442.

[121] Les titres de ces deux images « rectifiées » à la manière de Duchamp, sont *La machine à vapeur* (1971) et *Le Troisième principe de la thermodynamique* (1971).

Honigpumpe est la métaphore d'un cœur et d'une circulation sanguine associés à l'idée de chaleur et d'amour. L'artiste déclare qu'avec sa Pompe à miel, l'homme est devenu « le producteur de cette chaleur et essence sacramentelle qui lient les hommes entre eux[122] ». Ailleurs, il déclare que cette chaleur est liée à « l'amour dans le sens le plus élevé[123] ». La mystique du Sacré-Cœur, à laquelle est liée la machine solaire *Honigpumpe*, n'est pas celle de sainte Marguerite-Marie Alacoque qui associe trop l'amour et la souffrance et s'abandonne à une fascination ambigüe pour les blessures du Christ. La pensée religieuse de Beuys est plus proche de la vision du cœur du Christ de la cistercienne sainte Gertrude au XIIIe siècle. Reposant sur la poitrine du seigneur à l'appel de saint Jean l'Évangéliste, « remplie d'une immense joie par le battement du cœur divin, elle demanda à l'apôtre pourquoi il n'en avait rien écrit dans son évangile. Il lui répondit que la connaissance des battements du cœur divin avait été réservée pour cette période plus tardive, la connaissance de ces mystères rallumerait alors l'amour refroidi des chrétiens[124] ». Dans un monde désenchanté, Beuys parie à nouveau sur la puissance et la beauté de l'amour chrétien pour susciter les plus grands espoirs. Pas de dolorisme dans la mystique de sainte Gertrude mais au contraire, une joie extraordinaire dans la proximité du cœur divin car « ce cœur est un trésor qui contient toutes les richesses, une lyre touchée par l'Esprit-Saint, un encensoir d'où montent de doux parfums, une lampe suspendue entre le ciel et la terre[125] ».

Il faut être attentif dans les positions notamment religieuses de Beuys à ce qui libère ou aliène. Les confusions et les régressions effectivement présentes ne doivent pas interdire de relever les prestiges légitimes de la lumière dans les créations

---

[122] J. Beuys, « Entrée dans un être vivant », in *Par la présente, je n'appartiens plus à l'art*, *op. cit.*, p. 62.
[123] J. Beuys, Volker Arlan, *Qu'est-ce que l'art ?*, trad. L. Cassagnau, Paris, L'Arche, 1992, p. 119.
[124] Hilda Graef, *Histoire de la mystique*, trad. G. Maximilien et E. Marguerite, Paris, Seuil, 1972, p. 164.
[125] *Ibid.*, p. 164-165.

de l'artiste allemand. L'idée de la présence du divin en nous ne peut conduire, comme le croit Beuys ou même Bloch, à la pensée que le divin pourra s'actualiser dans le réel, dans un futur utopique. Comme l'ont dit souvent des mystiques, on peut devenir des dieux, mais uniquement dans le temps de l'expérience extatique. À l'aune du temps humain cette divinité soudaine ne dure qu'un instant, même s'il est vécu comme éternel.

II/ Actions politiques

Honigpumpe marque l'un des points culminants des engagements politiques de Beuys. Il convient de faire un bref historique des activités politiques de Beuys, ce qui permettra de mieux situer politiquement le sculpteur et de mettre un terme aux fantasmes d'historiens d'art qui le situent à droite sur l'échiquier politique allemand ou le présentent comme un crypto-nazi[126]. Le 22 juin 1967, l'artiste fonde à Düsseldorf, avec ses étudiants Johannes Stüttgen et Bazon Brock, le parti allemand des étudiants (DSP), en réponse à l'assassinat de Benno Ohnesorg, le 2 juin à Berlin, par un officier de police durant une manifestation contre le chah d'Iran et sa politique criminelle. Ce meurtre, justifié notamment par la presse Springer qui contrôlait 40% des quotidiens de RFA et 90% des grands quotidiens à diffusion nationale ou supra-régionale, a durablement marqué la génération des étudiants allemands des années 1960. La presse Springer sera considérée par des intellectuels allemands tels que Golo Mann, Alexander Mitscherlich, Eugen Kogon, Heinrich Böll et Théodore W. Adorno comme indirectement responsable de la tentative de meurtre de Rudi Dutschke, le 11 avril 1968, par un militant

[126] Cette association de la pensée et de l'art de Beuys au nazisme est présente aussi dans la critique d'art américaine ; voir sur ce point Dirk Luckow « The reception of joseph Beuys in the USA and some of its cultural/political and artistic assumptions [1998], in *Joseph Beuys. The reader*, Londres/New york, I. B. Tauris, 2007, p. 287-303.

d'extrême droite. Cette presse, par sa haine revendiquée du SDS (Fédération des étudiants socialistes allemands) et de la nouvelle gauche allemande et par sa défense agressive d'un nouveau nationalisme autoritaire, a largement préparé l'opinion à accepter l'assassinat de dirigeants de la nouvelle gauche.

Le parti étudiant créé par Beuys est solidaire du SDS, sans toutefois partager certaines orientations capitales de ce groupe politique. Le SDS, fondé en 1946, fournit de nombreux cadres au SPD, le parti social-démocrate allemand. En 1961, le SDS rompt avec le SPD entre autres sur la question du réarmement. Le SDS, pour ses formes d'opposition, se règle sur celles imaginées par les étudiants de l'université de Berkeley et entreprend notamment une critique de l'université, de son conservatisme, de ses composantes autoritaires et hiérarchiques, de son absence de démocratie, comme par exemple l'absence d'étudiants dans les différents conseils d'université. Composée en grande partie d'étudiants, cette organisation politique refuse les projets de réforme de l'enseignement, en préparation dans les Länder, et notamment l'idée d'instituer un *numerus clausus* dans les disciplines surpeuplées comme les sciences humaines ou les lettres. Elle refuse la subordination de l'université à l'entreprise et revendique une liberté d'enseignement et de recherche. L'université est conçue par le SDS comme un organisme qui permettrait de transformer la société par le biais de l'enseignement et de dépasser le capitalisme. Comme le pensait Herbert Marcuse à l'époque, les étudiants représentent, pour le SDS, l'avant-garde potentielle d'une nouvelle société se substituant au prolétariat devenu conservateur ou réformiste. Si Beuys adhère globalement à ces différents points, il ne suit pas les références théoriques marxisantes du SDS. Ce groupe n'était pas monolithique dans les années 1960. En septembre 1968, la tendance antiautoritaire majoritaire exclut la tendance traditionaliste marxiste-léniniste qui rejoindra le parti communiste, le DKP. Beuys n'a aucun lien avec la tendance traditionaliste du SDS et on peut au contraire le considérer comme un opposant du communisme soviétique, chinois ou castriste qu'il considère comme des régimes totalitaires inhumains. Après 1968, le SDS, sans projet réel de société, se replie essentiellement sur l'université et se dissout en tant qu'organisation fédérale en 1970. Les militants du SDS seront absorbés par la nouvelle gauche allemande antiautoritaire, le SPD, le parti communiste ou des groupuscules d'extrême gauche.

Le groupuscule créé par Beuys sera la base de l'université libre pour la créativité, la F.I.U, fondée quelques années plus tard par Beuys et l'écrivain catholique Heinrich Böll, prix Nobel de littérature et l'un des représentants majeurs, avec Dutschke, de l'APO, l'opposition extra-parlementaire en RFA. Cette opposition de gauche considère que la grande coalition de la CDU et du SPD crée un consensus politique dommageable à la vie démocratique en RFA et compromet toute évolution sociale progressiste. Beuys rejoint donc l'opposition extra-parlementaire à la fin des années 1960. Il appartient à la nouvelle gauche qui ne se reconnaît ni dans le SPD ni dans les partis de gauche extrémistes. Selon des historiens proches de la CDU, « la nouvelle gauche formait un curieux amalgame de personnalités des médias, de journalistes, d'intellectuels et d'universitaires dont les étudiants étaient les troupes de choc toujours plus nombreux fréquentant les établissements d'enseignement supérieur. Etant donné sa composition, le mouvement de contestation s'intéressait évidemment de près à la politique de réforme de l'enseignement[127] ». Cette question de l'enseignement était capitale aussi pour Beuys, comme l'a montré Heiner Stachelhaus[128].

En novembre 1968, des professeurs de l'Académie des Beaux-arts de Düsseldorf rédigent un manifeste contre Beuys ; il est accusé de ne pas respecter le *numerus clausus* de l'Académie et de cautionner la critique institutionnelle et sociale de l'Allemagne et du Land par le mouvement étudiant. Un étudiant de Beuys, Jörg Immendorff, qui deviendra un artiste néo-expressionniste connu, fait le projet d'une académie

[127] Dennis L. Bark et David R. Gress, *Histoire de l'Allemagne 1945-1991*, trad. Odile Demange, Robert Laffont, Paris, 1992, p. 618.
[128] Voir H. Stachelhaus, *Joseph Beuys. Une biographie*, trad. X. Carrère, C. Guibout, J.-Y. Masson, Abbeville Press, New York, Paris, Londres, 1994.

parallèle et critique les structures institutionnelles artistiques de l'Allemagne en ayant le soutien de Beuys. On voit ici que Beuys a rejoint les luttes des étudiants allemands contre les institutions culturelles et universitaires.

En 1968, Beuys participe à une exposition « Prospekt 68 » à Düsseldorf, conçue comme une alternative à la foire d'art contemporain de Cologne, et dont la fonction est de présenter la création artistique contemporaine en dehors du marché de l'art. Le 10 février 1971, Beuys cautionne la création d'une foire libre organisée par des artistes en dehors des foires de Cologne et de Berlin liées au marché de l'art international. Cet engagement de Beuys devrait obliger certains de ses détracteurs à revoir leur jugement sur la soi-disant incapacité de l'artiste de prendre ses distances avec le marché de l'art.

Le 27 février 1969, Beuys réalise l'action *J'essaie de te rendre libre* dans la galerie René Block à Berlin. C'est sans doute l'une des premières actions explicitement politiques de l'artiste ; la notion d'autodétermination devient centrale dans la philosophie politique de Beuys ; elle est évidemment l'antithèse absolue du principe nazi du Führer qui exige l'obéissance inconditionnelle[129]. Cette association de l'art et de la liberté est pensée par Beuys en s'inspirant partiellement de Schiller et de son esthétique qui postule que le beau est une initiation à la liberté[130]. Pour Beuys, ce n'est plus le beau qui initie mais l'innovation créatrice des œuvres d'avant-garde qui sont des

---

[129] Sur ce principe voir K. D. Bracher, *Hitler et la dictature allemande* [1969], trad. F. Straschitz, Paris, Éditions complexe, 1995, et Ian Kerschaw, *Hitler* [1999-2000], trad. P. E. Dauzat, Paris, Flammarion, 2008 ; ces deux spécialistes du nazisme font de ce principe un des traits majeurs de la dictature hitlérienne.

[130] Friedrich Schiller écrit : « C'est par la beauté que l'on s'achemine à la liberté » (*Lettres pour l'éducation esthétique de l'homme* [1795], trad. R. Leroux, Paris, Aubier, 1992, p. 91). Schiller reprend la définition kantienne du beau comme étant le produit d'un libre jeu de l'imagination et de l'entendement ; mais il donne à cette expérience esthétique de la liberté un devenir moral et politique absent de l'esthétique du beau kantien. Le beau de Schiller, c'est le beau idéal du néoclassicisme. L'esthétique de l'écrivain est donc, en partie datée.

emblèmes de la liberté. La première action politique de Beuys, c'est aussi le début d'une longue marche de l'artiste à travers les institutions artistiques pour transformer la société, sur le modèle de ce que préconise l'un des dirigeants du SDS, Dutschke : transformer la société de l'intérieur en participant à ses institutions puisque le prolétariat n'était plus une force révolutionnaire et que les masses étaient devenues conservatrices. Beuys commence donc à utiliser les institutions et les réseaux artistiques pour diffuser son message social et politique. Le foyer de son opposition politique est l'Académie des Beaux-Arts de Düsseldorf. Les universités deviennent pareillement en RFA le lieu électif de l'opposition extra-parlementaire, les étudiants contestataires et le SDS n'ayant aucun ancrage dans les couches sociales allemandes. Immendorff est renvoyé de l'Académie, malgré le soutien de Beuys. Le 2 mars 1970, Beuys fonde l'Organisation des non électeurs, referendum libre. Il espère ainsi donner plus d'audience à ses orientations politiques, en sortant du milieu étudiant qui est alors, en RFA, l'un des rares lieux d'opposition. La RFA n'a pas connu un mouvement comparable au « mai 68 » français qui a remis en cause l'État et qui a vu un bouleversement social causé par une mobilisation de masse impliquant les travailleurs. En 1968, l'Allemagne a connu de grandes manifestations contre, notamment, les lois d'exception qui menaçaient la démocratie et des libertés fondamentales. Mais le SPD, qui était au pouvoir avec la CDU, a de fait réduit la possibilité d'une déstabilisation importante de l'État comme en France.

Comme de nombreux extra-parlementaires et Dutschke, Beuys préconise la démocratie directe contre le parlementarisme allemand qui, dans les années 1960 et 1970, n'est pas garant d'une authentique démocratie. Cette revendication anarchisante recoupe des positions de la nouvelle gauche allemande. En 1971, l'artiste s'associe à un projet d'une Académie libre comme centre de communication internationale à Düsseldorf. Beuys continue à s'inscrire dans les luttes étudiantes cherchant à réformer les institutions et à y introduire plus de démocratie. Le 14 juin 1970, il appelle à boycotter les élections au parlement du land de Rhénanie-Westphalie avec le slogan : « Ne votez plus jamais pour les partis, gouvernez par vous-mêmes sans violence. » Beuys rejoint ici le programme d'une démocratie directe défendue par Dutschke[131]. Beuys s'oppose à l'idée de violence révolutionnaire des partis marxistes-léninistes et à la dictature du prolétariat des communistes ; il refuse l'élitisme des gauchistes, maoïstes ou trotskistes, se considérant comme l'avant-garde intellectuelle et politique des masses. Ce thème de la non violence, capitale dans les positions de Beuys, en fait un opposant des terrorismes allemands et italiens durant les années 1970. L'artiste déclare à ce propos que le terrorisme donne aux États « de nouveaux arguments pour mettre en place encore plus de police, pour devenir des États militaires. Le capitalisme est bien heureux d'avoir le terrorisme ; celui-ci est nourri artificiellement par le capitalisme[132] ».

Le 26 mai 1971, Beuys et un étudiant togolais, habillés en costume africain, jouent dans une pièce de théâtre intitulée *Qui est encore intéressé par les partis politiques* ? Ils récitent un dialogue ayant pour titre « Pourquoi ne prenons-nous pas la décision finale sur la question de l'armée de manière démocratique ? ». Ici, Beuys renoue avec les techniques de l'agitprop des années 1920. Toujours en 1971, le 1er juin, l'artiste crée l'Organisation pour la démocratie directe par référendum. C'est un groupe d'étude sur la démocratie et non un parti. Le 18 juin, Beuys réalise *Action avec le sac plastique* à Cologne, en collaboration avec la galerie Art Intermedia ; l'artiste et ses amis discutent dans la rue avec les passants et exposent leur conception de la démocratie. En 1971, Beuys accepte des étudiants en dehors du *numérus clausus*, considérant que sa fonction d'enseignant et d'éducateur lui interdit moralement de sélectionner ses étudiants et d'interdire

[131] La proximité des programmes politiques de Dutschke et de Beuys a été relevée par Heinrich Böll et Marcel Broodthaers. Voir sur ce point Dorothea Zwirner, « Beuys and Broothaers. Dialectics of modernity between analytic geometry and the belief in an unbelieving god », in *Joseph Beuys. The reader*, *op. cit.*, p. 66-87.
[132] J. Beuys, *Bâtissons une cathédrale, op. cit.*, p. 228.

l'accès à des études d'art. En août 1971, il fait l'une de ses premières actions liées à l'écologie *Action dans les marais*. L'espace investi par l'artiste est une zone marécageuse entre Düsseldorf et Eindhoven, aux Pays-Bas. Le sculpteur considère que les marais « sont essentiels à l'ensemble de l'écosystème » et déclare qu'il a « toujours été contre le fait d'assécher les zones marécageuses comme le Zuiderzee pour les transformer en terres cultivables[133] ». Beuys se sert du monde de l'art, des musées, des galeries ou des documenta comme d'une tribune politique. La plupart de ces actions citées, liées à la politique, ne relèvent pas de l'art, même si Beuys les intègre dans son concept élargi de l'art. D'ailleurs souvent, ses actions n'ont pas d'originalité particulière par rapport aux actions de l'opposition extra-parlementaire qui recourt aussi à l'agitprop. Certaines de leurs actions seront parfois spectaculaires, comme par exemple la chaîne humaine d'une centaine de kilomètres reliant Neu-Ulm à Stuttgart contre l'installation des Pershing II en RFA en 1979. Le 14 décembre 1971, avec une cinquantaine d'étudiants, Beuys, dans son action *Surmontez enfin la dictature des partis,* s'oppose à la destruction d'un parc et d'une partie de la forêt de Grafenberg à Düsseldorf. Cette action liée à un militantisme écologique rejoint des préoccupations plus générales en Allemagne à l'époque. On commence à s'alarmer à propos de l'environnement et de la pollution atmosphérique. Les sapins de Bavière et de Forêt-Noire sont gravement menacés par des pluies acides ; dès 1971 et surtout à partir de 1975, ce sont les épicéas qui sont atteints. Une œuvre de Beuys deviendra emblématique, après coup, de cette extinction possible des épicéas en Allemagne, *Schneefall* réalisée en 1965, et qui est composée de trois troncs d'épicéas protégés par des plaques de feutre. En 1986, plus de la moitié des arbres en Allemagne ont disparu. La célèbre action *7000 chênes* de Beuys est une superbe réponse militante à cette situation écologique déplorable. Beuys participe très tôt à la prise de conscience écologique qui va se diffuser en Allemagne durant les années

[133] Joseph Beuys cité par Marion Hohlfeldt, Samuel Bianchini et Mona Tsepeneag, catalogue du centre Georges Pompidou, Paris, éditions du centre G. Pompidou, 1994, p. 319.

1970 pour atteindre presque toutes les couches de la société dans la décennie suivante. Françoise Joly écrit : « Dans la protection de l'environnement et singulièrement dans la détermination et l'obstination des anti-nucléaires qui vont se regrouper à partir de 1973, on peut lire la volonté plus essentielle de protéger la vie, née du sentiment que l'Allemagne et les Allemands responsables de tant de morts, sont peut-être plus que d'autres comptables de la sauvegarde de l'espèce humaine[134]. » Dans une conférence du 20 novembre 1985, intitulée *Discours sur mon pays*, Beuys a ce même avis. Les écologistes des années 1970 se rattachent aux mouvements antinucléaires des années 1950 et vont constituer le noyau qui donnera naissance au mouvement pacifiste des années 1980. Beuys est tout à fait dans cette mouvance. Cette appartenance de Beuys au groupe des Verts sera une raison supplémentaire de diffamer sa pensée et son œuvre en France. En effet, les questions écologiques, dans les années 1980, étaient considérées en France comme négligeables par la droite et la gauche institutionnelle. Pire, l'écologie allemande semblait être pour certains en France une résurgence masquée des préoccupations écologiques des nazis[135]. Simon Shama écrit : « Depuis la guerre, c'est seulement en Autriche qu'on a vu apparaître une écologie nostalgique d'extrême droite ; en Allemagne, au contraire, la politique verte reste le monopole de la gauche[136]. » Les Verts, en Allemagne, constituaient en fait un groupe politiquement hétérogène et à ses débuts contradictoire. On y trouvait des écologistes non politiques ayant pour seul souci de préserver la nature. Le dissident chrétien-démocrate Herbert Gruhl, ancien député de la CDU, représente un autre courant qui a des revendications fascisantes, comme la nécessité d'un État fort. Les Verts de Hambourg et de Berlin regroupent

---

[134] Françoise Joly, *Histoire de l'Allemagne contemporaine, les deux états allemands RFA-RDA*, sous la direction de Gilbert Badia, Messidor, éditions sociales, Paris, 1987, p. 284.

[135] Voir Luc Ferry, *Le Nouvel ordre écologique. L'arbre, l'animal et l'homme*, Paris, Grasset, 1992.

[136] Simon Shama, *Le Paysage & la mémoire*, trad. Josée Kamoun, Paris, Seuil, 1999, p. 139.

des anciens de l'APO[137], des spontanéistes, des membres de la nouvelle gauche, des anciens des groupes marxistes-léninistes. Rudolf Bahro, éminent dissident de la RDA, propose « de dépasser le capitalisme, les conflits Est-Ouest dans la grande fraternité écologique[138] ». La mouvance dirigée par Gruhl a été mise en minorité par une majorité écologiste socialiste à laquelle appartenait Beuys. Gruhl quitte les Verts en 1981.

Les actions ponctuelles et locales de Beuys correspondent aux modes d'action de la nouvelle gauche allemande dans les années 1970 et n'ont rien de spécialement original. Les associations informelles de citoyens se multiplient à l'époque, en dehors des partis, pour défendre une meilleure qualité de vie en matière par exemple d'environnement et d'urbanisme. On retrouve dans ses associations des anciens de l'opposition extra-parlementaire.

En mars 1972, Beuys et Jonas Hafner créent l'*Action du vendredi saint* devant la cathédrale de Mönchengladbach. Il s'agit de célébrer la paix et la démocratie. L'objectif est aussi de critiquer le conservatisme des institutions catholiques. Heinrich Böll déclara à ce propos en 1978 : « L'Église catholique allemande d'aujourd'hui, et malgré Vatican II, est restée très conservatrice, et elle a peu d'audace [...]. La nomination de Mgr Ratzinger [le futur pape Benoît XVI] comme cardinal de Munich est la preuve de cette tendance à la prudence ; de tous les théologiens allemands d'aujourd'hui, Ratzinger est sans doute le moins audacieux[139]. » Böll ajoute, en faisant allusion à l'intégrisme catholique français : « Mgr Lefebvre trouve de nombreuses sympathies dans le clergé allemand[140]. » Mais c'est aussi dans les années 1970 qu'un catholicisme progressiste minoritaire commence à se faire

[137] L'APO est l'opposition extra-parlementaire allemande.
[138] Rudolf Bahro cité par F. Joly, *Histoire de l'Allemagne contemporaine*, *op. cit.*, p. 321.
[139] Heinrich Böll, *Une mémoire allemande, entretiens avec René Wintzen*, trad. R. Wintzen, éditions du Seuil, Paris, 1978, p. 75.
[140] *Ibid.*

entendre et que la théologie de la libération aura une certaine influence sur des milieux cultivés chrétiens[141].

Le 1er mai, Beuys entreprend l'*Action balayage* à Berlin place Karl Marx ; l'enjeu est la critique du marxisme, du communisme de la RDA et plus généralement, des régimes totalitaires communistes. Le 19 mai, l'artiste organise un débat à l'Académie des Beaux-arts autour d'un projet d'une école libre pour la créativité ; ce débat a un écho important à la télévision et dans la presse. Beuys ici a dû s'inspirer en partie de la pédagogie et des projets d'écoles de Steiner. Lors de la documenta V de Cassel, Beuys crée et installe le bureau de l'organisation pour la démocratie directe. Pour lui, ce bureau doit être considéré comme sa contribution artistique à la documenta. Ce lieu sera l'occasion d'un forum de discussion autour de l'actualité politique. S'il s'agit, du point de vue de Beuys, d'une manifestation de son concept élargi de l'art, on doit plutôt considérer que le politique est devenu ici plus important que l'art et que Beuys se livre à une instrumentation politique de la documenta. En 1972, Beuys accepte des étudiants en dehors du *numerus clausus* ; il est renvoyé de l'Académie et la majorité de ses collègues en sont satisfaits. Des étudiants manifesteront leur soutien à Beuys et des protestations du monde de l'art international se feront aussi entendre. Beuys entame un procès contre l'État qui l'a renvoyé sans préavis[142]. En 1973, il fonde une association pour créer la F.I.U., liée à la recherche interdisciplinaire. Un institut écologique est programmé. En 1974, Beuys crée la F.I.U. Lors d'une conférence le 8 février de la même année, intitulée *l'art dans le domaine économique*, Beuys souligne l'importance de la pensée de Steiner pour « le socialisme démocratique libre » qu'il défend. Cette conférence marque le début de l'intérêt de plus en plus marqué de Beuys pour l'économie politique qui

---

[141] Sur la théologie de la libération voir Michael Löwy et Robert Sayre, *Révolte et mélancolie. Le romantisme à contre-courant de la modernité,* Paris, Payot, 1992 et Michael Löwy, *La Guerre des dieux. Religion et politique en Amérique latine,* Paris, Éditions du Félin, 1998.

[142] Pour le détail du combat de Beuys contre son licenciement injuste voir Heiner Stachelhaus, *op. cit.*, p. 83-98.

donnera lieu à des conférences comme celles sur l'argent[143]. À Édimbourg, l'action *Three Pots Action*, opaque et peu compréhensible, donne l'occasion de discussions avec le public sur la liberté, la démocratie et le socialisme. Cette action fait partie d'une série d'actions qui sont hermétiques quant à leur sens et dont la légitimité artistique est peu évidente. Les discussions avec le public éclairent peu le sens des actions et ces dernières peuvent apparaître comme des prétextes à des discussions qui n'ont plus rien voir avec l'art. C'est en Écosse, la même année, que Beuys fait une conférence sur les conséquences écologiques de la découverte du pétrole dans ce pays. Semblant pouvoir intervenir sur tous les problèmes, Beuys sera accusé d'amateurisme, à juste titre. C'est à Édimbourg que Beuys fait sa première rencontre avec Jimmy Boyle, un prisonnier de droit commun se livrant à la sculpture en prison et auquel Beuys remettra des documents concernant l'action Coyote aux États-Unis[144]. Boyle réalisera une sculpture en réponse à l'action de Beuys. Une correspondance entre Boyle et Beuys s'instaure. On interdira à Boyle, en 1980, de faire de l'art en prison. Beuys interviendra pour le soutenir dans sa revendication de continuer à créer pour surmonter la violence carcérale. Beuys s'inscrit donc dans les mouvements de défense des prisonniers de droits communs revendiquant des conditions carcérales moins inhumaines, ce que Michel Foucault ou Pierre Vidal-Naquet firent en France dans les années 1970 avec le G.I.P. (groupe d'information sur les prisons).

En mai 1976, Beuys est candidat de l'AUD (Société d'action des allemands indépendants) pour le parlement allemand. L'AUD est une organisation cofondatrice des Verts, qui aura le souci d'éviter les scissions internes du mouvement et son affaiblissement. L'artiste milite toujours pour une culture libre et une université libre par rapport à l'État et réclame la présence de 50 % de femmes au Bundestag. En 1978, Beuys gagne son procès contre l'État. Il conserve son titre de professeur de

[143] Voir J. Beuys, *Qu'est-ce que l'argent. Un débat,* trad. L. Cassagnau, Paris, L'Arche, 1994.
[144] Titre de cette action : *I like America and America likes me* (1974).

l'académie de Düsseldorf et dispose à nouveau de son atelier qu'il transforme en siège de la F.I.U. En revanche, il est toujours interdit d'enseignement. En 1979, il est candidat des Verts au parlement européen. L'année suivante, Beuys se présente encore comme candidat des Verts aux élections du parlement fédéral. Suite à de mauvais résultats électoraux, la direction des Verts décide de ne plus présenter Beuys comme député, jugeant son message révolutionnaire trop hermétique. Beuys produit de nombreux multiples liés à ses activités politiques. Le statut artistique de ces multiples exposés dans des vitrines par l'artiste fait souvent problème.

En 1981, il déclare son soutien à Solidarnosc en donnant un millier d'œuvres au musée Sztuki de Lodz, des travaux sur papier pour l'essentiel. La résistance non violente de Solidarnosc à l'État communiste polonais, potentiellement terroriste, était un exemple politique capital pour Beuys qui démontrait la possibilité de l'autogestion, de la démocratie directe et de l'efficacité de la non-violence dans le règlement des conflits avec l'État et, de manière générale, avec les appareils d'oppression. Beuys déclare à ce propos : « Les travailleurs polonais. Ils réclament cette solidarité, ils exigent une véritable démocratie, et ils exigent, même s'ils n'en parlent pas aussi explicitement que moi, finalement le développement de la liberté et de la créativité humaine dans le travail [...], ils réclament l'autogestion et la responsabilité individuelle des hommes sur tous les lieux de travail : ils voudraient limiter l'État dans ses attributions car l'État ne peut avoir la tutelle des questions économiques, il ne peut pas être entrepreneur économique, il ne peut pas être l'entrepreneur de la vie culturelle ; l'État a bien assez à faire, s'il s'occupe des droits de l'homme[145]. »

Beuys soutient par ailleurs le journal du groupe d'extrême gauche Lotta continua et souscrit à la déclaration d'Erri De Luca qui considérait que les années 1970, en Italie, étaient mal

---

[145] Joseph Beuys, entretien avec Elisabeth Rona, in Bernard Lamarche-Vadel, *op. cit.*, p. 114-115.

dénommées « les années de plomb » et que l'expression « années de cuivre » serait plus adéquate pour dire l'intensité et la fécondité des nombreux échanges politiques et existentiels de cette époque révolutionnaire. Le cuivre, matière conductrice et solaire, est le medium de ces années électriques et passionnées. L'artiste allemand a fait de cette matière lumineuse l'un de ses emblèmes sociaux.

Le 9 juin 1982, il réalise *Action de sang* pour protester contre l'usage de la torture par le gouvernement Turc. Le lendemain, dans le cadre des manifestations pour la paix à Bonn, il réalise l'action *Du soleil à la place de Reagan* et s'oppose ainsi à la course à l'armement nucléaire, préconisée par les républicains aux États-Unis.

Le 8 mars 1983, Beuys conçoit le projet *Décharge Altenwerder* pour un concours sur « l'art et l'espace public ». Il s'agit de réhabiliter une zone de décharge publique près de Hambourg. Beuys propose la suppression des décharges toxiques, une plantation d'arbres et le marquage symbolique du lieu par l'une des pierres de basalte de l'installation *La Fin du XXe siècle.* Le maire de Hambourg décrète que le projet de Beuys n'est pas de l'art et le refuse.

Le 25 juin 1983, Beuys manifeste contre le déploiement des euromissiles et des Pershing II en RFA, suite à l'appel de Krefeld lancé par notamment Petra Kelly, une dirigeante des Verts, le physicien Karl Bechert, membre du SPD, et le pasteur Martin Niemöller, théologien et ancien résistant à l'Allemagne nazie, déporté à Buchenwald pour avoir refusé, dans les années 1930 en Allemagne, les mesures de discrimination à l'encontre des juifs convertis. L'année suivante, cet appel sera signé par deux millions d'allemands de l'Ouest. Leur lutte est d'obtenir que les deux grandes puissances, l'Union soviétique et les États-Unis, négocient le désarmement bilatéral. Les Églises évangéliques de RDA et de RFA auront été, entre autres, à l'avant-garde de ce combat. En France, ce mouvement pacifiste sera très critiqué et considéré comme neutraliste, anti-américain, prosoviétique, nationaliste, voire même crypto-nazi.

On comprend que l'extrême droite et la droite française soient résolument contre les pacifistes allemands. Mais par un curieux paradoxe, ce sont les socialistes au pouvoir et leur président François Mitterrand qui apporteront leur caution à Ronald Reagan et à la droite allemande, la CDU d'Helmut Kohl, en exhortant les Allemands de l'Ouest à rester fidèles à l'OTAN. Le 22 novembre 1983, le Bundestag se prononce à la majorité pour le stationnement des Pershing II et des Cruise Missiles. Les Verts et les sociaux-démocrates ont voté contre. En déplorant ce choix du Bundestag, Günter Grass écrit : « Bien plus que tous les autres peuples, le peuple allemand devrait savoir que les armes ne demandent qu'à être utilisées[146]. » Pour une part, la réception très négative en France dans les années 1980 de l'art et des engagements de Beuys vise le pacifiste suspect de faire le jeu de l'Union soviétique, ou de rechercher un neutralisme irresponsable. L'idée d'un désarmement bilatéral ne semble pas avoir alors de résonance pour la gauche institutionnelle française, ni d'ailleurs les objections des pacifistes allemands à l'égard de la politique nucléaire américaine ou française.

En 1984, Beuys soutient le graffitiste Harald Naegeli qui a été condamné en Suisse à neuf mois de prison et à une lourde amende pour tags sauvages. Il était l'auteur de centaines d'inscriptions sur des bâtiments de Zürich. Considéré comme l'un des représentants majeurs en Europe de l'art du graffiti, Naegeli concevait sa production graphique comme de l'art social engagé, opposé à ce qui détruit les villes contemporaines, comme par exemple l'urbanisme inhumain des grands ensembles et la pollution atmosphérique ; il revendiquait la création d'un art de la rue, en dehors des réseaux commerciaux du marché de l'art.

Beuys avait déjà manifesté son opposition à l'urbanisme moderniste de l'après-guerre en Allemagne dans son action *Tallow* (*Suif*) en 1977. Dans le cadre de l'exposition Skulptur à

---

[146] Günter Grass cité par Françoise Joly dans *Histoire de l'Allemagne contemporaine, op. cit.*, p. 335.

Münster, des artistes furent invités à réaliser une œuvre dans l'espace public. Beuys s'intéresse à un passage souterrain en béton menant à l'auditorium de l'université. Il repère un angle mort, un espace stérile et inutile dans ce lieu. Il fait un moulage de cet angle mort et y coule 20 tonnes de suif liquéfié. L'espace mort en béton est converti en coin de graisse géant qui rappelle les coins de graisse fabriqués par Beuys dans certaines de ses actions. *Tallow* est un manifeste en faveur de la vie contre la géométrie cadavérique du modernisme architectural et urbain qui s'est imposé durant la reconstruction des villes allemandes après la guerre. Beuys a découpé *Tallow* en cinq morceaux ; le temps de refroidissement de la sculpture de l'artiste a été long. L'œuvre a été exposée dans la cour d'un musée. Pour Beuys, il s'agit d'introduire dans le musée une malformation architecturale et urbaine, ce qui est une manière d'ouvrir le musée sur le réel et la société. Ce n'est pas l'art qui s'exporte dans l'espace public comme le voulait les concepteurs de Skulptur, mais le réel qui surgit au cœur du monde clos de l'art. Avec *Tallow*, Beuys a opposé le suif, qui est de la graisse animale, au béton avec ses connotations brutales. Wolf Vostell, dans la même période, utilisait le béton pour symboliser les différentes formes de la violence sociale et historique. Beuys, avec son bloc monumental de graisse, propose une alternative, celle d'assouplir, de fluidifier, de graisser, de métamorphoser le réel et de subvertir son inertie mortifère. À la froideur du béton, Beuys oppose une sculpture de chaleur. À l'inhumanité de l'architecture moderne de l'après-guerre, celle des grands ensembles, Beuys oppose l'abondance d'une matière culinaire et nutritive. Le rationalisme moderniste pseudo-fonctionnel est contredit ici par une sculpture qui connote ce que refoule le modernisme, la matière, les sens, la démesure positive de la vie. Beuys est du côté d'une architecture organique comme celle du Goetheanum (1922), construit à Dornach par Rudolf Steiner. *Tallow* correspond à la décision capitale de Beuys d'opposer à toutes les formes de brutalité un art lié à la douceur. La violence de la reconstruction urbaine en Allemagne n'est pas seule à être incriminée. Münster a été détruite à 90% durant la guerre. *Tallow* rappelle indirectement la violence inouïe du nazisme. La monumentalité de *Tallow* rompt avec l'art colossal nazi en choisissant un matériau éphémère et vulnérable. La monumentalité ici est au service d'une mémoire de la vie contre l'art mortifère nazi dédié à l'éternité de la mort.

Ce survol incomplet des engagements sociaux et politiques de Beuys suffit à réfuter l'accusation de crypto-nazisme lancée par des experts de l'art contemporain dont les repères idéologiques se révèlent, en l'occurrence, particulièrement fragiles et arbitraires. Est-il nécessaire de rappeler que l'autodétermination et la démocratie directe que défend Beuys sont foncièrement opposées au régime totalitaire nazi tel qu'il a été défini par Karl Dietrich Bracher et au principe du Führer, cardinal dans l'idéologie national-socialiste et sa pratique politique. La manipulation cynique des masses est constante dans le nazisme et elle est revendiquée par Hitler et son propagandiste Goebbels. Bracher écrit à ce propos qu'Hitler, dans *Mein Kampf*, « s'étend avec cynisme sur sa technique aussi primitive qu'efficace, d'organisation, de propagande et de manipulation psychologique des masses. En tête des méthodes à utiliser, il place l'appel aux désirs et aux instincts ramenés à leur niveau le plus bas, la répétition constante de slogans manichéens [...] et le « viol » du peuple qualifié de « masse femelle » par des discours brutaux et agressifs. La quintessence en est la philosophie bestiale du « droit du plus fort » dans une guerre raciale aux dimensions de la planète[147] ».

Laisser penser que Beuys pourrait avoir une quelconque affinité avec cette barbarie déclarée est une absurdité. L'autodétermination défendue par l'artiste rentre en contradiction avec le culte de l'obéissance absolue prêché par la pensée nationale-socialiste. L'anticapitalisme de Beuys l'a amené à plusieurs reprises à s'opposer au marché de l'art international et à sa défense d'un art apolitique, en recherchant des alternatives pour transformer la société à l'aide de la création artistique. Cet anticapitalisme s'oppose tout autant à la décision des hitlériens et de la plupart des dirigeants nationaux-

---

[147] Karl Dietrich Bracher, *Hitler et la dictature allemande. Naissance, structure et conséquences du national-socialisme*, *op.cit.*, p.184.

socialistes de faire alliance avec la bourgeoisie allemande et les mondes industriels et financiers. Le fait que Beuys fasse des actions avec des étudiants africains, turcs ou coréens indique sans ambiguïté qu'il ne partage en aucun cas le racisme des nazis. Ses actions antimilitaristes s'opposent frontalement à l'idéal hitlérien d'une guerre permanente, à la militarisation de la vie quotidienne imposée par le national-socialisme durant le troisième Reich.

III/ L'art et l'utopie

Quelles sont les œuvres ou les performances marquantes que réalisent Beuys durant les années 1970, à côté de ses nombreuses actions politiques ? On peut relever notamment *Celtic +*, une action liée au christianisme et *I like America and America likes me*, l'action Coyote qui est sa performance la plus célèbre et que l'on peut relier au chamanisme amérindien. A partir de 1975, date clé pour Beuys qui est aussi celle d'une grave attaque cardiaque, l'artiste décide de faire des œuvres plus puissantes, le temps étant compté. Il réalisera ses œuvres les plus importantes : *Tram stop*, *Honigpumpe*, *Pierres d'olive* (1984), *7000 chênes* et *Plight*.

Une conférence de Beuys, *Entrée dans un être vivant*, propose une réflexion sur *Honigpumpe* et l'art. Beuys se livre à une critique de l'art du XXe siècle. Il n'aurait pas été une arme à même d'empêcher les malheurs, les injustices, les guerres et les affronts aux droits de l'homme. Le révolutionnaire Beuys a été déçu par l'art car il n'a pas permis de réelles transformations de la vie. Il est assujetti au marché. Il est marginalisé dans un ghetto et il est, par conséquent, sans efficacité sur les masses. La création artistique a été trop subordonnée à des innovations strictement formelles ou stylistiques ; l'artiste est trop lié à la bohême, à son individualisme, et finalement à son irresponsabilité sociale. L'art ne répond pas à des besoins vitaux comme par exemple, dit-il, les revendications de justice. Beuys se réfère souvent à Friedrich Schiller et à ses *Lettres sur l'éducation esthétique de l'homme*. Pour l'écrivain, l'art initie à la morale et à la politique. Schiller écrit qu'il faut « se consacrer à la plus parfaite de toutes les œuvres de l'art, à l'édification d'une vraie liberté politique [148] ». L'harmonie, la liberté politique et la paix sociale deviennent le but ultime et fondamental de la création artistique. Le politique se substitue à l'artiste dans l'esthétique de Schiller. L'écrivain écrit : « Toute amélioration dans l'ordre politique doit partir de l'ennoblissement du caractère[149]. » Beuys insiste lui aussi sur la morale dans ses déclarations et dans ses actions liées au christianisme. Pour Schiller, l'art dispose à la morale, car on l'a vu, le beau est lié à l'expérience de la liberté. Mais il est aussi l'expression d'une harmonie du sensible et de l'intelligible, le témoignage d'un accord en nous de la nature et de la civilisation. Le beau ennoblit en sublimant les instincts humains. C'est en cela qu'il est en acte une éducation esthétique. Il ne fait pas violence à la nature, il la rend raisonnable sans la violenter, à la différence d'une morale autoritaire et irrationnelle qui violente la nature et contraint violemment les désirs. En s'adressant autant à l'intelligence qu'aux sens, l'art prend en compte la nature contradictoire de l'homme et apaise ses conflits intérieurs. Dans ses déclarations, Beuys souligne aussi la nécessité de répondre à cette double nature humaine, sensible et intelligible, en s'intéressant autant à la science qu'à la foi. Le beau selon Schiller nous assure que la nature peut se concilier avec la culture. Cette harmonie est le prélude éducatif de l'harmonie sociale et politique. Cette pensée de Schiller n'est pas si originale. Elle est déjà présente dans la théorie du beau d'Alberti. En effet, le beau idéal, dans ce cas, prépare à la vertu morale et politique. Le lien étroit du beau et de la morale est récurrent dans l'histoire du classicisme, dont Poussin est l'un des représentants majeurs, et dans le néoclassicisme auquel se réfère implicitement Schiller. L'art de Beuys n'a rien à voir avec le beau idéal du classicisme. Comment l'art, dans sa pensée, peut-il initier à la liberté et disposer à la morale et à la réalisation d'un idéal politique ? On

---

[148] F. Schiller, *Lettres sur l'éducation esthétique de l'homme, op. cit.*, p. 87.
[149] *Ibid.*, p. 149.

l'a dit, l'art d'avant-garde selon Beuys est, pour reprendre des termes de Schiller, « fils de la liberté[150] », autrement dit il est novateur par rapport à la tradition et se fait le témoin de la capacité à créer des artistes contemporains, libérés de l'impératif multiséculaire de l'imitation dans les arts. Mais pour Beuys, cette liberté dans les œuvres reste formelle et abstraite. Il convient de la réaliser dans la société et de l'incarner dans les vies. La liberté doit pouvoir se convertir en une morale qui ennoblit, comme celle de Schiller. Cette question de l'écrivain aurait pu être celle de Beuys : « la loi de la sociabilité ne triomphera-t-elle jamais de son ennemi l'égoïsme[151] ? ». Beuys propose une moralisation de l'art dans certaines performances et finalement, comme Schiller, finit par penser que l'art suprême est un art social qui vise la paix, l'harmonie et la liberté. De ce point de vue, la création artistique devient secondaire. Avec Beuys, l'utopie politique finit par pouvoir se passer de l'art, considéré comme inefficace. Sur ce dernier point, il s'éloigne de Schiller qui ne sacrifie pas l'art à la réalisation d'un idéal politique mais au contraire, le pense utile à l'éducation esthétique de l'homme qui le prépare à la morale et à la connaissance en disciplinant sans violence ses instincts.

Beuys veut joindre art et révolution et pour cela, il faut transformer le concept d'art et redéfinir l'art. Tout homme est artiste, dit-il, et cela ne signifie pas qu'il est peintre, musicien ou sculpteur, mais qu'il est un être par essence créateur. Le lieu ou l'instance de cette création est la sphère du travail. Ce qu'il faut donc ce n'est pas créer des œuvres d'art mais faire que le monde du travail soit créatif et que le travail aliéné et exploité disparaisse. L'art au sens habituel du terme n'est qu'un secteur du travail. Il s'agit, pour Beuys, de rationaliser la sphère du travail en refusant de le subordonner à la logique du profit. C'est une révolution du monde du travail qui est en jeu avec le concept élargi de l'art. La distinction entre travail industriel et travail culturel s'effondre, dit Beuys. Toute intention de travail est point de départ d'une grande œuvre d'art. Le concept élargi

[150] *Ibid.*, p. 89.
[151] *Ibid.*, p. 143.

de l'art est en même temps un concept d'économie. Beuys parle de « l'amour de la tâche »[152], semblant ainsi défendre une conception luthérienne du travail. Pour lui, ce n'est pas le devoir mais l'amour qui devrait être le moteur qui lie les hommes entre eux dans la sphère du travail. *Honigpumpe* serait la métaphore, selon Beuys, de ce nouveau concept d'art dans lequel l'homme est « le producteur de cette chaleur et essence sacramentelle qui lient les hommes entre eux dans le champ du travail[153] ». En fait, *Honigpumpe* a une puissance et une résonance dont la théorie de Beuys ne rend pas compte.

La sanctification du travail par Beuys, qui correspond aux idéologies de gauche sacralisant le travail ou au protestantisme luthérien, nous semble un contresens. Il faut sur ce point préférer Duchamp à Beuys ; c'est la suppression du travail qui doit être visée. Une utopie digne de ce nom ne connaît plus le travail et sa trivialité massive et récurrente. Beuys confère à tout travail une valeur, même s'il condamne le travail exploité et aliéné. Par ailleurs, la créativité est loin d'être nécessaire à de nombreuses formes de travail. Associer les deux termes, créativité et travail, est même plutôt contradictoire. Beuys confond l'art et l'économie politique, la rationalisation de la production et la création artistique. Il déclare : « Aujourd'hui, ce n'est pas l'art, mais l'économie qui est la force dominante. Et malheur à celui qui fait de l'art aujourd'hui et qui n'est pas capable d'intervenir au cœur de ce système[154]. » En défendant l'idée d'une créativité appliquée à toute espèce de travail, Beuys pense pouvoir transformer la société en intervenant sur le plan de l'économie. Il déclare : « Mais en soi, l'économie pourrait pourtant être une activité extraordinairement créative[155]. » Ici la création dans le domaine de l'économie importe beaucoup plus à Beuys que la création dans le domaine de l'art, dont l'efficacité est réduite. Mais l'économie ne répond qu'à des besoins matériels et ne peut pas se substituer à l'art,

[152] J. Beuys, *Par la présente, je n'appartiens plus à l'art, op. cit.*, p. 62.
[153] *Ibid.*
[154] J. Beuys, *Bâtissons une cathédrale, op. cit.*, p. 177.
[155] *Ibid.*, p. 182.

comme d'ailleurs le fait remarquer Kounellis à Beuys[156]. Résoudre les problèmes économiques ne constitue pas un objectif artistique ou un idéal substantiel, comme le croit Beuys avec son concept élargi de l'art qui consiste à rendre plus créative et performante la sphère du travail. Par ailleurs, l'artiste confond l'art et la morale, une morale du travail en l'occurrence. Il cherche à instaurer une communauté idéale, une communion, dans la sphère du travail, alors que l'utopie désirable l'a toujours placé non dans le travail mais dans son suspens, celui de la fête et de la fusion. La confusion majeure du discours de Beuys est de confondre art et politique. Beuys n'a pas compris quelles étaient la fonction de l'art et la teneur de la responsabilité de l'artiste. Cette responsabilité, essentiellement, n'est ni morale ni politique. L'art peut avoir des dimensions morales et politiques, mais ces dimensions ne sont pas l'essentiel de l'art. L'art a vocation d'émerveiller, d'enchanter, d'exalter, d'intensifier le désir de vivre. Il est du côté de la sidération, de l'excès et de la singularité. Il s'adresse électivement à la sensibilité, à l'affectivité et l'imagination. De ce point de vue, l'art répond à des besoins vitaux qui ne se réduisent pas aux produits d'une économie rationnelle. Beuys, dans sa conception de l'art, n'est pas assez utopique. Il succombe à une vision finalement triviale d'un art chargé de régler les besoins élémentaires de la survie. La responsabilité de l'artiste est bien réelle, cependant elle n'est pas une responsabilité morale ou politique mais une responsabilité par rapport à l'imagination et la sensibilité : lutter contre ce qui la dégrade, la médiocrité de la vie courante, l'industrie du divertissement et tout ce qui érode l'affectivité et la sensibilité. La morale ne peut pas lutter contre la dégradation de

---

[156] Jannis Kounellis, réplique à Beuys : « J'estime que le centre du problème c'est l'art et non l'économie. » (J. Kounellis in *Bâtissons une cathédrale…*, *op. cit*, p. 177). On pourrait le formuler autrement, le problème dans les sociétés capitalistes, c'est le nihilisme pas l'économie, en tout cas pour la majorité des habitants de ces sociétés. Ce qui manque à ces derniers, c'est le sens des responsabilités morales par rapport aux habitants du monde qui vivent souvent dans des conditions intolérables, ce qui fait problème les concernant, c'est leur matérialisme frénétique les condamnant à la platitude, et leur absence du sens du sublime que l'art pourrait leur rappeler.

l'imagination. Les morales du devoir n'ont pas besoin d'une culture des sensations, celles du sentiment non plus. Beuys a confondu aussi l'art avec la religion, en créant ses actions chrétiennes ou chamaniques. Mais dans ses actions liées au sacré, il y avait un désir proprement artistique, celui de l'inouï, de l'incommensurable, qui a une affinité avec le sacré. Comme le pensait Bloch, il y a dans la religion conspuée par le marxisme ou le rationalisme vulgaire, une dimension lumineuse et utopique à laquelle était sensible Beuys. Sacraliser l'art et vouloir émerveiller s'apparentaient pour l'artiste allemand. *Honigpumpe* a une puissance symbolique qui va bien au-delà de la sphère triviale du travail. De même, les meilleurs œuvres de Beuys, en vertu de leur dimension artistique, vont au-delà d'une simple utopie sociale dans laquelle les conflits sociaux seraient réglés dans une coexistence harmonieuse, et les besoins vitaux satisfaits. Il y a dans l'installation de Beuys, dans la présence hyperbolique du miel, dans sa douceur, une anticipation de la douceur paradisiaque. Ce sont les bienfaits infinis d'une douce illumination qui transparaissent dans la machine solaire, utopique et quasi religieuse de Beuys. On est loin de la simple satisfaction des besoins fondamentaux. La nourriture dans *Honigpumpe* est éminemment spirituelle. Ce qui est suggéré aussi, c'est certes la solidarité comme l'indique Beuys, mais c'est aussi plus encore l'amitié, la bienveillance et une fraternisation traversant toute une communauté. Ce n'est pas le monde du travail qui peut être une métaphore adéquate de cette utopie communautaire. Quand il n'est pas simplement aliénant ou ordinaire, il est bien trop lié à la concurrence, à l'affrontement, à la méfiance pour pouvoir prétendre à une quelconque utopie. Ce monde peut être tout au plus convivial de manière épisodique et n'est jamais capable de s'arracher à la logique de la domination. En voulant moraliser l'art, en cherchant à le responsabiliser et à en faire un travail, Beuys compromet sa dimension utopique et réduit la puissance de transformation de la vie par l'art. Reprocher comme on le fait régulièrement à Beuys d'être utopique s'avère finalement un contresens. Son discours ne l'était pas assez et ce sont ses meilleures œuvres qui indirectement le rappellent. Ni la morale, ni la politique ne peuvent répondre à l'exigence d'une plénitude de la vie et certainement pas uniquement une rationalisation de la sphère du travail. Seul l'art ou la religion (sous la forme de l'effusion mystique) en sont capables.

IV/ *Tram stop* et la Révolution française : cosmopolitisme contre nationalisme.

Pour mieux comprendre la teneur des engagements politiques de Beuys, l'analyse de *Tram stop* est éclairante. Cette sculpture expressionniste a été réalisée en 1976 durant la biennale de Venise. Elle se compose d'un fût de canon en bronze, entouré au sol de quatre mortiers. Beuys a placé, au sommet du fût, une tête dont le cou est enfoncé dans la gueule du canon qui à la forme d'un monstre. L'homme engouffré dans le fût, chair à canon sous l'emprise de la terreur, est une image de la violence extrême. La tête hurlante en bronze a été réalisée par une étudiante de Beuys, Beatrix Sassen. Le sculpteur a transformé son expression pour suggérer la douleur et le cri. Avec cette sculpture, Beuys donne une nouvelle version expressionniste du *Cri* de Munch. La souffrance est ici historique et sociale, elle est liée à la guerre, elle n'est pas seulement psychologique et surtout, elle n'est pas le signe d'une déchirure ontologique, comme le laisse penser Munch en déclarant que *Le Cri* est l'expression d'une déchirure infinie traversant l'univers. Le fût du canon et ses quatre mortiers sont une copie partielle d'un ancien monument de la ville de Clèves, le *Monument à la Paix* ou *Colonne au Cupidon.* En associant cette copie à une tête réalisée par une sculptrice, Beuys a combiné d'une certaine manière deux ready-mades. Il a ajouté, à coté de cette composition, un fragment de rail de tramway. Si la sculpture en bronze semble au premier regard plutôt traditionnelle, les moyens qui lui ont donné naissance ne le sont pas, en étant dérivée de la technique du ready-made de Duchamp. *Tram stop* appartient à la famille des ready-mades assistés plutôt qu'à la tradition de la sculpture en bronze. Beuys a détourné un ancien monument public avec sa sculpture. Ce monument fut réalisé en 1652. Le fût du canon était surmonté alors d'un Cupidon et d'un boulet de canon. L'éros était étroitement lié à la mort dans cette sculpture publique, la guerre était érotisée et l'amour était curieusement contaminé par une violence extrême. Cette sculpture érigée pour commémorer une victoire militaire peut être considérée comme le symptôme d'une confusion des valeurs. L'œuvre de Beuys ne conserve que les signes de la mort en supprimant toute référence à l'éros et retire ainsi la nécrophilie inconsciente du monument. Le fût du canon n'est plus qu'un pilori dans la sculpture de Beuys. La guerre n'est plus commémorée ou honorée, sa barbarie est dénoncée. La sculpture est liée à l'antimilitarisme de l'artiste et à ses engagements de l'époque, aux côtés de la nouvelle gauche allemande contre l'installation de Pershing en RFA.

Les œuvres de Beuys ont souvent une composante autobiographique ; c'est le cas ici. Pour aller à l'école, Beuys, enfant, attendait chaque matin le tram près de l'étrange monument surnommé *L'Homme de fer*, servant de tram, et qui est, en fait, un fragment du *Monument à la Paix de* 1652, privé de son cupidon. Beuys a introduit dans son installation un fragment de rail d'un tram. Ancré dans le sol, il oppose son horizontalité à la verticalité hurlante de la sculpture ayant la forme d'une colonne. L'œuvre est manifestement liée à la mémoire et au passé. Beuys considère que l'*Homme de fer* de Clèves appartient à ces œuvres, comme celles de Lembruck qui le déterminèrent indirectement à devenir un sculpteur. Il disait à ce propos avoir fait l'expérience « qu'on pouvait exprimer avec du matériau quelque chose de prodigieux [...], que le monde entier dépendait de la constellation de quelques morceaux de matériau[157] ». Par ailleurs, dans la salle principale du pavillon, une barre de fer sort d'un trou de forage que l'artiste a fait creuser. « Le forage, écrit Max Reithmann, s'enfonce dans les profondeurs de la terre. Il atteint l'eau de la lagune à neuf

---

[157] Joseph Beuys, cité par Max Reithmann, *Joseph Beuys: Si nécessaire, nous vivrons aussi privés de cœur*, trad. E. Marchal, en collaboration avec A. Reithmann, Les presses du réel, Flammarion 4/ Art édition. Dijon, 1994, p. 12.

mètres de profondeur et le socle continental à 21 mètres[158]. » Dans les gravats ramenés à la surface, il pouvait y avoir des ossements. Le pavillon allemand, en devenant quasiment un champ de fouille, était aussi lié, dans l'esprit de Beuys, à la mémoire historique. L'artiste déclara que son installation était liée « au rude travail du ressouvenir[159] ». Le pavillon allemand a été construit dans un style néoclassique, durant le troisième Reich, en 1938, par l'architecte nazi Ernst Haiger. À l'entrée du pavillon, le mot *Germania* est inscrit en lettres majuscules. En érigeant, dans le pavillon, *Tram stop* qui est lié clairement à l'image du supplice, Beuys expose la barbarie de l'hitlérisme, rappelle la mémoire de la violence irrationnelle du nazisme, fait entendre les cris insupportables que refoule l'esthétique néoclassique nazie.

Beuys a associé la tête de son supplicié dans *Tram stop* à la tête de Anacharsis Cloots, philosophe et homme politique allemand, décapité en 1794 par les dirigeants de la Terreur durant la Révolution française. Il y a plusieurs références à Cloots dans l'art de Beuys. Lors de l'exposition *Arena* en 1972 dans la galerie l'Attico à Rome, Beuys fait l'action *Anacharsis Cloots* ; l'artiste rappelle des épisodes de la vie de Cloots qu'il présente comme l'un des inventeurs de la démocratie moderne, et fait allusion à Cloots sur l'échafaud en mimant ses derniers gestes et ses dernières pensées pour la liberté, l'égalité et la fraternité. En 1974, dans la galerie Richard Demarco à Édimbourg, Beuys réalise une action, *De minuit à midi*, composée essentiellement de lectures ; la plupart des textes lus sont de Cloots.

Sur bien des points, Beuys rejoint la pensée de Cloots. Cloots (1755-1794) appartient à la noblesse prussienne ; il s'engage dans les rangs des révolutionnaires français en 1989. Ardent brochurier et collaborateur à de nombreux journaux durant la Révolution, il est aussi philosophe et l'auteur notamment d'un livre contre les religions et surtout l'Église

---

[158] Max Reithmann, « Arrêt de tramway », dans *Joseph Beuys*, catalogue du Centre Georges Pompidou, *op. cit.*, p. 191.
[159] Joseph Beuys, cité par Max Reithmann, *ibid*, p. 193.

catholique[160]. Il devient député de la Convention, et en 1793, il est le président du club des jacobins. Il sacrifie son titre nobiliaire, ses privilèges, pour l'égalité et la liberté. Cosmopolite, il défend l'idée d'une république universelle et l'idée des droits de l'homme pour l'humanité entière, d'où sa revendication d'être « l'orateur du genre humain ». À ce titre, il pense qu'il ne faut pas réduire la révolution et la démocratie à la France mais que la révolution doit être exportée, si nécessaire par la guerre. Il préfigure, de ce point de vue, les internationales révolutionnaires du XIXe et du XXe siècles. Son idéal cosmopolite sera consigné dans un ouvrage publié en 1792, *La République universelle.* En préconisant l'idée de faire la guerre aux monarchies européennes, il perdra une partie de son crédit auprès notamment des montagnards qui décideront son exécution[161]. Il semble avoir été proche des hébertistes et surtout des sans-culottes durant la Révolution, ce qui pour Robespierre devint une raison supplémentaire de le supprimer. François Labbé écrit : « Cloots est bien sûr du côté des sans-culottes et des représentants les plus extrêmes de la Convention et de la Commune de Paris[162]. » Beuys dût être intéressé par la fascination de Cloots pour le peuple révolutionnaire de Paris et ses réserves par rapport aux élites, les députés girondins et montagnards. Ce populisme révolutionnaire n'est pas éloigné des positions de Beuys et de la nouvelle gauche allemande comme les spontanéistes berlinois (spontis) qui plaçaient, dans les années 1970, leurs espérances anarchisantes d'une nouvelle société dans la spontanéité révolutionnaire des masses. La défiance de Cloots à l'égard du jeu parlementaire de la Convention, son désir de réduire au maximum les intermédiaires entre le peuple et le pouvoir, rejoint l'idéal

---

[160] Titre de l'ouvrage : *Les Certitudes des preuves du mahométisme,* 1779.

[161] Cloots sera dénoncé au Comité de sûreté générale comme l'instigateur avec les hébertistes du « grand complot de l'étranger » auquel, la paranoïa aidant, Robespierre et le Comité de salut public ont cru. Voir sur ce point Eric Hazan, *Une histoire de la révolution française*, Paris, La Fabrique, 2012, p. 318 et suivantes.

[162] François Labbé, *Anacharsis Cloots, le prussien francophile. Un philosophe au service de la révolution française et universelle*, Paris, L'harmattan, 1999, p. 119.

anarchisant de la démocratie directe de Beuys et les positions extra-parlementaires de la nouvelle gauche allemande durant les années 1970. Cloots voulait réduire au maximum le poids de l'appareil d'État, dit François Labbé, et notamment promouvoir une éducation libérée de l'emprise de l'État. Il déplorait le militarisme prussien et sa déshumanisation. Il rejetait tout nationalisme. Beuys adhérait à ces points de vue. Beuys et Cloots partageaient quelques traits de caractères : l'énergie, la volonté, l'enthousiasme, l'idéalisme et le goût du verbe. L'artiste allemand était sans doute intéressé aussi par la complexité et les contradictions de la personnalité et de la pensée de Cloots. C'était un personnage intéressant pour provoquer la discussion et la réflexion après ses actions.

Sur quelques points capitaux, Beuys ne pouvait pas toutefois se reconnaître dans la pensée de Cloots, parfois contradictoire. Le député des sans-culottes était partisan de la violence révolutionnaire ; il justifia les massacres de septembre ; il avait voté la mort du roi Louis XVI, alors qu'il était, comme du reste Robespierre, contre la peine de mort au début de la révolution. Il déclare à ce propos : « Nous enverrons Louis à l'échafaud au nom du genre humain[163] » ou encore « la tête d'un tyran sur l'échafaud accélère la régénération du monde[164]. » Beuys, en revanche, était *a priori* un pacifiste, la révolution qu'il préconisait était non violente. Par ailleurs, Cloots était profondément hostile aux religions qu'il considérait comme des auxiliaires des monarchies pour dominer les peuples. Il fut favorable à la déchristianisation voulue par les hébertistes durant la révolution et opposé au culte de l'être suprême de Robespierre. La pensée de Cloots était étroitement associée à la philosophie des lumières, il se méfiait de l'imagination et des élans irrationnels du cœur. Cloots donne l'impression que l'adversaire majeur est la religion ; il raisonne de manière idéaliste, comme si l'effondrement des croyances religieuses devait être déterminant, voire suffisant pour mettre fin aux tyrannies politiques. Sur ce point, les références de Beuys au

[163] A. Cloots cité par F. Labbé, *op. cit.*, p. 151.
[164] *Ibid.*, p. 153.

christianisme sont trop présentes pour qu'il acquiesce à l'intolérance de Cloots à l'égard de la religion. En revanche, Beuys partage l'idée de Cloots de la nécessaire séparation de l'État et de l'Église et sa dénonciation des intolérances religieuses et de ses crimes. Il y a de l'aveuglement dans le rationalisme de Cloots, qui explique sinon son adhésion, du moins sa complaisance par rapport au culte de la raison des hébertistes. Les actions chamaniques de Beuys durant les années 1960 rappellent toutes les réserves du romantisme de l'artiste allemand à l'égard d'un rationalisme instrumental ou sacralisé. Cloots, obsédé par l'idée d'une république universelle, ne semblait pas particulièrement intéressé par les avancées sociales de la Révolution. Sur ce point, Beuys ne pouvait pas le suivre.

Tram Stop, lié à la figure de Cloots, invite à une réflexion sur la révolution qui a une actualité pour la nouvelle gauche allemande. Cloots est pour Beuys un martyr de la révolution et de ce point de vue, *Tram stop* est une condamnation de la Terreur révolutionnaire et indirectement, du terrorisme allemand ou italien, par exemple, qui sévissait durant les années 1970. Mais Cloots est aussi un régicide. Martyr de la révolution, il est également un agent plus ou moins volontaire d'une Terreur qui l'anéantira. Cloots voyait inexorablement se multiplier les adversaires de son idéal d'une république universelle et prospérer ce qu'il appelait « les ennemis du genre humain » dont il souhaitait la liquidation. Victime de la Terreur, ses positions l'inclinaient à l'exercer lui-même s'il en avait eu l'occasion et le pouvoir. *Tram stop* peut être vu comme une image de la Révolution dévorant ses enfants, une image de l'échec des révolutions violentes, en pensant aussi aux révolutions communistes du XXe siècle. Il est difficile de savoir jusqu'à quel point Beuys fut conscient de l'ambiguïté de Cloots.

Pour l'essentiel, *Tram stop* est l'image de la négation violente des idéaux de Cloots qui étaient liés au cosmopolitisme, à la fraternité, l'égalité et la liberté ; c'est la mort de la démocratie qui est symbolisée dans cette œuvre ; *Tram stop* est une allégorie de l'utopie foudroyée. Les idéaux de Cloots ont été saccagés, notamment par les nazis et leur nationalisme fanatique. *Tram stop* témoigne de l'anéantissement de tous les idéaux humanistes par le nazisme. Le cosmopolitisme de Cloots, voilà ce qui est nié par le nationalisme fanatique des nazis et ce que Beuys défend dans sa sculpture. Les allégations d'historiens d'art prétendant que Beuys est nationaliste s'avèrent fausses quand on a compris ce que recèlent les références de Beuys à Cloots. L'insistance répétée sur une prétendue germanité de la pensée de Beuys est invalidée par l'adhésion de l'artiste au cosmopolitisme de Cloots. Les valeurs défendues par Beuys avec *Tram Stop* s'opposent clairement au nazisme. Karl Dietrich Bracher rappelle à propos de ce dernier : « Il ne faut pas oublier que le national-socialisme, de même que ses précurseurs, a toujours affirmé avec force son rôle historique de mouvement de réaction à la révolution française et à toutes les conséquences de celle-ci : le libéralisme et la démocratie, les droits de l'homme et du citoyen, la civilisation occidentale, le socialisme international [...]. Goebbels lui-même proclama avec emphase en 1933 "Par cela, l'année 1789 sera rayée de l'histoire[165]". »

Tram stop doit être lu comme un hommage à Cloots, mais certainement pas comme une adhésion sans réserve. La postérité a souvent diffamé Cloots en le présentant uniquement comme un illuminé. Pour l'historiographie allemande du XIXe, il est l'enfant maudit défiant les souverains au nom de l'humanité. Beuys aurait souscrit à l'hommage de Jean Jaurès. Le socialiste écrivait : « Sans doute plus d'une parole de l'orateur du genre humain, plus d'une de ses formules firent frissonner ce qu'il y avait de plus haut dans l'esprit de la Convention, comme un vent fait frissonner la cime de la forêt inébranlée[166]. »

Il y a dans l'art de Beuys les signes d'une identification forte à Cloots qui est d'abord assez énigmatique si l'on juge les

---

165 Karl Dietrich Bracher, *Hitler et la dictature allemande. Naissance, structure et conséquences du National-Socialisme* (1969) trad. F. Straschitz, Paris, *Editions* complexe, 1995, p. 31.

166 Jean Jaurès cité par F. Labbé, *op. cit.*, p. 487.

différences évidentes de leur pensée. Ce qui indique l'identification, c'est par exemple une œuvre de Beuys qui comprend le livre de l'abbé Barthelemy *Voyage du jeune Anacharsis,* une référence majeure de Cloots. Beuys signe son œuvre du nom de Joseph Anacharsis Clootsbeuys. Dans un autre « livre objet », il signe de la même manière. Dans son œuvre testamentaire, *il Palazzo Regale*, inaugurée un mois avant sa mort, Beuys expose une vitrine contenant la tête de Cloots qu'il associe au manteau de fourrure qu'il portait durant l'action *Titus-Iphigénie* et aux cymbales qu'il utilisa durant cette même action. À nouveau, ici, Beuys s'identifie à Cloots. Quelle est la raison de cette identification récurrente ? Réponse : un messianisme politique commun, un même cosmopolitisme contre le nationalisme, des aspirations à la sainteté, des tendances au prophétisme et malgré l'hostilité de Cloots à l'égard des Églises et des religions, une indéniable religiosité de son engagement social et politique, proche de celui de Beuys.

V/ Un engagement écologique : *7000 chênes*

Les préoccupations écologiques de Beuys apparaissent clairement dès les années 1960 dans ses actions liées au chamanisme. La voie thérapeutique du chamanisme indique que la nature est l'une des sources majeures de la guérison. Le passage du christianisme au chamanisme dans l'art de Beuys et parfois la combinaison des deux indiquent le désir de l'artiste de corriger le christianisme en valorisant la nature et l'animal. Avec notamment la philosophie rationaliste de René Descartes à Friedrich Hegel, le christianisme s'est révélé être l'un des principaux adversaires de l'animalité et de la nature. Beuys a souhaité de même adjoindre au paganisme des valeurs chrétiennes fondamentales comme l'espérance, la charité et la foi. L'évangélisme, voilà ce que retient Beuys, autrement dit la morale chrétienne, sans doute pour humaniser le paganisme. Le souci de la nature en nous et hors de nous est indissociable aussi du néoromantisme de Beuys, de ses liens avec l'expressionnisme allemand, et plus généralement avec le primitivisme dans l'art contemporain.

En 1982, Beuys réalise l'action *7000 chênes*. Il s'agit d'un projet de plantation dans la ville de Cassel. La plantation commence au début de la documenta 7 pour s'achever en principe à la date de la prochaine documenta en 1987. « Le 16 mars 1982, Beuys plante le premier chêne au centre de la place Friedrich à Cassel devant le Fridericianum[167] » et 7000 pierres basaltiques en forme de prisme sont déversées sur le parking de la place. Chaque chêne planté sera accompagné d'une pierre. Le parking sera libéré quand le financement de la plantation des 7000 chênes sera acquis. Le premier chêne planté par Beuys est situé en face du portique du musée néoclassique, l'un des premiers musées européens. L'arbre tempère le rigorisme et la symétrie de l'édifice monumental. Dés le début, une partie du financement de la plantation vient de l'argent de la vente d'une copie de la couronne du tsar Ivan le Terrible. Lors d'une action dont le titre est *Transformation*, Beuys change l'or de cette couronne en le liquéfiant et en le versant dans un moule ayant la forme d'un lièvre. La couronne symbole de la barbarie tsariste devient avec le lièvre un symbole de douceur, de fécondité et de paix selon Beuys[168]. Cette association explicite de l'action *7000 chênes* avec la paix est importante, elle permet de se démarquer de l'image récurrente en Allemagne du chêne associée à celle de la guerre. Clairement, Beuys arrache la chênaie allemande au nationalisme agressif et aux idéologies martiales. Il s'agit pour l'artiste de rendre au chêne sa puissance onirique en le soustrayant notamment à la fantasmatique nazie qui a glorifié cet arbre. Le chêne n'est plus la métaphore martiale de l'Allemagne dans la nature pacifiée de Beuys. L'artiste extrait la forêt de son histoire guerrière en Allemagne. Simon Shama écrit : « Vers le milieu du dix-huitième siècle, toute une mystique du bois des origines, lieu de la rusticité, de la virilité, de l'innocence et des vertus martiales avait engendré une

---

[167] Florence Malet, *Joseph Beuys*, catalogue du Centre Georges Pompidou, *op. cit.* p. 357.
[168] Voir *ibid.*

nouvelle génération de patriotes, nourris de Tacite et du culte de la Teutoburger Wald[169]. » Il poursuit : « Dans les années 1760, le poète et dramaturge Friedrich Gottlieb Klopstock publie sa trilogie épique fondée sur la vie et la mort d'Arminius-Hermann[170]. » Shama ajoute : « Les guerres contre Napoléon allaient fournir de nouvelles occasions d'accuser les contrastes entre Rome et l'Allemagne, la cité et la forêt, l'olivier et le chêne. Le *Hermannsschlacht* d'Heinrich von Kleist [...] se présentait explicitement comme un lien entre le passé et la postérité. L'auteur y appelait les guerriers de la liberté à retrouver leur détermination dans les bois de leurs ancêtres[171]. » Ces ancêtres étaient les tribus germaines conduites par Arminius-Hermann, le héros teutonique, vainqueur des légions romaines de Varrus. Le culte d'Arminius et du *Heimat* forestier occupe une place significative dans le néoromantisme allemand nationaliste du XIXe siècle. Les peintres romantiques Friedrich ou Kersting réaliseront des tableaux patriotiques dans lesquelles la forêt allemande est le cadre naturel de la résistance à la civilisation latine incarnée par la France. Dans les contes des Grimm, originaires de Cassel, et plus généralement dans le folklore allemand, la forêt est liée au thème du labyrinthe, de la peur et de la mort. Cette figure macabre du sacré est dissoute par Beuys ; ses chênaies ne cherchent pas à égarer ou effrayer. De ce point de vue, sa forêt n'est pas celle de la culture germanique qui associe à chaque arbre un guerrier embusqué. Beuys ne cherche pas à réanimer l'ancienne forêt hercynienne légendaire, liée aux massacres de Romains représentants d'un monde latin platement rationnel. La forêt de Beuys, c'est celle de saint Eustache dans *La Légende dorée* de Jacques de Voragine, qui découvre soudainement un cerf dont les bois sont ornés d'une croix de lumière. La nature de Beuys connaît la douceur de l'évangélisme. Il n'y a pas de violence dans le bestiaire de Beuys, à la différence des bestiaires des rois et des nazis. Beuys sympathise avec la proie et non le prédateur, le

---

[169] Simon Shama, *Le Paysage & la mémoire*, trad. J. kamoun, Paris, Seuil, 1999, p. 119.
[170] *Ibid.*, p. 119.
[171] *Ibid.*, p. 122.

cerf ou le lièvre et non le lion, l'aigle ou le loup. La nature de Beuys n'est pas la nature dionysiaque et déchaînée qui hante le romantisme allemand et que redoutait tout particulièrement Heinrich Heine[172]. Sa nature est christianisée, dégagée des aspects obscurs et violents de la nature du paganisme qui fascinait les néoromantiques conservateurs. Beuys n'oppose pas à la nature civilisée bucolique et pastorale de Virgile et des latins, une forêt germaine liée à la nuit, au sang et à l'obscur. Sa chênaie à Cassel ne s'oppose pas à la ville ou à la modernité comme celle des romantiques, elle est conçue pour et dans la ville.

La première grande figure de la nature qui apparaît dans l'œuvre de Beuys est celle du chamanisme sibérien. Cette nature n'est pas germanique, comme le laisse penser des historiens d'art français, mais elle est asiate et mongole, par exemple, ce qui est d'ailleurs indiqué par les titres des actions de Beuys comme *La Symphonie sibérienne, premier mouvement* (1963) ou *Eurasia* (1966)[173]. La nature de Beuys n'est pas liée à la sophistication d'une culture sensuelle ou au luxe de la villa romaine, mais elle n'est pas non plus l'envers de la civilisation. Beuys avait tout à fait à l'esprit les critiques qu'on pourrait lui faire en ayant choisi le chêne comme arbre pour son action à Cassel. Deux œuvres l'indiquent : un multiple, *C'est la fin de la fin des latins* (1982) et surtout *Olivestones* (1984). Le multiple indique la nécessité d'en finir avec les préjugés des Allemands par rapport notamment aux Français qui sont fantasmés comme des ennemis héréditaires depuis les guerres napoléoniennes. Le même fantasme, y compris dans des milieux cultivés, persiste en France à l'égard des Allemands, considérés comme des Germains barbares. Le multiple de Beuys entend signifier que la critique romantique de la civilisation latine liée à la raison n'est plus pour lui d'actualité, que la revendication agressive de la germanité est un non-sens et qu'elle s'est d'ailleurs progressivement éteinte après 1945 en Allemagne.

---

[172] Voir H. Heine, *De l'Allemagne*, Paris, Gallimard, 1998.

[173] Titre complet de cette action de Beuys : *Eurasia, 34e mouvement de la Symphonie sibérienne.*

Olivestones (*Pierres d'olive*) est une installation exposée du 13 au 17 décembre 1984 pour l'inauguration du Castello di Rivoli à Turin. Elle est composée de cinq vasques à décantation en grès du XVIIIe siècle. Ces vasques servent à purifier l'huile d'olive. Beuys a placé un bloc de grès dans ses vasques qui sont donc scellées et ressemblent à de petits tombeaux. Il a ensuite versé de l'huile sur ces vasques. Le liquide a été absorbé par le grès poreux fonctionnant comme un filtre. Le geste rituel de Beuys versant de l'huile s'apparente à une onction de la pierre. Il s'agit d'adoucir le roc, sa froideur et sa dureté. L'enjeu est de dépasser la mort que connotent ces tombeaux pour les transformer en coffrets précieux scellant une surabondance divine. Les huiles saintes chrétiennes comme le saint chrême sont réalisées à partir de l'huile d'olive. Ces huiles ont la fonction de consacrer ou de sanctifier, elles sont les symboles de la douceur évangélique. Les vasques à décantation utilisées par Beuys sont des ready-mades, des objets trouvés dont il se sert pour faire des œuvres d'art. Il les transforme en insérant un bloc de grés dans leur cavité et verse de l'huile pour consacrer ces objets, en faire des œuvres énigmatiques s'adressant à l'imagination. Ici symboliquement, le ready-made de Duchamp est transfiguré en devenant une œuvre suggestive. Beuys n'a pas choisi un objet banal comme aurait pu le faire Duchamp mais un objet, certes utilitaire, mais précieux et artisanal. La métamorphose artistique de l'objet est déjà potentiellement présente dans cet objet faisant partie du patrimoine agraire italien. Le geste de verser de l'huile sur la pierre indique aussi que l'action de Beuys est liée à ses engagements écologiques et en l'occurrence, il s'agit de promouvoir la fabrication d'une huile d'olive de qualité dont les bienfaits sont avérés, contre ses différents ersatz. Le lien avec l'écologie était manifeste lors de la première exposition par Beuys, en octobre 1984, d'une vasque à décantation, dans une galerie de la FIAC à Paris. L'un des murs de la galerie était orné d'un somptueux rameau d'olivier duquel pendait un ruban bleu ciel sur lequel était inscrit en italien *Difesa della natura* (défense de la nature). *Olivestones* nous interdit de penser que Beuys oppose le chêne à l'olivier, l'Allemagne aux pays latins, mais qu'il s'agit au contraire de glorifier les deux, de s'ouvrir à leur différence, à leur complémentarité. L'olivier fécond, c'est le Christ dans l'imagination chrétienne de Beuys. Quant au chêne, il est une image somptueuse de la puissance d'une « nature naturante » dont le bruissement infini n'est pas destructeur ou terrifiant mais régénérant. Chaque chêne planté à Cassel est accompagné d'une stèle dressée en basalte d'un mètre vingt. Cette pierre est de la lave refroidie et cristallisée ; elle a une forme prismatique comme le basalte des orgues basaltiques de la Chaussée des Géants en Irlande. Beuys, en choisissant ces prismes de basalte, nous renvoie aux concrétions fabuleuses créées par la nature, comme la grotte merveilleuse de Fingal en Ecosse par exemple, qui inspira à Felix Mendelsohn sa symphonie *Hébrides*. Beuys concevait ses stèles comme des témoins. On peut les penser comme des signes des merveilles basaltiques, des témoins de la puissance créatrice et artistique de la nature, dont le chêne est une autre expression végétale cette fois. La stèle de basalte, à côté du chêne planté par Beuys, témoigne que ce n'est pas la nostalgie de la Germanie qui est à l'origine de sa plantation, mais en partie sa fascination pour l'originaire et l'immémorial qui n'est liée ici à aucun nationalisme. Le basalte, coulée de lave cristallisée, est la métaphore d'une ancienne puissante énergie maintenant refroidie ou éteinte. Érigée à côté d'un chêne, symboliquement l'énergie morte du basalte connaît sa métamorphose dans la puissante croissance et efflorescence de l'arbre.

L'action de Beuys à Cassel est un manifeste écologique, liée à la paix elle est radicalement opposée à l'écologie nazie en la purgeant de son nationalisme fanatique. Shama écrit à ce propos : « Force est de reconnaître la conscience écologique du plus barbare des régimes de l'ère moderne. Exterminer des millions de vies humaines ne l'a pas empêché de protéger des millions d'arbres[174]. » Il est très probable que la conscience écologique du jeune Beuys ait été éveillée par l'écologie nazie. Mais son art et ses engagements écologiques montrent comment il a su dépasser les aberrations idéologiques et meurtrières de l'écologie nazie raciste qui est liée à un délire xénophobe de

174 Simon Schama, *Le Paysage & la mémoire*, *op. cit.*, p. 139.

l'enracinement, et à une conception martiale, mythique et sanglante de la nature. Shama écrit à ce propos : « À partir de 1933, on voit les thèmes sylvestres envahir pratiquement tous les domaines de l'art et de la politique [...] Imprimeries comme librairies se remplissent d'ouvrages qui attribuent l'originalité raciale et nationale de l'Allemagne à son héritage forestier [...]. De leur côté Hitler, Göring le *Reichsforstmeister* et Himmler ne perdent pas une occasion de se faire photographier dans un décor sylvestre[175]. » Il est capital de ce point de vue de ne pas dissocier l'action *7000 chênes* de l'installation *Olivestones*, pour que soit bien marquée la volonté de Beuys de mettre fin à l'antagonisme fallacieux du chêne et de l'olivier qui a traversé l'imaginaire allemand pendant plusieurs siècles.

En 1983, Beuys réalise une installation intitulée *La fin du XXe siècle*. Composée de plusieurs pierres de basalte couchées et d'un élévateur, l'installation s'apparente à un chantier. L'installation est une incitation à continuer le boisement entrepris par Beuys à Cassel. Comme plusieurs Fonds de Beuys composés de piles de plaques de feutre, l'installation donne l'impression de fournir des matériaux disponibles pour une création ou une édification. C'est vrai pour les pierres de basalte qui sont utilisés dans la construction architecturale ou en sculpture. Comme des Fonds ou par exemple *Plight*, l'installation donne l'impression qu'elle est une œuvre inachevée et qu'elle doit être achevée par les spectateurs eux-mêmes. *La fin du XXe siècle* incite certes à de nouvelles plantations d'arbres mais plus généralement à l'action et à la création. Les pierres de basalte ont un aspect anthropomorphe intriguant. Couchées sur le sol, elles suggèrent la présence de cadavres. Si l'on suit l'incitation de l'installation : se servir de l'élévateur et dresser la pierre près d'un chêne que l'on aura planté auparavant, on peut alors penser que le spectateur a la charge de s'opposer à la mort et de faire ressurgir la vie. Dans la mythologie individuelle de Beuys, bien souvent énigmatique, les pierres de basalte de cette installation peuvent être mises en rapport avec une œuvre plus ancienne de Beuys, *Bergkönig*,

---

175 *Ibid.*, p. 138.

(1958-1961). Cette sculpture est anthropomorphe et peut évoquer, elle aussi, un cadavre. Le titre de l'installation n'est pas sans évoquer l'idée de mort ou même de catastrophe. Beuys pensait que la dégradation écologique de la planète serait peut-être déjà irréversible à la fin du 20e siècle. Il déclare : « Si la destruction de l'environnement continue, ainsi que le système économique tel que le capitalisme actuel le conçoit, avec l'exploitation de la terre, l'anéantissement de la forme de vie naturelle, la menace qui pèse sur la santé humaine, on peut dire que la vie humaine sera réellement menacée avant la fin du siècle. L'humanité se trouve [...] dans une crise profonde où nous conduisent les intérêts du pouvoir, du capital, de l'argent, de l'État. Voilà les principaux ennemis de l'humanité[176] ! »

L'action *7000 chênes* a une force que ne possèdent pas la plupart des actions de Beuys, qu'elles soient politiques ou même artistiques. D'où vient cette force d'attraction, car a priori cette action n'est que politique ou même uniquement écologique. Peut-on considérer que cette action a une dimension artistique ? L'action est de fait plus efficace que les actions politiques de Beuys car elle change réellement une situation. Il ne s'agit pas d'un projet mais d'une plantation effective. Cette action est immédiatement compréhensible et son principe ne peut guère être remis en cause[177]. La majesté du chêne se communique au geste de Beuys. Il y a une abondance et une générosité dans le projet et l'acte qui favorisent l'adhésion. Comme on l'a vu, l'action a un sens culturel, compte tenu des connotations du chêne en Allemagne. Elle incite du même coup à la réflexion et à la discussion. L'action n'a donc pas exclusivement une signification écologique mais aussi un sens politique et culturel. À plusieurs titres, elle est aussi artistique. Tout d'abord, elle se laisse comparer aux œuvres d'art qui, en Allemagne, sanctifiaient de diverses manières la chênaie et la forêt. On a compris que Beuys s'opposait aux chênaies peintes

---

[176] J. Beuys, entretien avec Elisabeth Rona, in Bernard Lamarche-Vadel, *Joseph Beuys*, *op. cit.*, p. 112-113.

[177] C'est son application qui posera problème à des habitants de Cassel qui craignaient à moyen terme que les racines des chênes ne provoquent des dégâts divers.

par des romantiques, quand ces dernières étaient des sanctuaires patriotes plutôt que des scènes pastorales, comme dans des tableaux du peintre Pascha Weitsch ou Georg Friedrich Kersting[178]. La chênaie de Beuys n'est pas le mémorial naturel des guerriers de l'Allemagne, comme c'est le cas chez Kersting ou Friedrich. L'action *7000 chênes* est de l'art aussi pour une autre raison. Réalisée dans le cadre de la documenta, un cadre artistique, elle pose implicitement la question de l'efficacité sociale de l'art. Durant la documenta, toute la ville de Cassel, musées, galeries et espace public, peut être investie par des artistes. Beuys a critiqué l'absence d'efficacité sociale de l'art contemporain et dans son esprit, avec son action, il s'agit de sortir du ghetto que représente la ville de Cassel pendant la documenta, même si l'espace public s'ouvre à l'art. L'action de Beuys est de l'art à propos de l'art et propose un concept élargi de l'art avec sa plantation. On peut de même considérer l'action comme de l'art *in situ*. Le premier chêne planté par Beuys dialogue avec le portique du Fredericianum et corrige, par sa future frondaison, la minéralité monumentale du temple néoclassique, conçu dès l'origine comme un musée. Le romantisme de Beuys propose pour la création un autre cadre que le temple antique : une chênaie et la nature. La plantation des chênes par Beuys peut être vue aussi comme une objection à la reconstruction de Cassel après la guerre avec ses bâtiments en béton. Une autre action de Beuys réalisée en 1977 à Münster, intitulée *Tallow*, indique que Beuys pouvait avoir ce type de préoccupation en tête avec l'action *7000 chênes*. En effet, *Tallow* est liée à une critique du médiocre environnement urbain moderne créé lors de la reconstruction de Münster après 1945. On peut aussi comprendre la chênaie de Beuys à Cassel comme un geste polémique par rapport au parc baroque du château de Wilhelmshöhe. Ce parc est notamment connu pour l'édifice octogonal servant de socle monumental à une copie de l'*Hercule Farnèse* qui surplombe le parc et la ville. La statue colossale d'*Hercule Farnèse* est un symbole électif du souverain absolu dans les régimes monarchiques. À partir de cette statue, on dispose d'une large perspective sur le parc et le

[178] S. Shama, *op. cit.*, p. 121-122.

château. La nature est symboliquement assujettie par la perspective géométrique et dominée par le point de vue royal occupé par la statue d'Hercule. Le point de vue dominateur du prince ordonne le monde et subjugue la nature en la rationalisant violemment. La chênaie de Beuys récuse l'assujettissement de la nature par la perspective géométrique du parc baroque dont le paradigme demeure le parc de Versailles. Ce n'est pas uniquement la rationalisation outrancière du paysage qui est remis en cause par Beuys, c'est aussi l'absolutisme politique du parc baroque. Dans une autre circonstance, Beuys a critiqué de la manière la plus explicite la perspective géométrique quand il a proposé à l'artiste Heinz Baumüller de transformer l'une de ses sculptures réalisée dans un bois de limba[179]. Dans son œuvre, Baumüller avait appliqué la perspective à un tronc d'arbre. Plus précisément, il avait eu recours à une perspective exagérée afin que le tronc paraisse plus grand qu'il n'est. Par ailleurs, le tronc d'arbre était travaillé afin de rappeler les portiques du centre de la ville de Berne. Le tronc d'arbre était devenu l'image miniature d'un édifice ou d'un fragment d'édifice. La nature ainsi architecturée et transformée en simulacre déplut à Beuys qui proposa à Baumüller de faire de ce tronc illusionniste deux nouvelles sculptures dans lesquelles la violence de la perspective et de ses simulacres seraient réfutés. Les deux nouvelles œuvres en bois et primitivistes s'intitulent *Nasse Wäsche, Jungfrau I et II* (1985). L'application de la perspective à un objet tridimensionnel, dont la sculpture de Baumüller était un exemple, est liée au geste de subordonner les objets de la perception au point de vue arbitraire du regardeur. Beuys a libéré symboliquement le tronc d'arbre de cet assujettissement à la vision d'une subjectivité souveraine. Le bois dans les deux sculptures de Beuys, avec sa blancheur, comme s'il avait été lessivé et purifié, retrouve une présence brute ; sa forme délibérément grossière s'est dégagée des lois de la proportion et de la composition qui sont inhérentes à la perspective

---

[179] Sur la transformation de la sculpture de Heinz Baumüller par Beuys voir « D'une sculpture à l'autre, histoire d'un tronc de limba » (trad. A. Gunthert), in *Artstudio*, spécial Joseph Beuys, n°4, 1987, p. 125-127.

géométrique associée au projet de quadriller le monde, de le quantifier, de le mesurer et de détruire toutes ses qualités incommensurables. Les deux sculptures ne citent plus les arcades du vieux Berne, mais le massif alpin bernois et son sommet le plus prestigieux la *Jungfrau*. Beuys avait réalisé une installation en 1979 dans la galerie Nächst St. Stefan à Vienne ; elle était intitulée *Basisraum Nasse Wasche*. L'artiste avait transformé la galerie en salle de séchage et accroché une lessive encore humide à des fils à linge. On retrouve, dans le titre des deux sculptures, l'idée de lessive humide qui est une allusion à l'acte de purification entrepris par Beuys sur le tronc de limba restitué à sa virginité première, en l'occurrence la matière tendre de son bois. L'une des sculptures est présentée avec une chemise blanche immaculée et un savon. La référence à la *Jungfrau* des Alpes, à sa couleur immaculée, souligne le désir de Beuys de replacer le tronc de limba dans le cadre sublime d'une nature inviolée et de le soustraire à l'artificialité de la perspective géométrique, à ses trompe-l'œil et à ses « dépravations » diverses mais toujours calculées, comme les célèbres anamorphoses. Dans un catalogue du centre Georges Pompidou consacré à une rétrospective de Beuys en France, le titre des sculptures de l'artiste *Nasse Wäsche Jungfrau* est traduit par *Vierge au linge mouillé*[180]. La référence au sommet alpin de la *Jungfrau* disparaît dans cette traduction et le sens des œuvres est recherché de manière exclusive et peu convaincante du côté des connotations sexuelles et érotiques du titre français. Nous proposons comme nouvelle traduction de maintenir dans le titre le mot *Jungfrau* qui est la montagne du même nom et non une vierge. Plutôt que linge mouillé, nous proposons lessive humide, en pensant à l'installation d'une lessive humide dans une galerie par Beuys à Vienne et pour ses deux sculptures, à la purification (au nettoyage) qu'il entreprend en soustrayant le tronc de limba à l'artificialité de la perspective et surtout, au simulacre d'un objet en trois dimensions en perspective.

---

[180] Voir *Joseph Beuys,* catalogue Centre Georges Pompidou, Paris, 1994, p. 230.

VI/ L'animal selon Beuys : un impensé majeur du christianisme et du rationalisme

Pour mieux comprendre à quoi ressemble la nature de Beuys et comment il la conçoit, on peut examiner dans son art le rapport à l'animal. L'animal obtient un statut central dans l'art de Beuys dès ses premières actions chamaniques. On a l'impression que l'artiste reste insatisfait par rapport au christianisme, qui est d'abord sa référence majeure dans les années 1950, d'où son passage à des actions chamaniques et finalement à une combinaison du christianisme et du chamanisme. Au moins sur un point, Beuys s'oppose au christianisme sur la question de la valeur de l'animal. Le christianisme exclut l'animal de la sphère du sacré. Cette exclusion entraîne une infériorité définitive de l'animal. Radicalement profane, les animaux n'ont pas d'âme ; la question du respect des animaux ne se pose pas et il est entendu que nous n'avons pas de devoir par rapport à eux. L'indifférence à l'égard de l'animal est une caractéristique du christianisme. L'animal qui rappelle la proximité de l'homme et de la nature est devenu un étranger. Pour Saint-Augustin ou Thomas d'Aquin, l'animal n'est jamais un individu mais uniquement le membre d'une espèce. Les animaux sont interchangeables. L'appropriation sans foi ni loi de la nature est inscrite dans le christianisme. Les actions chamaniques de Beuys sont un correctif du courant majeur du christianisme qui ne concède rien à la nature, la dévalue en s'en prenant au corps et à la matière. Le christianisme durcit l'indifférence relative de Platon et surtout d'Aristote à l'égard des animaux. Si l'on excepte certaines hérésies mystiques et les premiers siècles du christianisme, on peut dire que le christianisme, radicalement anthropocentrique, se révélera un adversaire résolu de l'animal et de la nature. Il y a des contre-exemples cependant, comme la spiritualité franciscaine et tous ces courants minoritaires qui, dans le christianisme primitif, pensaient que la rédemption christique concernait aussi les animaux. Encore au IXe siècle, un moine irlandais célèbre comme Scot Erigène priait pour le salut des âmes des animaux ; son christ n'excluait aucune créature sensible[181]. Ce n'est pas l'homme uniquement qui était racheté mais l'ensemble de la création et donc la nature qui était promise à la transfiguration comme pour les tenants de la croix chrétienne cosmique du IIIe siècle. Les mystiques allemands verront encore des vestiges du divin dans les animaux. Plus tard, la spiritualité chrétienne a su parfois éprouver de la bienveillance à l'égard des bêtes, comme avec Saint-François de Sales ou le cardinal de Bérulle dans un siècle, le XVIIe, qui a fait de l'animal une machine avec Descartes et notamment ses disciples chrétiens, comme Malebranche. Dans une action de 1965, *Comment expliquer la peinture à un lièvre mort*, Beuys fait preuve d'attention et de douceur à l'égard de l'animal. Ce geste l'associe à une tradition de douceur à l'égard de l'animal qui commence en Occident avec Théophraste et Plutarque. L'artiste corrige un acte manqué commis durant sa première action chamanique et qui fut condamné à juste titre par ses détracteurs ; dans *Symphonie sibérienne*, Beuys mimait le sacrifice d'un lièvre. Ce geste sacrificiel était censé réintroduire l'animal dans la sphère du sacré et s'opposer à la dégradation chrétienne du statut de l'animal. Réintroduire le rituel du sacrifice animal pour conférer une nouvelle dignité à l'animal est une régression irrationnelle. Le progrès ne consiste pas à restaurer le sacrifice animal. Il faut au contraire le proscrire, comme tend à le faire déjà la Bible ou le considérer purement et simplement comme un meurtre, comme le déclarait Théophraste. En faisant le choix de la douceur dans une action ultérieure, la philosophie de Beuys à l'égard de l'animal devient plus civilisée et pertinente.

Les cartésiens, avec leur théorie des animaux machines, avaient dénié à l'animal le fait de souffrir. La croyance en l'absence de souffrance des animaux autorisa leur maltraitance. Pour Beuys, les animaux sont bons à penser plutôt qu'à manger. Par le biais de l'animal, présent dans ses actions comme le cheval dans l'action *Titus-Iphigénie* (1969) ou le coyote dans l'action *I like America and America likes me*, il s'agit de faire

[181] Voir Elisabeth de Fontenay, *Le Silence des bêtes. La philosophie à l'épreuve de l'animalité*, Paris, Fayard, 1998, p. 253.

réfléchir sur le traitement que nous réservons à l'animal et sur les représentations que nous en avons. Ce qui est troublant, c'est la faiblesse caractérisée de certains philosophes prestigieux dès qu'il s'agit de penser l'animal. Ce ne sont pas uniquement les cartésiens qui étonnent par leur cécité. Kant invalide toute idée de respect par rapport aux animaux car ils n'ont pas d'accès à la raison ; si l'on devait suivre un tel raisonnement, il faudrait suspendre tout respect à l'égard des jeunes enfants et des malades mentaux. Selon Kant, l'homme peut disposer de l'animal à son gré, il en est le propriétaire ; il y a un droit naturel à disposer des animaux. De son côté, Heidegger par exemple associe l'animalité et l'hébétude. Levinas condamne l'animal à une gueule informe et à l'absence de visage, comme Fichte ou Hegel, et considère par conséquent que nous n'avons aucun devoir par rapport à lui, quels que soient par ailleurs les services que les animaux nous rendent. Le visage humain se signale par son idéalité, la tête de l'animal est embuée de matière, l'intériorité et le regard en seraient absents.

L'homme se révèle être, selon Beuys, la maladie mortelle de l'animal[182]. La religion chrétienne et la philosophie semblent servir d'alibis à une praxis humaine qui ne s'interroge jamais sur les conditions industrielles d'abattage des animaux et sur les expérimentations animales. Le refoulement de toute pensée qui souligne la fondamentale parenté de l'homme et de l'animal, comme celle de Darwin, peut se comprendre comme une réaction de défense qui n'est pas tout à fait irrationnelle. L'animal n'ayant aucune dignité dans les cultures occidentales depuis notamment le christianisme et le stoïcisme grec, faire de l'homme un animal comme le fait Darwin peut représenter un danger : celui de précipiter l'indignité de l'homme, de le ravaler à l'animalité et de le dévaloriser. Ce qu'il faut c'est réhabiliter l'animal comme le fait Beuys, car la pensée scientifique de Darwin est irrésistible et finira par s'imposer, en dépit des dénis des philosophes ou des chrétiens. Si l'homme est un animal

---

[182] Expression de Theodor W. Adorno et Max Horkheimer dans *La Dialectique de la raison. Fragments philosophiques,* trad. E. Kaufholz, Paris, Gallimard, 1974.

alors il n'a pas de valeur est précisément le genre de déduction qu'il faut réfuter. La valeur de l'humanité ne se joue pas contre l'animalité ; elle n'est pas liée, comme le pensait Kant, à un dressage de l'animalité en l'homme, cette chiennerie féroce qu'il faudrait juguler avec les rigueurs de la « Loi ». On aurait tort de ce point de vue de comprendre l'action Coyote de Beuys comme un dressage de l'animal ; on doit plutôt la penser comme le ressourcement utile de l'être humain dans la nature et comme la nécessité de repenser notre relation à l'animal que nous sommes. Caroline Tisdall écrit : « Coyote fut pour moi l'œuvre la plus exaltante et, comme tout chef-d'œuvre, elle conserve sa propre aura mystérieuse et complexe faite d'une simplicité et d'une accessibilité apparentes[183]. » On peut voir cette rencontre méditative et questionnante entre Beuys et le coyote comme l'essai, de la part de l'artiste, de se réapproprier le sens de la divinité qui fût accordé à l'animal dans de nombreuses civilisations.

Mais l'importance de l'animal dans les actions de Beuys est liée à sa critique néoromantique du rationalisme. La philosophie a régulièrement infériorisé l'animal car il serait dénué de raison. Pour Platon, l'Être est du côté de l'esprit et de la raison. De ce point de vue, l'animal végète, à la limite de l'inexistence. En revanche dans l'ontologie de Beuys, l'Être est devenu une pure énergie et un flux infini. Du coup, la vitalité de l'animal devient une métaphore adéquate d'une dynamique fondamentale. De ce point de vue, Beuys est proche de Schelling et de Nietzsche. La raison pour Beuys n'a plus d'ancrage ontologique et par là même, ne peut plus prétendre à la dignité ontologique que lui conféraient le platonisme ou la théologie chrétienne. En donnant une place cardinale à l'animal dans certaines actions, Beuys entend défendre, contre les cartésiens, l'idée d'une nature qui ne soit pas uniquement mécanique. En faisant de la nature un pur mécanisme, la métaphysique de Malebranche autorise son exploitation aveugle. Dans les actions de Beuys, l'animal est lié à ses préoccupations écologiques, dès les années 1960. La défense de l'animal devient la défense de la nature

---

[183] C. Tisdall, *Joseph Beuys, Coyote,* trad. Paris, Hazan, 2009, p. 4.

contre une rationalité qualifiée d'instrumentale par Adorno et Horkheimer[184]. La désacralisation radicale de la nature et sa mécanisation intégrale par le cartésianisme favorisent l'exploitation de la nature, sans souci des espèces animales et végétales, sans considération pour le milieu naturel nécessaire à la survie de l'espèce humaine. Ce qui est aussi en jeu dans l'art animalier de Beuys, c'est la réhabilitation de la douceur, de la sensibilité et de l'affectivité par le biais de l'animal ; Beuys suit ici les leçons de la spiritualité salaisienne. Le lièvre, emblème du bestiaire de Beuys, est un animal sauvage sans sauvagerie ; sa vulnérabilité appelle la bienveillance et même la tendresse, comme le fait Beuys dans l'une de ses actions. Duchamp se faisait le défenseur d'une beauté d'indifférence, rejoignant ainsi la sagesse traditionnelle, soit l'ataraxie ou l'impassibilité. Beuys préfère à la sagesse antique, la sensibilité christique et la faculté de s'émouvoir qui ne font pas une vertu de l'insensibilité, stoïcienne par exemple. Beuys aurait certainement souscrit à l'idée de Montaigne que l'homme n'a pas le monopole de l'intelligence. Les coupures fondamentales entre l'homme et l'animal, continuellement revendiquées, doivent être relativisées et finalement réfutées. Il ne s'agit pas uniquement pour Beuys de réhabiliter les sens et les sensations dans l'art en se référant à l'animal ; il convient aussi de remettre en cause la valeur excessive accordée à la raison dans la philosophie idéaliste allemande, celle de Kant et de Hegel, qui n'accorde aucune valeur à l'animal. Cette dévaluation de l'animal est aussi un pas décisif dans le sens de la disqualification du vivant au profit d'une raison fétichisée. Beuys, en donnant une place significative à l'animal dans son art, prend le risque d'être considéré comme un artiste mineur. L'art animalier est considéré comme un art mineur car l'animal n'a au fond aucune valeur pour l'orthodoxie chrétienne et rationaliste. Beuys, en fait, s'inscrit dans une lignée d'artistes comme Constantin Brancusi et Franz Marc, qui associe l'animal au merveilleux par le biais de l'art. Dans ses actions, l'animal a la charge de réenchanter l'art. Mais au-delà, l'animal dans l'art de Beuys devient une énigme et oblige à repenser l'humain et sa

[184] Voir Th. Adorno et M. Horkeimer, *La Dialectique de la raison*, *op. cit.*

spécificité. L'intérêt de ses actions est de donner à penser la relative continuité du monde humain et animal, et d'obliger les consciences à interroger ce qui reste un impensé majeur : l'animalité en l'homme. La masse des préjugés concernant l'animal laisse entendre que nous ne savons pas encore ce que sont les hommes. En se faisant le défenseur de l'animal, Beuys prenait aussi le risque de faire croire qu'il se livrait à l'apologie des instincts, qui a souvent été étroitement liée à un culte de la violence et de la force. Mais le bestiaire de Beuys a exclu *a priori* toute violence. Par ailleurs, Beuys se méfie de la notion d'instinct, associée indistinctement aux animaux pour les distinguer de l'homme capable, lui, de dépasser ou de réguler ses instincts. L'instinct s'oppose à la perfectibilité et à la faculté d'adaptation, or les mammifères supérieurs comme l'homme peuvent être capables de s'adapter et de se parfaire. C'est le cas du coyote par exemple qui a réussi à survivre dans des villes quand ses territoires naturels étaient détruits. On sait que Beuys demandait l'élargissement du droit aux animaux. Une telle revendication est absurde pour le rationalisme orthodoxe. Pour Kant, les animaux ne peuvent pas être des sujets du droit car ils n'ont ni liberté ni raison. On pourrait se demander si les hommes sont vraiment libres et disposent d'un libre arbitre. Mais on peut considérer que ce genre de question relève de la métaphysique, que la réponse est indécidable et qu'elle est de toute façon inutile pour notre propos. Les animaux peuvent bénéficier de droits, si nous le décidons, qu'ils soient libres ou pas, qu'ils aient ou non une raison. En revanche, on n'ira pas jusqu'à leur imposer des devoirs comme nous le faisons avec optimisme pour les hommes. Beuys va au-delà de Plutarque, il ne suffit pas d'être bienveillant à l'égard des animaux, il faut aussi être juste. La justice dans ce domaine exige que l'élevage industriel soit contrôlé, que les expérimentations sur les animaux soient surveillées et rationalisées, et que l'abattage industriel des animaux soit rendu le plus indolore possible[185]. Conférer des droits aux animaux, c'est poser des limites à leur

[185] Voir sur ces questions Jacques Derrida, *L'Animal que donc je suis*, Paris, Galilée, 2006 et son entretien avec Elisabeth Roudinesco, *De quoi demain... dialogue*, Paris, Flammarion, 2001.

exploitation et notamment réduire autant que possible la souffrance animale qui n'est pas distincte de celle de l'homme. L'arriération mentale de l'homme et notamment des philosophes à l'égard des animaux a quelque chose d'inquiétant ; elle est un symptôme qui nous rappelle notre aveuglement qui va bien au-delà de la question animale, comme le suggère assez la première moitié du XXe siècle qui restera, dans les mémoires, comme le siècle de la barbarie humaine.

On fera deux objections à Beuys dans le statut qu'il accorde aux animaux. Ses actions liées aux animaux se présentent souvent comme des rituels initiatiques. Le rituel est lié à un scénario, la souffrance, la mort et la renaissance. Il sanctifie la souffrance et associe la mort au sacré. Ne pas dissocier la mort et la souffrance du sacré est le symptôme d'une confusion des valeurs. Beuys n'a jamais su se dégager d'une idéologie sacrificielle qu'il a intériorisée durant son éducation catholique et probablement dans les jeunesses hitlériennes. Cette idéologie dans son art prend finalement la forme d'un moralisme qui menace la qualité et la pertinence de ses créations par une instrumentation politique brutale. La zoolâtrie païenne de Beuys n'est pas crédible car les animaux n'ont plus d'aura, et les associer à un simulacre de rituel dans des actions qui sont en fait artistiques ne leur confère pas une dimension sacrée. Si la question du statut de l'animal que pose Beuys est intéressante et utile, elle tend à se substituer à une autre, celle de la mémoire de la violence historique que les peuples, notamment les juifs et les Tziganes, ont dû subir à cause des Allemands et de leurs représentants politiques dans les années 1930 et 1940. Le travail de la mémoire, même s'il n'est pas absent, n'est pas suffisant dans l'art de Beuys, ce qui limite l'importance objective de son œuvre et relativise la justesse de ses engagements. Certes l'artiste allemand prend en compte le passé nazi de l'Allemagne et détermine les grandes orientations de son œuvre en fonction de ce passé. Son humanisme militant, dramatisé, se comprend sur le fond de ce passé ; c'est vrai plus encore de son christianisme évangélique qu'il oppose à l'idéologie nazie. Cependant, on conserve l'idée que la confrontation de Beuys à ce passé reste trop indirecte et qu'elle nourrit une ambigüité en concédant trop à un romantisme conservateur et irrationnel et à un paganisme en partie régressif durant les années 1960. Ce sont ces ambigüités qui sont en partie à l'origine du rejet violent de l'art de Beuys en France.

B/ Beuys et la religion

L'art de Beuys est très lié au sacré, notamment au chamanisme et au christianisme. La référence au sacré rend opaque son œuvre pour un monde de l'art qui n'est pas insensible au sacré mais qui n'a plus de réelle familiarité avec la religion. Cette présence du sacré a été aussi une raison de son rejet en France par la critique d'art. La religiosité de Beuys est restée généralement mal cernée, ce qui a provoqué des malentendus partiels. Les débats sur Beuys avaient surtout une teneur politique et philosophique, en reléguant son art au second plan et en occultant son ancrage dans des courants précis de l'art du XXe siècle. Les objections politiques et philosophiques avaient pour fonction objective de détruire le néo-avant-gardisme que représentait l'art de Beuys, un art qui se situait dans le sillage des avant-gardes historiques comme l'expressionisme, le constructivisme et le surréalisme, dont le souci n'était pas exclusivement de faire de l'art mais de transformer la vie et la société. Je propose de réexaminer l'art de Beuys en éclairant la dimension sacrée de son art, ses ambiguïtés, ses enjeux et ses significations.

I/ Le romantisme allemand et le catholicisme d'Ignace de Loyola dans l'art de Beuys

Beuys a été dans les années 1950 l'assistant d'Ewald Mataré, un sculpteur animalier expressionniste qui l'a indirectement inspiré. Mataré a réalisé, avec la collaboration artisanale de Beuys, la décoration sculpturale des portes de la cathédrale de Cologne, après 1945, dans le cadre de la reconstruction de l'Allemagne. Cet édifice est l'un des haut-lieux du néoromantisme allemand. On a là les premières données des références philosophiques, religieuses et artistiques de Beuys, le romantisme, le catholicisme et l'expressionnisme allemand. Des affinités existent entre Beuys et par exemple l'œuvre de Franz Marc, peintre animalier et cofondateur du

Blaue Reiter, ou Ernst Ludwig Kirschner, son primitivisme et son intérêt pour les arts primitifs. La nature est le thème central de ces artistes. La production graphique de Beuys, dans les années 1950, est figurative ou semi abstraite ; on y repère l'influence de l'art informel européen et de l'expressionisme de Jackson Pollock, qui traduit l'intérêt de Beuys pour l'énergétique du peintre américain, une énergétique dérivée de la nature naturante de Schelling et des philosophes romantiques de la nature[186]. Cette énergétique était l'ontologie spontanée de nombreux artistes russes, américains ou d'Europe centrale, de Malevitch et Vladimir Tatline à Pollock et Newman. L'art de Beuys a maintenu l'idée de cette énergétique, dans tout son art, et lui a donné diverses significations. Elle a d'abord été pensée sur le modèle des philosophies romantiques allemandes de la nature comme une énergie spirituelle ayant de fortes connotations religieuses et même mystiques [187]. L'intérêt précoce de Beuys pour le chamanisme est indissociable de cette mystique romantique de l'énergie. Le choix du chamanisme traduit par ailleurs les liens de l'art de Beuys avec les courants primitivistes de l'art du XXe siècle, de l'expressionnisme allemand à l'expressionisme américain ou le Land Art ; pour l'expressionnisme américain, je pense aux liens de l'art de Pollock avec le chamanisme amérindien[188] ou aux écrits de Newman sur l'importance de la dimension religieuse et symbolique dans les arts primitifs et leur aspect exemplaire pour l'art contemporain[189]. Pour le Land Art, je songe par exemple à *Effigy Tumuli* de Heizer, réalisé en 1985, et qui

---

[186] Antje von Graevenitz note aussi l'importance des *drippings* de Pollock pour Beuys. Voir A. von Graevenitz, « Breakink the silence, Joseph Beuys on his "challenger ", Marcel Duchamp », in *Joseph Beuys, The reader,* Londres, New York, I.B. Tauris, 2007, p. 29.

[187] Sur les liens de la pensée de Beuys et de son art avec les philosophies romantiques de la nature voir l'article éclairant de Theodora Vischer, « Beuys and romanticism », in *Joseph Beuys. The reader, op. cit.*, p. 151-169.

[188] Sur ces liens voir Stephen Polcari, *Jackson Pollock et le chamanisme*, catalogue d'exposition, 15 octobre 2008 - 15 février 2009, Pinacothèque, Paris, 2008.

[189] Voir Barnett Newman, *Ecrits*, trad. P. Alferi, E. de Chassey, J.-.L. Houdebine, G. Morel, Paris, Macula, 2011.

représente à grande échelle des divinités animales du chamanisme amérindien.

Avant d'examiner le chamanisme et le christianisme dans l'art de Beuys, il importe de comprendre ce que recouvre le romantisme allemand sur le plan philosophique, qui est une référence majeure de l'artiste. Quelques points cardinaux de ce romantisme permettront de comprendre une partie des réserves à l'égard de Beuys.

Selon Michael Loewy et Robert Sayre[190], le romantisme allemand a une composante restauratrice et conservatrice fondamentale : revenir aux valeurs des sociétés préindustrielles, d'où l'idéalisation de la période médiévale sous l'autorité d'une Église chrétienne unifiée, avant le schisme traumatisant du protestantisme et du catholicisme. Je pense ici, par exemple, au texte de Novalis sur l'Europe[191]. Le romantisme lié notamment au catholicisme sera particulièrement polémique par rapport au rationalisme lié au monde industriel, scientifique et technique. On retrouve ce point de vue dans l'art de Beuys dans les années 1950 et 1960. Dans la décennie suivante, il va tempérer sa position et la rendre plus rationnelle. En effet, dans ses déclarations, il insiste sur la nécessité d'une synthèse entre le matérialisme et le spiritualisme, les sciences et l'art.

Le romantisme est opposé à la modernité fondée sur la raison qui est considérée comme prosaïque, utilitariste, réaliste, pragmatique et responsable de la destruction des idéaux moraux religieux et artistiques et de ce que Max Weber a désigné comme le désenchantement du monde. Le romantisme s'oppose de même au matérialisme des sociétés industrielles, et à l'individualisme de la philosophie de la bourgeoisie. Il est fondé sur une exaltation des émotions contre un rationalisme qui relègue l'art et la religion dans la sphère de l'inutile ou de l'insignifiance de la vie privée sans exemplarité. Le

---

[190] Michael Loewy, Robert Sayre, *Révolte et mélancolie. Le romantisme à contre-courant de la modernité*, *op. cit.*

[191] Novalis, « L'Europe et la chrétienté », in *Cahiers du sud*, *Le Romantisme allemand*, sous la direction d'Albert Béguin, 1949.

primitivisme dans l'art du XXe siècle partage une partie notable de cette critique du rationalisme. Les adversaires de ce romantisme sont des rationalistes dogmatiques et, tout spécialement au XXe, des marxistes orthodoxes, qui ont imposé l'idée que les romantiques allemands, notamment en prenant le parti de l'irrationnel, ont préparé l'avènement du fascisme[192]. Une partie des objections contre l'art de Beuys, dans les années 1970, se fonde sur ce type d'argument.

Le romantisme allemand a été de fait conservateur sur le plan politique ; il a été par exemple souvent monarchiste et catholique, ce qui donne en apparence du crédit au diagnostic marxiste. Le romantisme a faussement idéalisé les sociétés préindustrielles et a sous-estimé les lumières de la raison, en s'attaquant à ses formes vulgaires les plus contestables et les plus fréquentes. En revanche, sa critique du capitalisme et des sociétés industrielles contenait des éléments progressistes, et le romantisme a été aussi une source d'inspiration cardinale d'une opposition politique progressiste et démocratique[193]. C'est finalement ce courant, minoritaire historiquement, que Beuys a rejoint.

Dans les années 1950 et dans ses premières actions liées au chamanisme, l'art de Beuys présente le symptôme typique du néoromantisme : la fuite dans l'irrationnel avec un art émotionnel et religieux qui cherche ses modèles dans des sociétés préindustrielles et ses valeurs religieuses dans le chamanisme sibérien lié à des religions qui sont peut-être à l'origine de l'art rupestre de Lascaux. Ce qui l'intéresse dans le chamanisme, c'est la sacralisation de la nature, de la matière, des corps, de la vie affective et sensible et son vitalisme lié à une énergétique mystique. Ce chamanisme pouvait

---

[192] Voir Georg Luckács et son livre *La Destruction de la raison. Schelling, Schopenhauer, Kierkegaard* [1954], Delga, 2010 dans lequel il considère que l'origine du nazisme doit être recherchée dans le romantisme allemand et son exaltation de l'irrationnel.

[193] Voir sur ce point M. Löwy et R. Sayre, *op. cit.* et M. Löwy, « Charge explosive. Le surréalisme comme mouvement romantique révolutionnaire » in *Le romantisme révolutionnaire, Europe,* avril 2004, n° 900, p. 192-202.

effectivement inspirer les choix artistiques de Beuys et sa conception de l'art qu'il associe fondamentalement à l'imagination, à l'affectivité et à la vie des sens. En revanche, proposer une nouvelle spiritualité fondée sur le chamanisme, ce qu'il fit en partie, était irrationnel. Le mérite de Beuys est d'avoir signalé que le chamanisme méritait l'attention, à proportion du respect qu'il manifestait par rapport à la nature. Son intérêt pour le chamanisme se traduira dans les années 1970 par un engagement dans l'écologie.

Les premières sculptures de Beuys sont des croix monumentales et funéraires, comme par exemple *Kreuz Koch* (1953-1957). Ces croix en bois ou en granit ont une qualité plastique, elles sont liées à la technique traditionnelle et moderne de la taille directe et signalent le goût de Beuys pour les matériaux naturels et organiques, que l'on retrouve dans son œuvre ultérieure avec le feutre et la graisse. Pour rejoindre les pratiques artistiques du XXe siècle, Beuys ne peut pas maintenir le symbole de la croix tel quel. Une œuvre, *Fond 0 + Eisenplatte* (1957), est une demi-croix posée au sol à côté d'une plaque d'acier. Beuys a conservé les bras de la croix et son sommet, et a supprimé sa verticalité ; la monumentalité triomphante de la croix chrétienne est supprimée. *Fond 0* est une installation, un nouveau genre artistique, et son dispositif s'apparente au minimalisme alors naissant aux États-Unis. *Fond 0* est la matrice d'une série d'œuvres intitulées Fond que Beuys réalisera jusque dans les années 1970. Dans cette série, on trouvera des œuvres de style minimaliste, des plaques de feutre superposées recouvertes d'une plaque de cuivre et que l'artiste présente comme des batteries électriques : par exemple *Fond III* (1969) et *Fond VII/2* (1967-1984). Avec *Fond 0 ou Doppefond (Double fond) (1954-1974),* Beuys s'ouvre aux avant-gardes artistiques de l'époque, à ces pratiques tridimensionnelles polémiques par rapport aux beaux-arts : la peinture et la sculpture. Cette installation inaugure les pratiques ultérieures de Beuys liées à la performance, aux multimédias, à l'environnement et à un art de l'objet dérivé du ready-made de Duchamp.

La demi-croix au sol de *Fond 0 +Eisenplatte* (1957) indique que Beuys entend repenser le christianisme et le réactualiser. Ce qui a été supprimé dans cette demi-croix, c'est la croix de la rédemption et de la résurrection, c'est sa verticalité ascensionnelle. Les croix glorieuses du peintre allemand Friedrich sont au sol. Les demi-croix, qui apparaissent dans les actions *Manresa* ou *Vakuum Masse*, sont d'abord une référence à la croix de la passion du Christ, à la croix de la souffrance christique. C'est le thème chrétien de la mort de dieu qui est au centre de l'art de Beuys à l'époque. Ce qui est actuel pour Beuys, après Auschwitz, c'est la croix de la mort et de la souffrance christique, pas la croix de la parousie chrétienne. Le christianisme n'est plus un dogme à suivre et une donnée indiscutable, il est à actualiser et redéfinir en dehors du dogme et des Églises. Voilà ce que peut suggérer cette insolite croix au sol. À propos de *Doppelfond* (1954-1974) qui représente deux demi-croix, Beuys laissait entendre que cette œuvre pouvait symboliser l'enfer dont on doit s'extraire en pensant aux catastrophes de la première moitié du XXe siècle. Mais on peut aussi les penser comme les jalons d'un salut qui reste à déterminer.

En 1966, Beuys réalise la performance *Manresa* qui associe christianisme et chamanisme. Le centre de l'action est une demi-croix recouverte de feutre, l'action consiste à la fabriquer, à l'électrifier et à dessiner sa partie manquante. Les orientations catholiques de Beuys se précisent[194]. Manresa est le lieu dans lequel Loyola, au XVIe siècle, conçoit et rédige ses *Exercices spirituels* qui seront le livre de référence de l'ordre des jésuites[195]. Pourquoi cette référence à Loyola? William James indique la réponse : « Saint Ignace était un vrai mystique ; or son mysticisme a fait de lui l'un des plus grands hommes

[194] Sur les rapports de Beuys avec le christianisme et plus spécialement l'ordre des jésuites voir Friedhelm Mennekes, *Joseph Beuys. Christus-Denken*, Stuttgart, Katholisches Bibelwerk, 1996.

[195] Voir Saint Ignace de Loyola, *Exercices spirituels. Texte définitif* [1548], trad. Jean-Claude Guy, Paris, Seuil, 1982.

d'action que le monde ait connu[196]. » La synthèse ignatienne entre contemplation et action convenait tout particulièrement à Beuys. Mais c'est surtout ce que livre le célèbre écrit de Loyola qui fut déterminant pour l'artiste.

Les exercices spirituels de Loyola proposent un examen de conscience et sa méthode. Il s'agit de clarifier son rapport à la morale, et leur but est une purification morale. On peut noter la modération de Loyola dans cette purification. Il ne demande pas l'impossible, les individus ayant des dispositions et des facultés très variables pour une purification morale. Il ne s'agit pas de se convertir à la sainteté, celle-ci étant le fait d'une élite morale. Il exclut l'ascétisme violent. Sa méthode souple peut s'adapter à chacun et au plus grand nombre. Le populisme des jésuites peut rejoindre, ici, celui de Beuys. La rechute dans le péché semble inéluctable dans la doctrine lucide des jésuites ; l'indulgence est recommandée si le pêcheur s'amende. On peut supposer, ici, que la sainteté n'est pas encore l'idéal que propose Beuys dans ses actions. En outre, c'est la morale chrétienne, plus que la mystique et la religion elle-même, qui devient la préoccupation majeure de Beuys, à partir de 1966.

Qu'est-ce qui intéresse encore Beuys dans les exercices spirituels ? Le fait que la spiritualité ignacienne soit fondée sur l'émotion et l'imagination et non sur la raison. Le fait aussi que le divin soit présent dans toutes les créatures, qu'il est immanent, que la nature et le corps sont donc sacrés. Par ailleurs, cette spiritualité est active et militante, engagée dans le monde, opposée au quiétisme chrétien et à l'idée que le service divin se ferait électivement hors du monde dans les ordres monastiques. Cette spiritualité s'oppose au quiétisme mystique de Fénelon et de Mme Guyon, lié à l'attente, la contemplation et la passivité.

Toute activité humaine peut être conçue, pour un jésuite, comme un service divin quand elle se règle selon ses moyens

---

[196] William James, *Les Formes multiples de l'expérience religieuse. Essai de psychologie descriptive* [1906], trad. F. Abauzit, Chambéry, France, Editions Exergue, 2001, p. 388.

spécifiques sur l'idéal moral chrétien. L'art est en outre une activité privilégiée et pratiquée éventuellement par des jésuites, l'art baroque notamment, un art éminemment théâtral qui est au service de la magnificence du sensible, de la nature, des corps et de la gloire incarnée du divin. La spiritualité ignatienne est l'une des plus incarnées du catholicisme. On comprend mieux ainsi comment Beuys peut lier chamanisme et catholicisme dans son action *Manresa*. L'immanence du sacré est garantie dans les deux cas et les deux formes de spiritualité dialectisent le corps et l'esprit, à la différence des monothéismes qui donnent la précellence à l'esprit et relèguent le corps et la nature dans des régions inférieures.

La première semaine des exercices de Loyola (ils durent quatre semaines sous la direction d'un jésuite) consiste, à partir notamment de la lecture des Évangiles, à se représenter l'étendue de ses fautes, à se sentir solidaire des fautes d'autrui et de la collectivité à laquelle on appartient. La méditation sur le péché originel est au centre de ces exercices et surtout, il s'agit de se représenter la puissance presque irrésistible du mal. La méditation porte sur la croix de la souffrance christique. Il s'agit aussi de se représenter les enfers par l'imagination. Les exercices sont donc d'abord des expériences de la désolation, ils seront dans les semaines suivantes, parfois, des exercices de consolation ou de joie.

Proposer les exercices spirituels dans une action comme *Manresa*, c'est inviter le public allemand de la génération de Beuys à prendre la mesure de sa culpabilité et de l'étendue du mal ou de la barbarie. Beuys donnait une place importante au débat après ses actions, en principe la réflexion sur le passé nazi était possible et elle eut lieu. Ce qui a intéressé Beuys dans les exercices spirituels, c'est le fait qu'il s'agisse de mettre en scène mentalement les épisodes de la vie du Christ, de se les figurer comme si on en était le contemporain, le spectateur et le figurant, de ressentir et de vivre enfin les scènes lues des Évangiles. L'initié doit imaginer jusqu'à les rendre présents ces épisodes de la vie du Christ. L'imagination et l'émotion sont donc les moyens de l'initiation, la contemplation esthétique, émotive et sensible, fait de l'initié une sorte de metteur en scène ou de peintre des textes des Évangiles. Méditer c'est imaginer et contempler et non essentiellement raisonner. L'éducation morale se joue au niveau du sentiment par empathie avec le Christ le héros en quelque sorte d'un scénario divin. Elle ne se fait pas par un raisonnement. Le christianisme réaffirme qu'il est lié à une morale fondée sur le sentiment et l'amour et non sur la raison.

Dans ses actions, Beuys se livre à des exercices spirituels d'inspiration jésuite, étant entendu que sa référence à la spiritualité ignatienne n'est ni littérale ni orthodoxe et qu'elle peut se combiner avec d'autres références chrétiennes. C'est le cas avec l'action *Celtic+*, qui indique un intérêt de Beuys pour l'ancien christianisme celtique, son organisation décentralisée, ses distances par rapport à l'orthodoxie chrétienne. Dans cette performance, il imite la vie du Christ, ce qui est l'objectif des exercices spirituels de Loyola. L'action s'ouvre sur le lavement des pieds par Beuys de sept membres du public, des disciples sans doute. Il s'agit d'imiter des épisodes des Évangiles, le lavement des pieds du Christ par Marie-Madeleine, et le lavement des pieds des apôtres par le Christ. La fin de l'action se clôt par la cérémonie du baptême. Ces actes de Beuys ont été très critiqués. On a diagnostiqué, non sans raison, une instrumentation religieuse et morale de l'art et la négation de l'art.

Dans son action *Vakuum-Masse*, Beuys semble cette fois être plus proche du christianisme des origines, celui des catacombes. La performance se déroule dans une cave à Art intermedia à Cologne, dans un espace confiné et dans une semi-obscurité. Beuys fabrique une demi-croix en fer. Il dépose cent kilos de graisse et cent pompes à bicyclette dans cette demi-croix. La présence de cette graisse dans le symbole chrétien peut suggérer la métaphore d'une incarnation de la croix. Les pompes à pneumatique peuvent, elles, signifier le souffle. Il s'agit pour Beuys de réanimer la croix par un christianisme militant et évangélique, décidé à changer la société. Durant la performance, le film de l'action *Bâton Eurasien* est projeté sur l'un des murs de la cave. *Bâton Eurasien* et la signification chamanique de sa mise en scène de la création d'un espace sacré en fonction des quatre points cardinaux, peut nous autoriser à lire la demi-croix comme un symbole d'orientation et non plus comme le symbole du christianisme. Les deux interprétations sont possibles. Beuys dit à propos de la croix qu'elle peut être l'image d'une synthèse et d'une union des contraires. La demi-croix fabriquée par Beuys ne représente que l'un des contraires : la spiritualité qui manque au matérialisme contemporain. Cette demi-croix, en un sens chrétien, peut aussi être celle de la rédemption. Le symbole est ici polysémique. On peut le lire aussi comme la demi-croix de la souffrance chrétienne ou de la passion christique, en attente de l'autre moitié qui est celle du salut à réaliser ici et maintenant dans la société et l'histoire. La sculpture *Vakuum-Masse* est, comme l'indique le titre, le condensé de deux contraires, le plein et le vide. Beuys l'associe à un principe de contraction et d'expansion, ce qui est une manière de dire qu'elle est vivante et qu'elle respire[197].

Dans l'esprit de Beuys, ses actions étaient de l'art religieux, il était l'acteur d'un drame religieux qu'il recréait avec son style propre, un style en l'occurrence rude, abrupt, presque trivial mais marqué du sceau de l'authenticité. Quel était le sens de ces actes ? Rappeler que l'artiste doit être au service des autres, se faire humble et lutter contre l'égocentrisme. Les exercices spirituels de Loyola ont la fonction de lutter contre l'égocentrisme pour favoriser l'intériorisation de la vertu théologale par excellence, la charité, soit le don de soi pour autrui. Ces gestes de Beuys étaient une provocation par rapport au monde de l'art. Ils posaient la question de la responsabilité sociale de l'art et de l'artiste contre l'irresponsabilité revendiquée des disciples de Duchamp ou de Greenberg. Beuys était contre le formalisme, l'art pour l'art des experts, l'art conceptuel en tant qu'art à propos de l'art, comme par exemple l'art désintéressé de Lawrence Weiner, apolitique, amoral et

[197] Sur ce principe associé à la sculpture voir Florence Malet, in *Joseph Beuys*, catalogue du centre Georges Pompidou, *op. cit.*, p. 301.

dissocié de la connaissance ; il était aussi contre l'art citationnel d'un Roy Lichtenstein, de l'art pour historien d'art en somme, un art des musées auquel s'opposait l'art vivant et vibrant de Beuys. C'est un art élitiste que Beuys tentait de dépasser, non sans contradiction, en s'inspirant de la spiritualité ignatienne et d'un art religieux chrétien et moral. Les adversaires de Beuys, des modernistes pour l'essentiel, pensaient qu'ils n'avaient des responsabilités que par rapport à l'art, et c'est souvent à la qualité exclusivement esthétique qu'ils pensaient. Plus subtilement, l'irresponsabilité sociale de l'artiste pouvait être revendiquée comme une nécessité d'un art individualiste, fondé sur l'idée de singularité et d'originalité, qui n'a pas de compte à rendre à la morale ou à une quelconque valeur collective, et qui est l'expression d'une individualité remarquable plutôt asociale et antisociale que sociale. Cette irresponsabilité revendiquée et assumée, Duchamp s'en est fait l'expression en disant toute son admiration pour la pensée individualiste de l'anarchiste Max Stirner. Ce dernier point n'a pas été assez pris en compte par Beuys. Il eut lui-même une conception confuse de la responsabilité de l'artiste qui a affaibli ses positions. Il a notamment confondu responsabilité morale et responsabilité artistique.

La tendance à l'instrumentation religieuse et morale est parfois très marquée dans l'art de Beuys, l'oscillation entre l'art et la politique est récurrente. Simultanément, Beuys a démontré sa faculté de créer des œuvres puissantes comme *Plight* et *Honigpumpe,* tout en déclarant son désintérêt pour l'art et son abandon imminent de l'art, ce qu'il ne fit jamais.

II/ Contre les « christianismes » nazis et germaniques

L'association du christianisme au chamanisme dans les actions de Beuys a suscité, dans le monde de l'art européen et américain, des inquiétudes compréhensibles. Ce lien ne rappelle-t-il pas le lien effectué entre paganisme et christianisme durant les années 1930, par des représentants du mouvement *völkisch* qui ont rejoint le nazisme ? Ce mouvement n'aurait-il pas eu une influence sur les idées du jeune Beuys lors de son passage dans les jeunesses hitlériennes ? Le christianisme n'est pas toujours exclu des idéologies néo-païennes des nazis. Une action comme *Manresa* de Beuys associe chamanisme et catholicisme. Que recouvre ce syncrétisme religieux ?

1/ Le « christianisme rédempteur » d'Adolf Hitler

Il faut d'abord bien distinguer le christianisme de Beuys du « christianisme rédempteur » des hitlériens, analysé par Saul Friedländer, pour éviter l'amalgame aberrant qui hante la critique d'art entre le messianisme de l'artiste et celui des nazis. Voyons les caractéristiques de ce « christianisme rédempteur ».

Dans un discours de 1926, Hitler déclara que : « Noël revêtait une importance bien précise pour les nationaux-socialistes, car le Christ avait été le plus grand précurseur de la lutte contre le juif [...] Le Christ n'était pas l'apôtre de la paix que l'Église avait voulu voir en lui plus tard, mais bien la plus grande figure combattante qui eut jamais vécu ; pendant des milliers d'années, ses enseignements avaient joué un rôle déterminant dans le combat contre le juif [...]. La tâche que le Christ avait commencée, [Hitler] l'achèverait. Le national-socialisme n'était rien d'autre que la mise en pratique des enseignements du Christ[198]. » Voilà un sinistre exemple de pervertissement des pensées et des croyances par le nazisme. Le christianisme est réduit pour l'essentiel à une lutte, celle contre les juifs, il devient une religion de la haine. L'antisémitisme des chrétiens devient le cœur de l'enseignement christique pour les hitlériens. Ici, Hitler fait implicitement le lien entre le traditionnel antisémitisme chrétien et le racisme pseudo-

---

[198] A. Hitler, in Saul Friedländer, *Les Années de persécution. L'Allemagne nazie et les juifs, 1933-1939* [1997], trad. M-F de Paloméra, Paris, Seuil, 2008, p. 138.

scientifique dont il se réclame par ailleurs. Le Christ fictif de Hitler n'a rien à voir avec celui des chrétiens et de Beuys. Le Christ de Beuys ne prêche pas la violence. On peut parler dans l'hitlérisme d'un messianisme, comme on peut parler d'un messianisme de Beuys, mais les amalgamer est une absurdité. Ce sont deux messianismes ayant des contenus radicalement différents et souvent contraires. Hitler écrit dans *Mein Kampf* : « J'agis selon la volonté du Créateur Tout-Puissant : en me défendant contre le juif, je combats pour défendre l'œuvre du Seigneur[199]. » Le propagandiste, ici, ou le croyant d'une nouvelle religion fait du Christ le fer de lance de l'antisémitisme. Il n'y a pas d'antisémitisme dans l'art et la pensée de Beuys. Le christianisme rédempteur d'Hitler correspond-il à une vraie croyance ? Saul Friedländer a-t-il raison de postuler un tel christianisme dans l'idéologie d'Hitler ? Le dictateur nazi n'était-il pas plutôt agnostique ou même athée ? Son messianisme n'est-il pas de la pure propagande pour rallier les chrétiens, réveiller et intensifier leur antisémitisme séculaire ? « Hitler, dit Goebbels, hait le christianisme, parce qu'il a détruit tout ce qu'il y a de noble dans l'humanité [...], il veut de la lumière, de la beauté et de la clarté[200]. » Par ailleurs, Hitler déclare : « Le christianisme s'est mis en tête de détruire les créations intellectuelles de l'antiquité avec méthode[201]. » Pour le dictateur, le christianisme ne mériterait même pas le nom de religion car il serait trop inepte. Hitler ne semble pas avoir une vision cohérente du christianisme. Ainsi il déclare : « Le christianisme est le pire coup qui ait jamais été porté à l'humanité, le bolchévisme est un bâtard du christianisme ; tous deux sont le produit monstrueux des juifs[202]. » En fait, il semble plutôt exact de penser qu'Hitler était antichrétien et que c'est seulement pour des raisons tactiques qu'il ne l'a pas exprimé clairement, pour ne pas heurter les chrétiens allemands ou même le Vatican et ses alliés

---

[199] A. Hitler, cité par S. Friedländer, *ibid.*, p. 134.
[200] Joseph Goebbels cité par Johann Chapoutot, *Le National-socialisme et l'antiquité*, Paris, PUF, 2008, p. 388.
[201] A. Hitler cité par J. Chapoutot, *ibid.*, p. 386.
[202] A. Hitler, cité par S. Friedlander, *Les Années d'extermination*, *op. cit.*, p. 268.

franquistes ou fascistes par exemple. L'historien Ernst Nolte écrit : « Même lorsqu'il fut parvenu à l'apogée de son pouvoir, Hitler n'eût jamais osé exprimer sans la voiler l'idée que le christianisme est un bolchévisme. C'est pourtant la thèse centrale de ses *Tischgesprache*[203]. » Si l'on suit les remarques de Nolte, il semble que la vision hitlérienne du christianisme soit déterminée en partie par celle de Nietszche dans *Par-delà bien et mal*. L'association hitlérienne du bolchévisme et du christianisme ressemble à celle du philosophe amalgamant socialisme et christianisme en les condamnant violemment[204]. Ian Kershaw écrit qu'en 1937, Hitler oscillait entre l'animosité contre les Églises (comme la base anticléricale du parti nazi), et le compromis remettant à plus tard le combat contre elles. Tout en différant un conflit inéluctable, Hitler déclara la même année que : « le christianisme " était mûr pour la destruction" et que les Églises devaient s'incliner devant la " primauté de l'État", fustigeant toute solution de compromis[205] ».

Friedländer, avec son hypothèse, fait d'Hitler le fanatique religieux et chrétien d'un messianisme antisémite exterminateur. La rédemption se fera par la victoire totale sur le juif. Cette rédemption sera celle du peuple allemand de manière exclusive ou des Aryens, considérés comme la race supérieure. Le juif comme mal absolu enclenche une lutte anhistorique entre races jusqu'à la destruction des Allemands ou au contraire, leur hégémonie[206]. Cette idée est partagée par de nombreux hitlériens, ce n'est pas une pathologie propre à Hitler. Friedländer parle à propos de cet antisémitisme « d'une véritable obsession de drogués pouvant aller jusqu'au

---

203 Ernst Nolte, *Fascisme et totalitarisme*, trad. P. Stefano, Paris, Laffont, 2008, p. 528.

204 Voir Friedrich Nietzsche, « Par delà bien et mal, prélude d'une philosophie de l'avenir », *Œuvres complètes*, T. VII, trad. C. Heim, Paris, Gallimard, 1971.

205 Ian Kershaw, *Hitler* (1999-2000), trad. P.-E. Dauzat, Paris, Flammarion, 2008, p. 455.

206 S. Friedländer, *Les Années de persécution…op. cit.*, p. 136.

crime[207] ». Ce racisme est si délirant qu'il est difficile de le considérer comme le cœur d'une quelconque religion.

En fin de compte, parler d'un christianisme spécifique d'Hitler semble plutôt ambigu, largement contredit par la pratique des nazis par rapport à l'Église et démenti par les orientations idéologiques capitales du nazisme. Klemperer a sur ce point des observations éclairantes. Il rappelle d'abord que « le national-socialisme a combattu le christianisme et justement l'Église catholique, tantôt ouvertement, tantôt en secret, tantôt en théorie, tantôt en pratique mais depuis le tout début. Sur le plan théorique, le christianisme est démarqué de ses racines hébraïques et "syriennes" terme technique de la L.T.I.[208] ». Sur le plan pratique, « on exige régulièrement l'apostasie des SS, on cherche aussi à l'imposer parmi les enseignants des écoles populaires, on grossit des procès contre des professeurs homosexuels d'écoles monastiques, on enferme des ecclésiastiques qu'on qualifie de politiques[209] ». Mais Klemperer fait remarquer que les nazis empruntent leur lexique, leur culte et leurs gestes rituels notamment au catholicisme ; il écrit : « Mais on rend un culte aux premières victimes du Parti, aux seize qui sont tombés devant la Feldherrnhalle, et on parle d'eux comme s'il s'agissait de martyrs chrétiens[210] . » Klemperer conclut ses diverses remarques sur cette appropriation falsifiante du christianisme par les nazis : « Le nazisme a été pris par des millions de gens pour l'Évangile parce qu'il se servait de la langue de l'Évangile[211]. » Cela ne signifie nullement que l'hitlérisme était une forme de christianisme.

Jamais la pensée chrétienne ne s'est proposée d'exterminer des peuples et de concevoir cette extermination comme un idéal

---

[207] *Ibid.*, p. 143.

[208] La L.T.I., expression de Victor Klemperer est l'abréviation de « Lingua Tertii Imperii, langue du Troisième Reich ». Voir V. Klemperer, *LTI, la langue du IIIe Reich. Carnets d'un philologue* [1947], trad. E. Guillot, Paris, Albin Michel, 1996, p. 33.

[209] *Ibid.*, p.152-153.

[210] *Ibid.*, p. 153.

[211] *Ibid.*, p. 162.

salvateur. Sur ce point, Kershaw nous semble éclairant : « Les théories raciales sur lesquelles s'appuyait l'antisémitisme nazi étaient aux antipodes du commandement chrétien de " l'amour du prochain " ; élément central de la *Weltanschauung* nazie, le racisme ne pouvait qu'entrer en conflit avec le dogme chrétien fondamental de l'égalité de tous les hommes devant Dieu[212]. » Ainsi, la référence au christianisme dans l'art de Beuys entend bien neutraliser le passé nazi et contredire son idéologie antisémite.

2/ Le « christianisme germanique » et l'idéologie *völkisch*

Le christianisme de Beuys n'a pas non plus de point commun avec le christianisme germanique revendiqué par des nazis ou une partie minoritaire du mouvement *völkisch* ; Beuys n'est en aucun cas nationaliste. L'idée d'un christianisme germanique est une absurdité pour cet artiste qui se réfère par exemple à l'universalisme du christianisme des jésuites.

Il convient aussi d'insister sur le fait que le chamanisme sibérien, auquel se réfère Beuys dans ses actions, n'est pas germanique mais turco-mongol ou plus largement asiate. À ce titre, il est impensable d'assimiler ce chamanisme à l'idéologie nazie qui considère les Asiates comme une race inférieure qu'il faut dominer et réduire en esclavage, en détruisant jusqu'au souvenir de leurs cultures. Hitler déclare : « Cela a été le destin de toutes les civilisations et de tout les États, que de céder à l'assaut asiatique quand leur force biologique a montré des signes de faiblesse. Ce fut d'abord le cas des Grecs contre les Perses, puis vint la guerre de Carthage contre Rome [...]. Aujourd'hui nous assistons au plus terrible de ses assauts : la mobilisation de l'Asie par le bolchévisme [213] . » Les performances de Beuys liées au chamanisme sibérien engagent

---

[212] Ian Kershaw, *L'Opinion allemande sous le nazisme. Bavière 1933-1945* [1983], trad. P.-E. Dauzat, Paris, CNRS éditions, 2010.
[213] A. Hitler, propos privé du 2 novembre 1941, cité par Johann Chapoutot, *Le National-socialisme et l'Antiquité, op. cit.*, p. 437.

plutôt, dans les années 1960 et 1970, une discussion sur ce qu'il en est, à l'époque, des attitudes des Allemands par rapport à l'Est et notamment l'Asie (qui commence en Union soviétique), après la propagande virulente des nazis contre les Asiates et leur prétendue barbarie. Par ailleurs, le mouvement *völkisch* et son christianisme germanique sont antisémites. Il n'y a pas trace de déclarations antisémites dans les discours ou les textes de Beuys. Examinons de plus près l'idéologie *völkisch*.

George Mosse, dans *Les Racines intellectuelles du IIIe Reich*, écrit que des auteurs *völkisch* défendent l'idée d'une foi germanique dans un christianisme "désémitisé[214]". Qu'est-ce que cela signifie ? Le fondateur du mouvement et son théoricien, Paul de Lagarde, pense que le judaïsme manque de profondeur spirituelle, qu'il est trop légaliste et rationaliste. La communion avec le cosmos fait défaut, les mystères de la nature sont ignorés, l'enracinement dans la nature, le sol et le paysage sont méconnus. Lagarde oublie la mystique juive et sa cosmicité ou plutôt l'ignore. Il reprend, ici, des critiques antisémites traditionnelles de la philosophie des lumières et de Voltaire en particulier qui déplorent le légalisme stérilisant du judaïsme[215]. On comprend avec Mosse que Lagarde et des idéologues *völkisch* cherchent à relier paganisme et christianisme. Voilà un précédent idéologique qui a pu permettre de remettre en cause la pensée chrétienne de Beuys et son syncrétisme religieux, étroitement lié au paganisme.

Toutefois, majoritairement, ce mouvement et certains de ses théoriciens sont contre l'Église catholique qui aurait fait disparaître l'esprit germanique lié au panthéisme et à l'héroïsme[216]. L'Église aurait pareillement fait oublier la référence à la culture gréco-romaine. Beuys s'oppose évidemment à cela, puisqu'il se réfère au catholicisme de

---

214 George L. Mosse, *Les Racines intellectuelles du 3e Reich. La crise de l'idéologie allemande,* trad. Claire Darmond [1964], Paris, Calmann-Lévy/ Mémorial de la Shoah, 2003, p. 225.

215 Sur ce point voir Léon Poliakov, *Histoire de l'antisémitisme. De Voltaire à Wagner*, tome 3, Paris, Calmann-Lévy, 1961.

216 G. L. Moss, *op. cit.,* p. 271.

l'Église avec les jésuites. L'Ancien Testament est dévalué et sans valeur religieuse pour Hermann Lietz [217] ; aucune déclaration de Beuys ne va en ce sens, même si sa culture catholique lui fait privilégier de fait le Nouveau Testament. Le Christ pour Lietz devient un héros avec ce que cela implique de valeurs guerrières. Il n'y a pas d'apologie de la guerre ou de l'héroïsme militaire dans la pensée de Beuys. Son messianisme est lié à la douceur.

La foi germanique est indissociable du racisme. Souligner le germanisme de Beuys, comme le font des historiens d'art français, est absurde de ce point de vue ; il n'y a jamais de déclarations racistes de la part de Beuys. Le fait qu'il se réfère au chamanisme amérindien ou sibérien, au contraire, manifeste un antiracisme explicite.

On a pu suggérer l'ancrage de la vision du monde de Beuys dans l'idéologie d'un vaste mouvement de jeunesse fondé en 1895, les *Wandervogel* (les oiseaux migrateurs), avec ses rites d'origine germanique[218]. La référence aux *Wandervogel* est présente chez Beuys de manière implicite, comme par exemple dans les images récurrentes et frappantes de randonneurs (canne et sac à dos), de forêts, de nature, de jeunesse, de communauté et de paganisme dans son art. Qu'en est-il du mouvement des *Wandervogel* ? Il faut distinguer, dans ce mouvement, ses débuts et ensuite, son évolution progressive mais massive vers la droite ou l'extrême droite allemande. Il faut aussi relever son hétérogénéité politique à ses débuts, puisque la social-démocratie y côtoyait la droite la plus réactionnaire. Le monde de Beuys peut avoir des liens avec le mouvement à ses débuts ; il est clair que l'intérêt pour le chamanisme de Beuys est sans doute déterminé en partie et indirectement par une idéologie *völkisch*, fortement liée au paganisme qui a aussi influencé les *Wandervogel*. Mais il importe de remarquer que jamais un membre du mouvement *völkisch* n'aurait valorisé le chamanisme asiate comme Beuys. Ce n'est pas parce que le

---

[217] *Ibid.*, p. 276.
[218] *Ibid.*, p. 294.

paganisme a été utilisé, exploité et manipulé par les nazis qu'il n'a plus rien à nous apprendre, qu'il n'a aucune valeur anthropologique et que l'on ne doit plus s'y référer[219].

Que recouvre le germanisme dans l'idéologie des *Wandervogel* ? Le groupe et le *Volk* sont valorisés contre l'individu dans cette idéologie. Beuys n'a pas suffisamment donné à l'individu mais il ne vise pas sa dissolution et sa liquidation dans le *Volk*. La tradition est capitale pour les *Wandervogel*. L'art de Beuys, lié aux avant-gardes artistiques, n'est pas traditionnel, son christianisme non plus et encore moins son chamanisme asiate. Les *Wandervogel*, à leurs débuts, n'étaient pas acquis au mouvement *völkisch*. La rébellion contre les ainés, l'antimilitarisme, l'antiétatisme étaient des points programmatiques qui les éloignaient franchement de l'extrême droite allemande. Ces derniers points recoupent la pensée de Beuys et ses engagements. Il a fallu, pour les *Wandervogel*, une évolution notable pour rejoindre l'idéologie *völkisch*. En outre, les *Wandervogel* ne partageaient pas, dans les années 1920, le racisme des nazis[220].

Le germanisme, en Allemagne, est une forme radicale de nationalisme. L'art de Beuys est pour l'essentiel lié aux néo-avant-gardes de son époque. Fluxus n'est pas germanique, ni le minimalisme, ni l'art conceptuel, ni l'art informel d'après guerre, ni les arts de la performance des années 1960 qui sont la source de l'art de Beuys. En faire un artiste germanique est donc faux, de ce point de vue. Le recours au paganisme devait nécessairement, dans l'Allemagne des années 1960, poser des questions et rendre suspect l'art de Beuys. Les objections et les critiques étaient prévisibles. Je n'ai pas l'impression que Beuys ait été capable, au niveau de son discours, de réfuter clairement les critiques compréhensibles, au moins dans un premier temps. L'association du christianisme et du paganisme devait éveiller encore plus la méfiance, y compris des chrétiens orthodoxes, si l'on pense à l'intolérance traditionnelle et historique du

[219] Sur ce point voir, pour la défense du paganisme, le livre de Marc Augé, *Le Génie du paganisme*, Paris, Gallimard, 1982.
[220] G. L. Mosse, *op. cit.*, p. 316.

christianisme à l'égard du paganisme[221]. Si un poète conservateur important comme Stefan Georges, ni antisémite ni raciste, s'intéressait au paganisme, ses disciples comme Klages ou Schuler étaient tous deux antisémites et le cercle de Munich célébrait des fêtes païennes[222]. Le paganisme était incontestablement une référence majeure de l'extrême droite intellectuelle allemande. Ludwig Klages, un théoricien *völkisch* renommé en Allemagne, voulait « reconquérir le sang des ancêtres germaniques[223] ». Le pangermanisme était lié alors à l'impérialisme allemand. L'opposition radicale à la gauche était claire. Ce n'est évidemment pas le cas de Beuys dont les orientations politiques correspondent à la nouvelle gauche allemande des années 1970. L'élitisme du mouvement *völkisch*, Beuys ne le partage pas non plus.

Ce mouvement, malgré une minorité chrétienne, est pour l'essentiel hostile au christianisme et notamment au catholicisme. Mosse écrit : « Les pasteurs protestants considéraient le mouvement *völkisch* comme un allié contre le catholicisme ultramontain[224]. » Mosse, dans son écrit remarquable mais en partie daté, insiste trop sur l'idée très répandue que les nazis avaient pour l'essentiel leur racine dans une idéologie valorisant la terre, le paysan, l'enracinement, l'irrationnel, la tradition, la référence idyllique à l'époque médiévale et le rejet de la science et de la technique. Sur ce point, il faut compléter et rectifier la vision de Mosse par celle de Peter Reichel et de son livre *La Fascination du nazisme*[225]. Reichel rappelle le goût de Hitler pour Peter Behrens, l'intérêt des nazis pour les nouvelles technologies, le cinéma, la photographie, la radio, le monde de l'ingénieur, le nouveau

---

[221] Voir sur ce point Marc Augé qui dit que le catholicisme a peut-être été d'autant plus intolérant par rapport au paganisme qu'il comporte encore des composantes païennes. Il écrit « avec son culte des saints et son goût des statues, il semble n'avoir pas fini d'en découdre avec son propre fond païen », *Génie du paganisme*, *op. cit.*, p. 91.

[222] G. L. Mosse, *op. cit.*, p. 348.

[223] *Ibid.*, p. 350.

[224] *Ibid.*, p. 397.

[225] Voir Peter Reichel, *La Fascination du nazisme* [1991], trad. O. Mannoni, Paris, Odile Jacob, 2011.

design, les sons et lumières d'Albert Speer durant les congrès nazis, l'architecture moderne pour les usines et l'architecture fonctionnelle moderniste en général. Oswald Spengler et Ernst Jünger, deux penseurs importants de l'extrême droite allemande, vouaient un véritable culte à la technique. Reichel rappelle que l'historien Bracher souligne dans le nazisme la « juxtaposition du romantisme politique radical et de la magnification du progrès technologique[226] ». Kershaw écrit : « Hitler cultivait aussi des visions -différentes des rêves néo-agraires d'un Darré ou d'un Himmler- d'une société future hautement industrialisée et technologiquement avancée dont les territoires conquis combleraient les besoins en matières premières et les races inférieures assujetties ceux en main-d'œuvre. L'industrie capitaliste [...] serait nationalisée s'il était ainsi possible de la rendre plus efficace[227]. »

Les sources du nazisme sont éclectiques et contradictoires. L'idéologie nazie varie selon les idéologues. Le nazisme n'est pas radicalement anti-progressiste et anti-moderniste, ce qui rend ainsi son identification plus difficile. Le paganisme, avec ce qu'il implique d'irrationalisme, n'était pas la référence unique de l'extrême droite allemande, le rationalisme n'était pas non plus indemne de compromissions politiques avec la même extrême droite.

Si l'on veut éviter les amalgames dans les études sur Beuys, il faut rentrer plus avant dans les idéologies allemandes du début du XXe siècle et comprendre ce que Beuys fait du rationalisme et du paganisme notamment. L'antisémitisme du mouvement *völkisch* a été un vecteur pour son alliance avec le nazisme, bien plus que le paganisme. La plupart des dirigeants nazis n'ont pas adhéré au néo-paganisme d'une partie minoritaire de l'extrême droite, et ce dernier, comme le rappelle Lionel Richard, n'a jamais été « le ciment du troisième

---

[226] K. D. Bracher, cité par P. Reichel, *ibid.*, p. 108.

[227] Ian Kershaw, *Hitler* [1991], trad. J. Carnaud et P.-E. Dauzat, Paris, Gallimard, 1995, p. 306.

Reich[228] ». Hitler était critique par rapport au mouvement *völkisch*, ses adeptes étaient pour lui des sectaires et des réformistes sur la question juive[229]. Les idées spiritualistes et théosophiques du mouvement étaient tenues à l'arrière plan par les dirigeants nazis. Pour Mosse, la théosophie, qui a alimenté en spiritualisme le mouvement *völkisch*, serait suspecte de germanisme, de positions politiques d'extrême droite et de racisme[230]. Mais Moss ne cite aucun représentant de la théosophie qui pourrait confirmer ce qu'il dit. C'est Madame Blavatsky qui est visée plutôt que l'anthroposophie de Steiner. Il convient aussi de rappeler qu'Hitler n'éprouvait pas spécialement d'intérêt pour le germanisme qui fascinait Darré, Himmler et Rosenberg. La référence culturelle d'Hitler était l'antiquité gréco-romaine, comme le signale assez son intérêt pour l'architecture néoclassique et la statuaire gréco-romaine[231].

Quand des historiens d'art français accusent la pensée soi-disant germanique de Beuys, ils citent Rosenberg comme l'une des références cryptées de l'artiste allemand. On voit mal Rosenberg faire l'apologie des Asiates et de leur chamanisme. En revanche, on sait son désir de les exterminer. Ces historiens d'art n'ont pas enregistré que Rosenberg était, comme le dit Friedländer, un ennemi juré du catholicisme et du christianisme. Pour Rosenberg, écrit Joachim Fest, « l'action et le combat remplaçaient la pitié et l'humanité, le "beau" se voyait opposer au bien et l'amour s'effaçait devant le concept germanique et viril de l'honneur : tout cela, une fois de plus, sous le signe d'une idéologie du sang […]. Au fond, c'est son opposition au christianisme et à toutes les notions qui lui sont apparentées qui donna au *Mythe du XXe siècle* son visage et sa renommée[232] ».

---

228 Lionel Richard, *Nazisme et barbarie*, Bruxelles, Editions complexe, 2006, p. 177.
229 G. L. Mosse, *op. cit.*, p. 488.
230 *Ibid.*, p. 487.
231 Voir sur ce point Johann Chapoutot, *Le National-socialisme et l'antiquité*, *op. cit.*
232 Joachim C. Fest, *Les Maîtres du IIIe Reich,* trad. S. Hutin et M. Barth [1963], Paris, Grasset, 1965, p. 313.

Rien dans l'art chrétien ou chamanique de Beuys ne recoupe les idées foncièrement anti-humanistes de Rosenberg.

Il convient de remarquer que le parti nazi adapte le germanisme aux normes de la bourgeoisie, notamment en refusant l'anticapitalisme. Beuys est anticapitaliste. Voilà encore une raison supplémentaire pour le dissocier du courant majeur du nazisme.

Si l'on compare le paganisme de Beuys et celui du mouvement *völkisch*, quelles sont les similitudes et les différences ? Le paganisme de Beuys n'est pas celui du germanisme mais du chamanisme sibérien. Il n'y a pas d'idéologie pangermanique dans la pensée de Beuys. Ce point est capital, comme l'est l'absence de racisme et d'antisémitisme dans la pensée de Beuys. On retrouve des deux côtés la tendance à l'irrationnel et le primat de l'émotionnel, même si Beuys déclare souvent vouloir dialectiser le rationnel et l'irrationnel et prendre en compte les deux. Un panthéisme romantique de la nature est présent dans la conception de Beuys et dans le mouvement *völkisch*. L'époque médiévale peut être parfois valorisée contre l'époque moderne chez Beuys et dans le mouvement *völkisch*. Mais finalement, Beuys a montré son intérêt pour la modernité technique et la nécessité de dépasser un romantisme agraire réactionnaire. Le mouvement *völkisch* voulait instaurer « une dynamique révolutionnaire [...] centrée sur l'irruption des forces primitives de la nature[233] ». Beuys est aussi dans cette logique mais il ne veut pas une révolution nationale pour le retour à la tradition. Il refuse ce romantisme restaurateur pour se rallier à une révolution non violente et internationale.

Le *Volk* est au-dessus de la lutte des classes pour Beuys et le mouvement *völkisch*. Beuys veut toujours se situer au-dessus de toute division pour unir, notamment contre la destruction de l'environnement qui lui semble pouvoir remettre en cause la survie de l'humanité. Mais le contenu du *Volk* n'est pas le même dans les deux cas ; pour le mouvement *völkisch*, le *Volk*

[233] G.L. Mosse, *op. cit.*, p. 79.

est racial, et la politique qui convient à ce peuple est la monarchie ; pour Beuys, le peuple n'est aucunement une entité raciale, et la politique qui doit le servir est la démocratie directe. Beuys déclare lors de sa conférence intitulée "Discours sur mon pays" : « La notion de peuple est fondamentalement liée à sa langue. Mais attention : un peuple n'est pas une race. Le fait que ce concept soit également le seul chemin qui permette de surmonter toutes les pulsions racistes encore présentes, ces terribles péchés, ces stigmates noirs et indescriptibles- sans toutefois les perdre des yeux un seul instant- m'a conduit à choisir l'art[234]. »

Dans le mouvement *völkisch,* la nature est liée à un paysage spécifiquement allemand. Pour Beuys, les paysages sont multiples et au-delà des nations ; les paysages, dans son œuvre, peuvent être ceux de la Sibérie, de l'Irlande, de l'Écosse, des États-Unis, de l'Allemagne et de l'Italie ; la nature n'est pas liée à une nation particulière. C'est plutôt la nature comme force sacrée et universelle qui s'impose dans ses œuvres et ses discours. L'enracinement dans un sol natal et national n'est pas un fantasme de Beuys ; il l'est dans le mouvement *völkisch.* L'Allemand idéal, dans ce mouvement, doit incarner la force, voire même la cruauté, comme dans les livres de Berthold Auerbach[235] ou d'Hermann Löns qui glorifiait la force brute[236] dans un roman sur les paysans. Ces écrivains, appréciés des dirigeants *völkisch*, intégraient leurs œuvres dans l'apologie de la paysannerie allemande par le mouvement. Beuys n'a jamais glorifié l'exercice de la force ou de la cruauté. En revanche, on peut parfois se demander si, dans les années 1950 et 1960, la paysannerie n'était pas parfois, pour l'artiste, une référence majeure, même s'il n'a pas fait de cette classe sociale un modèle dans ses partis pris politiques. Il y en a des indices dans le fait qu'il ait fait l'une de ses premières expositions dans une étable ou dans certaines œuvres emblématiques de son art,

---

[234] J. Beuys, « Discours sur mon pays » [1985] in *Par la présente, je n'appartiens plus à l'art*, trad. O. Mannoni et P. Borassa, Paris, L'Arche, 1988, p. 20.

[235] G. L. Moss, *op. cit.* p. 73.

[236] *Ibid.*, p. 74.

comme les deux bêches soudées ensemble et dessinant la forme d'un cœur (1965) qui peuvent être lues, en dépit de leur incongruité, comme une métaphore de l'amour du travail de la terre [237] . Jean-Philippe Antoine, opposé à toute lecture symbolique de l'art de Beuys, déplore l'interprétation univoque donnée de cette œuvre par l'artiste. Beuys écrit à ce propos : « Tout d'abord ces deux manches sur un fer signifient un type spécial d'action composée pour les gens qui travaillent la terre ensemble. Sans un esprit de coopération, d'harmonie et même d'humour, il serait impossible de travailler avec l'outil. La fraternité et l'amour sont suggérés par la forme de cœur de la lame de fer, tandis que les manches sont comme l'aorte ou des artères. Il y a […] ici une relation avec la circulation du sang, et le fer aussi est une importante composante du sang[238] ». Ces associations de la terre, du sang, du travail et de la communauté ont des résonnances nazies que Beuys n'avait certainement pas à l'esprit lors de sa performance mais qui hantent son outil finalement plus inquiétant que burlesque. Cet objet incongru de Beuys est plus un symptôme qu'un symbole, et en tout cas, le signe que la pensée de Beuys n'est pas toujours à même de se démarquer de l'idéologie nationale-socialiste qui s'est manifestement imposée à son esprit durant sa jeunesse.

Pour nous résumer, rappelons les principaux points de Lagarde, le théoricien fondateur du mouvement *völkisch*. Il adhère à une religion germanique se fondant sur le rejet du christianisme traditionnel[239]. Hors de la modernité rationaliste et technique, il s'agit de retrouver les voies de la nature. La modernité est représentée par le juif contemporain. Il convient de restaurer la créativité du christianisme contre le légalisme de Saint-Paul. La pensée de Lagarde est liée à un mysticisme païen. Lagarde est pour une monarchie et une société hiérarchisée. Il est antisémite. La foi germanique est liée, pour lui, à une lutte entre Germains et juifs.

---

[237] Cet outil ambigu et polysémique qui se veut une antithèse de la Pelle à neige de Duchamp a été réalisé lors d'une action intitulée : *Und uns…unter uns…Landunter* (1965).

[238] Joseph Beuys cité par Jean-Philippe Antoine, *op. cit.*, p. 204-206.

[239] G. L. Moss, *op. cit.,* p. 84.

Des aspects de l'idéologie *völkisch*, comme le paganisme, ont certainement orienté la pensée du jeune Beuys dans les jeunesses hitlériennes ; mais si l'on supprime, comme le fait Beuys, l'antisémitisme, le monarchisme et la foi germanique de la pensée de Lagarde, elle est vidée de sa substance.

Julius Langbehn, une autre référence du mouvement *völkisch*, a peut-être impressionné le jeune Beuys. Il est l'auteur en 1890 de *Rembrandt éducateur*, un ouvrage diffusé à des millions d'exemplaires. Le titre a peut-être été évocateur pour Beuys qui associe fortement art et éducation. Dans son livre, Langbehn propose la défense de l'intuition, de l'irrationnel et de la mystique[240]. Le mysticisme de Langbehn, lié à un esprit vital irrationnel, est associé à la religion germanique. Les Allemands doivent devenir des artistes, forger une sensibilité créative et façonner leur personnalité en fonction de la nature et du paysage allemand. Une énergie primitive relie le cosmos, le *Volk* et l'individu. Langben[241], qui n'est jamais cité par Beuys, recommandait l'extermination des juifs[242]. Les deux pères de "la religion" germanique pour Mosse sont Langbehn et Lagarde.

La "religion" germanique de l'extrême droite allemande des premières décennies du XXe siècle, pour l'essentiel, n'a en fait rien à voir avec le christianisme. C'est une mystique des forces, greffée sur une idéologie sociale et politique, monarchiste et raciste. Elle fait de l'Allemagne le peuple élu. Il est clair que l'art de Beuys n'a été à aucun moment lié à une mystique ayant une telle orientation politique et xénophobe.

Les détracteurs de Beuys, dans le monde de l'art notamment français, ont bien repéré que la pensée de l'artiste avait une partie de ses sources dans l'extrême droite allemande et son paganisme mystique. Mais ses sources étaient soupçonnées sans être réellement identifiées, ce qui a conduit à des amalgames

---

240 *Ibid.*, p. 95.

241 Cet écrit de Langbehn, glorifiant la race germanique, a commencé à exercer une influence considérable à partir de 1918. Il a connu 90 éditions jusqu'en 1943.

242 *Ibid.*, p. 101.

absurdes, des simplismes, et finalement des diagnostics extravagants sur l'art et la pensée de Beuys. Les points de conjonction entre le mouvement *völkisch* et la pensée et l'art de Beuys ont permis au monde de l'art français de rejeter, jusqu'à en faire presque un tabou, l'art de Beuys ; cela permettait de supprimer la référence à un artiste proche de la nouvelle gauche, polémique par rapport à la social-démocratie et au capitalisme, franchement opposé à la droite et à l'extrême droite et soucieux de la fonction sociale de l'art contre le dogme de l'autonomie de l'art. Il s'agissait aussi d'exclure un art lié à la religion.

Dans les années 1970, l'art de Beuys évolue vers un christianisme moins équivoque que celui des jésuites, moins officiel, moins lié au dogme et à l'Église. Dans une action comme *Celtic+* et son rituel du baptême, son art se rapproche de l'anabaptisme, et l'alliance avec les étudiants radicaux de gauche de l'époque le relie à l'anabaptisme révolutionnaire, comme on l'a vu. On peut voir là une nouvelle confirmation que l'art de Beuys évolue et que les discussions avec le public, après les actions, ont des effets sur la production de l'artiste et qu'elles peuvent en changer les orientations. L'œuvre de Beuys, non dogmatique, est ouverte à la discussion et à la remise en cause.

III/ La conversion de Beuys au christianisme après 1945

Comme bien des Allemands après 1945, Beuys s'est tourné vers le christianisme pour se réapproprier des valeurs morales cardinales qui avaient été saccagées par le nazisme. Il s'agissait aussi sans doute de se trouver un alibi symbolique pour se confirmer une adhésion toute relative à l'idéologie des nazis. Le christianisme dans l'art de Beuys des années 1950 et 1960 ressemble en partie à une conversion pénitente après une adolescence ordinaire, séduite par les sirènes des jeunesses hitlériennes et les faux prestiges de l'armée de l'air allemande, plus nazifiée que les autres corps militaires[243].

Beuys eut le sentiment juste que le christianisme avait des valeurs diamétralement opposées au nazisme. Le message évangélique humaniste est lié à l'amour. L'hitlérisme antihumaniste voue un véritable culte à la haine. Beuys pensait à juste titre que l'Église catholique avait joué un rôle parfois positif dans les rares oppositions à la politique nazie, comme par exemple l'opposition à l'euthanasie des infirmes et des malades mentaux. Mgr Clemens, comte van Galen, en dénonçant les nazis dans un sermon dans la cathédrale de Münster, condamne le meurtre des malades mentaux et des handicapés par les nazis[244]. Cette condamnation entraîne l'arrêt officiel des meurtres (en fait, les crimes continuent d'être perpétrés dans les asiles par exemple).

Qu'en est-il vraiment de l'opposition de l'Église catholique au nazisme ? Pour Friedländer, elle est très limitée pour le Vatican et les évêques allemands ; il n'y a pas d'opposition officielle à la discrimination des juifs dans les années 1930 et l'Église garde le silence durant l'extermination des juifs d'Europe. La tactique du Vatican consiste à ne pas s'opposer à la politique criminelle du nazisme, dans la mesure où il est le

---

[243] Beuys s'est volontairement engagé dans les jeunesses hitlériennes, un an avant l'incorporation obligatoire de la jeunesse allemande dans la *Hitlerjugend.* Cet engagement s'est fait alors que son milieu familial est catholique et, on peut le supposer, plutôt réticent à l'égard du nazisme et sa volonté d'embrigader la jeunesse y compris catholique. « À la fin de 1935, dit Ian Kershaw la *Hitlerjugend* comptait un peu moins de quatre millions de membres (soit près de la moitié de la jeunesse de la nation ». I. Kershaw, *Hitler. Essai sur le charisme en politique* [1991], trad. J. carnaud et .P-E. Dauzat, Paris, Gallimard, 1995, p. 172. Beuys s'est porté de même volontaire pour l'armée de l'air. Ces faits laissent penser que le jeune Beuys était un sympathisant du nazisme. Kershaw écrit : « L'état-major de la Luftwaffe et de la marine, dès le départ plus enthousiaste à l'égard du régime nazi que celui de l'armée de terre, resta dans son écrasante majorité fidèle et fervent dans son soutien » (*Hitler. Essai sur le charisme en politique… ibid.*, p. 292. Rappelons qu'en 1939, Hitler était considéré par la majorité des allemands comme l'un des plus grands hommes d'État de l'histoire de l'Allemagne.

[244] G. L. Moss, *op. cit.*, p. 267.

fer de lance de la lutte contre l'Union soviétique et le communisme athée. Kershaw, en étudiant le catholicisme en Bavière durant le nazisme, arrive au bilan suivant : l'opposition des catholiques aux nazis est bien réelle quand les nazis cherchent à réduire la force institutionnelle du catholicisme. « Le clergé, dit Kershaw, travailla aussi avec un certain succès, semble-t-il, à faire de Rosenberg l'incarnation de l'esprit antichrétien du nazisme et à monter en épingle les liens entre le nazisme et le « nouveau paganisme[245]. » L'opposition fut donc aussi en partie idéologique. En 1998, le Vatican publie un document capital dans lequel il prétend que le génocide des juifs serait « le fruit d'un régime tout à fait néo-païen[246]», disculpant ainsi largement le catholicisme de toute complicité. Lionel Richard rappelle à juste titre le silence de l'Église allemande durant l'extermination des juifs, et précise que « le peuple allemand n'a pas été profondément imprégné par le néo-paganisme raciste [247] ». Il semble bien en effet que l'antisémitisme traditionnel et multiséculaire des Églises ait été un facteur plus important que le néo-paganisme de Rosenberg pour contribuer à engendrer le génocide[248]. Les Allemands, comme le dit Richard, n'ont pas eu besoin du néo-paganisme « pour adhérer majoritairement, massivement, aux objectifs pangermanistes, racistes et impérialistes de leur pays, sous la férule des nazis, jusqu'à ce qu'ils soient confrontés à la déconvenue brutale de la défaite. Clouer au pilori ce « néo-paganisme » comme base essentielle de la "solution finale", ainsi que le Vatican tente de l'accréditer dans son document de 1998, ne saurait être imputé à une erreur mais à une diversion concertée[249] ».

---

[245] I. Kershaw, *L'Opinion sous le nazisme*, *op. cit.*, p. 299.

[246] Le Vatican cité par L. Richard in *Nazisme et barbarie*, *op. cit.*, p. 145.

[247] Lionel Richard, *ibid.*, p. 176.

[248] K. D. Bracher écrit aussi que le racisme biologique n'a jamais eu, même en Allemagne, un impact aussi puissant « que le racisme à base religieuse, sociale et culturelle qui avait cours au XIXe siècle » K. D. Bracher, *op. cit.*, p. 64.

[249] Lionel Richard, *op. cit.*, p. 177.

En effet, quand il s'agit de la persécution des juifs, le haut clergé allemand est massivement silencieux et l'opinion catholique laisse faire. Le génocide des juifs n'a mobilisé quasiment personne dans les rangs du clergé catholique allemand, pourtant moins sensible que les protestants à la rhétorique antisémite haineuse et délirante des hitlériens. « Au plus haut niveau, ni l'Église catholique ni l'Église évangélique ne prirent officiellement position à l'égard du pogrome de novembre 1938 » selon Kershaw[250]. L'historien ajoute : « En tant que chrétien, la majorité des clercs rejetaient l'inhumanité du régime nazi ; mais à titre individuel, immergés qu'ils étaient dans un climat hostile aux juifs, ils eurent largement tendance à refléter l'antisémitisme latent et l'indifférence de leur société [251] . » L'antisémitisme religieux multiséculaire du christianisme était évidemment le socle de ce silence complice et le favorisait [252] . Il convient toutefois de rappeler de nombreuses exceptions du côté catholique et protestant. Kershaw écrit : « À côté des figures révérées de Dietrich Bonhoffer, de Martin Niemöller, du père Alfred Delp, du paster Grüber et du père Lichtenberg , quantité d'autres moins connus, payèrent de leur liberté, et parfois de leur vie, leur opposition au régime[253]. »

Friedländer, dans *Pie XII et le IIIe Reich*[254], fait un historique des rapports entre le catholicisme et le nazisme racial. Pie XI conçoit une encyclique contre le racisme et notamment l'antisémitisme nazi. Un jésuite américain, Lafarge, se charge de la penser et de la rédiger. La mort de Pie XI empêchera la publication de cette encyclique. Pie XII, le pape suivant, ne lui

---

[250] I. Kershaw, *L'Opinion allemande sous le nazisme. Bavière 1933-1945* [1983], trad. Pierre-Emmanuel Dauzat, Paris, CNRS Éditions, 2010, p. 366.

[251] *Ibid.*, p. 369.

[252] Sur cet antisémitisme chrétien voir les ouvrages suivants de Léon Poliakov, *Histoire de l'antisémitisme. Du Christ au juif de cour*, tome 1, Paris, Calmann-Levy, 1955 et *Histoire de l'antisémitisme, De Mahomet aux Marranes,* tome 2, Paris, Calmann-Levy, 1961.

[253] Ian Kershaw, *Qu'est-ce que le nazisme. Problèmes et perspectives d'interprétation* [1985], trad. J. Carnaud Paris, Gallimard, 1997, p. 324.

[254] Voir S. Friedländer, *Pie XII et le IIIe Reich* [1964], nouvelle édition, 2009, trad. P.-E. Dauzat, Paris, Seuil, 2010.

donnera aucune suite. Le Vatican de Pie XII s'est sérieusement compromis par son silence concernant la barbarie nazie selon Friedländer.

L'antisémitisme racial se superpose sans difficulté à l'antisémitisme chrétien historique, notamment dans le protestantisme allemand. Friedländer rappelle que les Églises chrétiennes ont joué un rôle capital dans l'antisémitisme européen avant la Shoah[255]. Les protestants allemands partagent souvent les positions antijuives de Luther. L'antisémitisme, au XXe siècle, est présent dans la majeure partie de l'Église évangélique. Friedländer écrit : « l'Église catholique, en Allemagne était mieux immunisée contre les théories nazies que son homologue évangélique[256]. »

C'est donc aussi le christianisme dans l'art de Beuys qui appele les doutes et la suspicion. En fait, c'est le doute par rapport à l'Allemagne contemporaine et ses facultés à se démarquer essentiellement de la barbarie nazie qui opère contre l'œuvre de Beuys, dans les écrits des critiques d'art et des historiens d'art notamment français. La réunification de l'Allemagne n'a pas tempéré ces inquiétudes, bien au contraire. La révélation tardive de l'appartenance de Günter Grass, durant la guerre, à la *Waffen SS* n'a pas non plus amélioré la situation[257].

Friedländer signale que l'Église catholique allemande a pu venir en aide aux juifs convertis mais pas au-delà. L'encyclique de 1937, "Avec la plus profonde inquiétude", marque le différend entre le catholicisme et les nazis. Les biens de l'Église sont menacés, les mouvements de jeunesse catholiques risquent de ne plus être encadrés par le clergé catholique ; des menaces

---

[255] S. Friedländer, *Les Années d'extermination. L'Allemagne nazie et les juifs, 1939-1945*, *op. cit.*, p. 95.
[256] *Ibid.*, p. 98.
[257] Sur cette question, voir Thomas Serrier, « Günter Grass et la *Waffen-SS*. La mémoire maudite d'un prix Nobel Allemand » in *La Dénazification* sous la direction de Marie-Bénédicte Vincent, Presses de la Fondation nationale des sciences politiques et Perrin, 2008, p. 291-313. Voir aussi le livre de Günter Grass, dans lequel il avoue son passé, *Pelures d'oignon*, *op. cit.*

diverses pèsent sur les institutions ; on attaque des prêtres et des religieuses, on les menace de persécution. Si Pie XI n'était pas spécialement philosémite, Pie XII revient sur l'excommunication de l'Action française par Pie XI et ainsi, réhabilite l'extrême droite et l'une des forces intellectuelles antisémites qui est à l'origine du nazisme[258]. En outre, il fait une déclaration de soutien à Franco, opération tactique pour une entente avec les nazis. Pie XII ne prend pas de position publique contre le meurtre des malades mentaux mais se dit choqué dans des lettres[259].

S'il y a, en Allemagne, des réactions isolées en faveur des juifs convertis comme celle de l'archevêque de Fribourg, Conrad Gröber, le Vatican et les catholiques allemands ne peuvent cependant pas fournir un alibi symbolique à Beuys. La référence au catholicisme dans l'art de Beuys n'est pas suffisante pour démontrer sa distance prise avec ses éventuelles adhésions à l'idéologie nazie dans les années 1930 et 1940.

Le rôle de la Wehrmacht sur le front de l'Est permet par ailleurs d'avoir encore des réserves à l'égard de Beuys et de tout militaire allemand sur le front de l'Est. En effet, la *Wehrmacht* prend une part active aux massacres collectifs des juifs dans l'Union soviétique occupée et dans les Balkans[260]. Friedländer rappelle le comportement brutal de la *Wehrmacht* par rapport aux juifs en Pologne, les humiliations, les sévices, les dégradations subies[261]. En dépit de plaintes de généraux à Hitler sur les agissements criminels de Heydrich et des SS visant les élites polonaises et les juifs, l'armée de terre est impliquée dès le début de l'invasion de la Pologne dans des méfaits visant les juifs, même si cela reste minoritaire, dans un premier temps.

---

[258] Sur le rôle de l'Action française et notamment de Charles Maurras dans la genèse de la pensée de l'extrême droite voir E. Nolte, *op. cit.*, p. 114-155.
[259] S. Friedländer, *Les Années d'extermination…*, p. 117.
[260] *Ibid.*, p. 119.
[261] *Ibid.*, p. 65.

L'exploitation massive des travailleurs juifs au profit de la *Wehrmacht* [262] rappelle la complicité de l'armée dans la destruction des juifs d'Europe. Des troupes régulières de la *Wehrmacht* ont aussi collaboré à l'extermination des juifs sur le front de l'Est[263]. Les crimes contre les juifs et les populations locales, commis par la *Wehrmacht*, ne sont plus niables, la question reste leur étendue dit Friedländer. Kershaw fait le même bilan : « La *Wehrmacht* collabora activement avec les escadrons de la mort et commit elle-même de nombreuses exactions[264]. » Il précise en parlant de la *Wehrmacht* : « Elle s'était rendue complice du génocide, sans y avoir été contrainte. Les applaudissements que les propos sans ambiguïté de Hitler et de Himmler sur la « solution finale » avaient suscités chez les généraux en mai 1944 prouvent qu'il y avait une certaine convergence de vues entre la *Wehrmacht* et la direction nazie jusque sur l'aboutissement le plus terrible de la politique raciale[265]. »

Pour Friedländer, les officiers opposants à Hitler et membres de l'aristocratie prussienne ne se sont pas opposés à la guerre d'extermination d'Hitler sur le front de l'Est, ni aux crimes de l'*Einzatzgruppe B*[266]. Raul Hilberg, de son côté, écrit : « Après avoir montré au début quelque répugnance à participer au processus de destruction, les généraux étaient maintenant si pressés de le voir aboutir qu'ils poussaient pratiquement les *Einsatzgruppen* à multiplier les massacres. L'armée allemande attendait avec impatience la mort des juifs d'Union soviétique[267]. » Hilberg précise : « La première conséquence de la politique de sécurité adoptée par l'armée fut que l'usage s'établit de remettre souvent les juifs aux *Einsatzgruppen*, qui les exécutaient ensuite[268]. » En Roumanie, fait remarquer

---

[262] *Ibid.*, p. 75.
[263] *Ibid.*, p. 273.
[264] Ian Kershaw, *Hitler. Essai sur le charisme en politique*, *op. cit.*, p. 254.
[265] *Ibid.*, p. 293.
[266] S. Friedländer, *Les Années d'extermination, op. cit.*, p. 277.
[267] Raul Hilberg, *La Destruction des juifs d'Europe* [1985], tome1, trad. M.-F. de Palomera, A. Charpentier, P.-E. Dauzat, Paris, Gallimard, 2006, p. 542.
[268] *Ibid.*, p. 536.

Hilberg, les rôles s'inversent et la *Wehrmacht* assassine des juifs et des tziganes, triés au préalable par l'*Einsatzgruppe* de Serbie[269].

La *Wehrmacht* laisse mourir de faim 3,5 millions de prisonniers soviétiques[270]. L'ampleur des crimes ou des complicités criminelles de la *Wehrmacht* est telle que la culpabilité allemande excède le cercle déjà immense des nazis.

La présence de Beuys sur le front de l'Est durant la guerre concourt à renforcer les doutes, les interrogations et finalement l'idée assez dominante et fausse en France que Beuys, après la guerre, serait un crypto-nazi.

L'antisémitisme nazi s'est élaboré, développé, étendu à partir du traditionnel antijudaïsme chrétien. Pour cette raison, le recours au christianisme dans l'art de Beuys ne constitue pas une démarcation suffisante du nazisme, même si le christianisme, avec son universalisme, est foncièrement opposé au nationalisme pathologique des hitlériens, et si l'évangélisme de Beuys est profondément opposé au culte nazi de la violence.

La critique d'art a parfois pu, en toute légitimité, s'inquiéter de la signification des croix de Beuys. Le nazisme a obscurci par ses manipulations et ses propagandes le christianisme sous toutes ses formes.

Beuys a réservé explicitement peu de place à Auschwitz. Il partageait sans doute l'idée commune de son temps selon laquelle la politique nazie n'avait pas pour objectif capital et central l'extermination des juifs. L'objectif impérialiste des nazis aurait été de dominer l'Europe de l'Ouest, de coloniser l'Est, de piller systématiquement les biens des juifs pour la conduite d'une guerre qui ne soit pas trop coûteuse pour le peuple allemand. Friedländer, au contraire, semble penser que

---

[269] R. Hilberg, *La Destruction des juifs d'Europe*, tome II, Paris, Gallimard, 2006, p. 1272.
[270] Saul Friedländer. *Les Années d'extermination...*, *op. cit.*, p. 308.

la Shoah est le but capital de l'hitlérisme[271]. Si c'est le cas, la réflexion sur Auschwitz devient centrale pour la compréhension du phénomène nazi. Beuys, en ne concédant explicitement qu'une place secondaire au génocide des juifs, n'a pas su suffisamment cerner la barbarie à laquelle néanmoins toute son œuvre s'oppose.

Beuys a pris pour thème Auschwitz dès 1957, donc avant les procès de criminels nazis qui, en Allemagne, ont mis la Shoah au centre de l'actualité[272]. Il participe à un concours organisé par le comité international d'Auschwitz. Les dessins et les objets liés à son projet pour ce concours ont été réunis dans une vitrine (*Auschwitz Demonstration*, 1956-1964). Ces reliquats ne permettent pas de rendre intelligible ce que Beuys a pu avoir à l'esprit concernant Auschwitz. Cette vitrine a été montrée par l'artiste, la première fois dans l'édifice construit par l'architecte nazi Paul Ludwig Troost pour l'exposition d'art dégénéré en 1937. En examinant les documents de Beuys dans la vitrine, on comprend toutefois que le christianisme est une référence de l'artiste pour méditer la Shoah. Cela ne semble guère adéquat, Auschwitz étant un haut lieu du martyr juif et le christianisme, l'un des socles de l'antisémitisme nazi. Il existe quelques rares déclarations de l'artiste à propos d'Auschwitz. Elles sont plus ou moins recevables. D'abord, l'artiste pense que le « trauma d'Auschwitz ne peut se surmonter que par une dynamisation interne de l'homme [...], par un éveil dynamique et un déploiement des forces créatives[273] ». Le propos ici est si indéterminé qu'il a peu d'intérêt. Beuys veut dire que seul le concept élargi de l'art serait à même de répondre à la barbarie que représente Auschwitz. Cette réponse, ici, est trop abstraite et demanderait des explications plus précises. Beuys prétend par ailleurs qu'Auschwitz existe encore aujourd'hui sous la forme de la société de consommation et du matérialisme omniprésent qui ruinent les âmes et les raisons d'exister. Cette association d'Auschwitz et du consumérisme délétère est absurde et dénote,

---

[271] *Cf. Ibid.*

[272] Ces procès débutent en 1963 à Francfort.

[273] J. Beuys, *Par la présente, je n'appartiens plus à l'art*, *op. cit.*, p. 121.

de la part de Beuys, une réflexion insuffisante sur Auschwitz. Une autre déclaration de l'artiste est plus sensée quand il dit que l'horreur d'Auschwitz n'est pas représentable. Il dit : « Cette horreur n'a été représentable que lors de son propre processus, au moment où elle a eu lieu. Il est donc impossible de la traduire par une image[274]. » L'artiste, cependant, bien peu inspiré cette fois, ajoute « ces évènements ne peuvent être mémorisés qu'à partir d'une contre-image positive, dans la mesure où tout cela est vraiment éliminé du monde et de l'homme afin que le reste de cette inhumanité soit surmonté[275] ». Le témoignage des survivants est un premier acte de mémoire. Il n'est pas certain que l'image soit indispensable et la contre-image positive dont parle Beuys est pour le moins obscure et paradoxale. Le projet de monument de Beuys pour Auschwitz semble avoir été le suivant : deux piliers monumentaux surmontés d'un quadrilatère irrégulier de métal ; Beuys dit à propos des quadrilatères fonctionnant comme des miroirs : « Le soleil de l'aube doit s'y briser en mille morceaux et à travers la brillance de l'argent poli rayonner au lointain[276]. » L'idée de Beuys a une certaine force et n'est pas dénuée de beauté. Son explosion solaire dit bien la ruine de tous les idéaux humanistes, l'effondrement catastrophique de la raison symbolisée par la lumière solaire, dans la démence hitlérienne. Cette déflagration lumineuse dit la fin violente du sublime et du divin, à Auschwitz. On doit se refuser bien entendu de faire une interprétation liée au paganisme de cette lumière solaire. Mais on peut être sensible à la cosmicité de la catastrophe symbolisée par l'agonie d'un astre, une cosmicité qui suggère l'incommensurabilité du mal à Auschwitz.

---

[274] *Ibid.*, p. 122.

[275] *Ibid.*

[276] J. Beuys cité par Maïté Vissault, *Der Beuys Komplex…*, *op. cit.* p. 411.

IV/ l'artiste chamane

La référence de Beuys au catholicisme des jésuites n'est pas particulièrement une voie susceptible de vraiment le dégager de l'emprise de l'idéologie nazie subie durant sa jeunesse. L'attitude particulièrement ambiguë et même complice des Églises chrétiennes, silencieuses par rapport à la Shoah, limite la pertinence de la réponse catholique de Beuys par rapport à Auschwitz. Le christianisme révolutionnaire auquel l'artiste adhère à la toute fin des années 1960 est plus approprié pour offrir des valeurs diamétralement opposées au nazisme, comme par exemple l'autodétermination, le cosmopolitisme, l'anticapitalisme, la tolérance religieuse et culturelle. Cependant, la référence de Beuys au chamanisme paraît particulièrement inquiétante, dans la mesure où elle le reconduit au néo-paganisme prisé par une partie du nazisme. Certes, le chamanisme sibérien n'est pas le paganisme germanique, ni *a fortiori* le néo-paganisme sanglant de Rosenberg ou de Himmler. Mais en associant chamanisme et catholicisme dans l'action *Manresa*, Beuys peut laisser penser qu'il ne comprend pas, dans un premier temps, les dangers d'une telle association et qu'il n'a pas même enregistré l'hostilité déclarée du Vatican à l'égard du paganisme nazi. On a là le signe manifeste des limites de la pensée de Beuys et de sa pertinence. Que recouvre la référence de l'artiste allemand au chamanisme ? En quoi n'est-elle pas contaminée par le néo-paganisme nazi ? Que recherche l'artiste dans le chamanisme sibérien ? Pourquoi finalement occupe-t-il une place si capitale dans l'art de Beuys ? Si le christianisme de Beuys s'est finalement rapproché de la pensée de Bloch, ce dernier a manifesté un très vif rejet du chamanisme. Quelles étaient les objections de Bloch à ce propos ? Sa philosophie relève-t-elle du préjugé sur ce point ?

1/ Bloch et le chamanisme

Si le regard de Bloch sur la religion est ouvert et positif, sa tolérance a toutefois des bornes. Le chamanisme est intolérable pour le philosophe marxiste. Sa conception du chamanisme est représentative des préjugés marxistes et rationalistes par rapport à cette religiosité, étroitement liée à l'irrationnel. En relativisant ou en réfutant les objections traditionnelles de Bloch, on pourra dépasser l'ethnocentrisme ordinaire européen à l'égard des différents chamanismes et du paganisme.

Pour Bloch, le chamanisme, notamment dans *L'Athéisme dans le christianisme*, c'est la transe, l'écume aux lèvres et la maladie mentale. Le rejet ici est superstitieux ; le chamanisme est le point où Bloch montre la persistance de ses préjugés. Il dissocie chamanisme et mystique, cette dernière étant représentée notamment par Eckart et Plotin, deux auteurs liant étroitement le divin et l'intellect. Bloch parle des visions nébuleuses et sanguinaires des chamanes. De ce point de vue, aux yeux de Bloch, la mystique de Beuys serait suspecte de barbarie. Elle l'est d'autant plus que c'est l'énergie qui est la donnée première de cette mystique et non l'intellect. Par ailleurs, la dimension sacrificielle du chamanisme est dénoncée à juste titre par Bloch. En s'inspirant de Bloch, on peut justifier le christianisme de Beuys, mais pas ses références nombreuses au chamanisme.

On verra toutefois que le chamanisme contient des éléments lumineux lui-aussi. Mais nous sommes d'accord avec Bloch pour rejeter les sacrifices d'animaux et toute dimension sacrificielle dont Beuys se démarque mal. Reste que Bloch se confine trop au judéo-christianisme. La limite du philosophe marxiste par rapport au paganisme se trahit quand il écrit : « Le dieu animal avait des traits à la fois sauvages, effroyables et obtus[277]. » Les animaux peints sur les parois des grottes de Lascaux ne correspondent pas à cette caricature, et Georges Bataille semble bien avoir raison de les considérer comme des êtres divins en soulignant leur magnificence[278].

---

[277] E. Bloch, *Le Principe espérance III*, *op. cit.*, p. 453-454.

[278] Voir G. Bataille, « Lascaux ou La Naissance de l'art », in *Œuvres complètes*, t. IX, Paris, Gallimard, 1973.

Bloch projette sur le chamanisme les aspects mortifères et violents du néo-paganisme nazi et renoue inconsciemment avec l'ancienne intolérance judéo-chrétienne par rapport au paganisme. Beuys se réfère effectivement dans certaines de ses œuvres à un passé antédiluvien ; ce passé est tabou pour le philosophe marxiste. S'agit-il pour Beuys de s'étourdir, de fuir la clarté et d'épouser les ténèbres, dans son rapport au paganisme et au chamanisme ? S'agit-il d'exprimer une fascination morbide pour les « ténèbres sacrées de la nuit des temps[279] » ?

Bloch écrit : « Le fascisme a lui aussi recours au culte des morts et à une préhistoire enjolivée, et cela dans le but de fermer la voie de l'avenir, de justifier la barbarie [...]. La pulsion fondamentale devenait donc pulsion vers ses fonds où Dionysos ne répond plus qu'au nom de Moloch ; la régression vers ses fonds auxquels toute l'humanité est devenue étrangère, est préconisée comme médecine et comme morale[280]. »

Beuys réintroduit-il le fascisme en se référant à l'originaire ? Si c'était le cas, il faudrait condamner toute l'histoire du primitivisme en art, de Paul Gauguin à Michael Heizer, en la suspectant de fascisme. Ce serait absurde. L'intérêt ou même la fascination pour l'origine n'a pas une coloration politique déterminée et même ne semble pas avoir de connotation politique *a priori*. Avec sa rhétorique de l'énergie, Beuys pourrait certes être affilié à Klages et à Jung. Mais c'est oublier que l'énergétique n'est pas, par définition, fasciste et régressive en philosophie ou en art. En-deçà du dionysiaque de Nietzsche, les énergies auxquelles Beuys fait référence sont celles que les philosophes romantiques de la nature, en Allemagne, ont divinisées. Il ne s'agissait pas pour Johann Wilhelm Ritter, Friedrich von Schelling ou Henrik Steffens d'exalter des forces brutes comme le firent des nazis.

Peut-on faire de la pensée de Beuys une idéologie dionysiaque étrangère à la raison ? Beuys est-il un disciple de

---

279 E. Bloch, *Le Principe espérance I*, *op. cit.*, p. 82.
280 *Ibid.*, p. 83.

Nietzsche ? L'artiste ne dit-il pas qu'il vaut mieux s'intéresser à Nietzsche plutôt qu'à Duchamp ? Mais le christianisme de Beuys est anti-nietzschéen. D'autre part, la pensée de Beuys n'est pas antirationaliste, du moins dans ses déclarations ou dans une œuvre marquante comme *Honigpumpe*. Comme Nietzsche, Beuys ne détache pas le dionysiaque de l'apollinien ; comme les savants romantiques ou les philosophes de la nature, la force vitale de la "nature naturante" dans son art est éminemment spiritualisée.

La position de Bloch par rapport au chamanisme n'est pas originale. Il partage les préjugés de la plupart de ses contemporains sur ce point, et notamment ceux des marxistes soviétiques qui répriment les cultures chamaniques comme celles des tatars et des bouriates. Il s'agit de la reprise du préjugé rationaliste et occidental contre toutes les sociétés liées à des mythes, soit toutes les sociétés dites archaïques ou primitives.

Reconnaissons qu'il y avait un danger bien réel pour un artiste allemand après la guerre d'investir le mythe et le paganisme, comme le fait Beuys. Le risque, c'était de reproduire les aberrations idéologiques des nazis qui ont perverti le paganisme. Après la guerre, le premier mouvement de Beuys, est de choisir le christianisme. Mais le second, quelques années plus tard, est de donner cours à son attrait pour le paganisme qui ne se démentira pas dans les années 1970. L'idéologie des jeunesses hitlériennes, sanctifiant le paganisme, a certainement eu une influence sur Beuys. Les rejets en France et la suspicion durable concernant Beuys tiennent en partie à ses sources idéologiques. Mais la question reste de savoir ce que Beuys fait du paganisme. Si l'on rejette toutes les références culturelles qui ont été utilisées par les nazis, il va nous falloir condamner la philosophie de Nietzsche, une part notable du romantisme allemand et de la musique allemande, la civilisation grecque et romaine ; autant renoncer à notre héritage culturel.

Selon Bloch, l'archaïque doit capituler devant l'utopique. C'est finalement le cas chez Beuys. Les leçons de l'originaire et l'idée du retour à la nature par exemple sont, dans ses œuvres, mises au service du présent et du futur. Par ailleurs, Bloch, qui reconnaît au mysticisme des mérites, semble oublier que l'expérience mystique est souvent liée aussi au passé ou à l'immémorial. C'est une donnée de fait dans l'anamnèse platonicienne par exemple qui va servir en partie de modèle au mysticisme occidental. Cela ne signifie pas nécessairement que la mystique se ferme à toute perspective sur l'avenir. Il n'y a pas suffisamment de défiance, dans la pensée de Bloch, à l'égard du rationalisme, si on la compare à celle d'Adorno et de Horkheimer[281]. Bloch sous-estime l'intérêt des dirigeants nazis pour la technique et la modernité. Le passé archaïque n'est pas nécessairement une figure du mal. Il convient de ne pas le laisser au fascisme et à la barbarie. Bloch dissocie tout acte créateur de la régression dans l'archaïque et le mythe. Il fait en partie erreur en disqualifiant ainsi toute la production artistique qui réhabilite le mythe, comme celle d'Antonin Artaud ou de Barnett Newman. La création ne se laisse pas nécessairement circonscrire par les lois de la rationalité. On peut même supposer que l'art est plutôt menacé par la rationalité car son médium de prédilection est la sensibilité et l'imagination et non l'intellect. Mais surtout, le mythe n'est pas nécessairement tragique et mortifère et a eu des liens privilégiés avec l'art. Friedrich Schlegel le rappelle en écrivant : « J'affirme que notre poésie manque de ce centre qu'était la mythologie pour les Anciens, et que tout l'essentiel en quoi l'art poétique moderne le cède à l'antique tient en ces mots : nous n'avons pas de mythologie[282]. » Cette nouvelle mythologie « doit s'extraire du tréfonds de l'esprit[283] » selon Schlegel. Il pense à une mythologie de la nature qui pourrait se fonder sur les découvertes de la physique romantique allemande (la Naturphilosophie). Il écrit : « Je ne saurais conclure sans vous exhorter une fois encore à l'étude de la physique dont les paradoxes dynamiques font à présent jaillir de toutes parts les

[281] Voir T. W. Adorno et M. Horkeimer, *La Dialectique de la raison*, *op. cit.*
[282] Friedrich Schlegel, « Entretien sur la poésie », in Philippe Lacoue-Labarthe/Jean-Luc Nancy, *L'Absolu littéraire. Théorie de la littérature du romantisme allemand*, Paris, Seuil, 1978, p. 311-312.
[283] *Ibid.*

révélations les plus sacrées de la nature[284]. » La mythologie que le romantique appelle de ses vœux est en partie la mystique d'une force vitale infinie, et c'est elle que Beuys cherche à exprimer dans certaines de ses œuvres.

Dans les écrits de Bloch, le chamanisme est le mal. Chamanisme, cela signifie dans son esprit le mythe et l'archaïque qui sont du côté du démoniaque. La lumière ne peut pas pénétrer ce monde furieux, irrationnel et inhumain. Bloch a une réaction superstitieuse à l'égard du chamanisme. La dimension humaine du mythe est en partie manquée. Son importance culturelle de même. On voit là les limites de sa pensée ; son rejet du chamanisme est le symptôme des limites de son rationalisme marxiste. Le nazisme a dû jouer ici pour cette fermeture à l'égard de nombreuses civilisations païennes. Bloch cherche des lumières dans le judéo-christianisme, ce qui est positif par rapport au dogmatisme obtus du marxisme vulgaire, mais il ne peut pas aller au-delà. La civilisation, pour lui, ne commence que quelques siècles avant Jésus-Christ et se limite pour l'essentiel à l'Occident. Bloch écrit : « Le mystère du monde ne gît pas dans une espèce de fosse aux détritus cosmo-analytiques, il se situe à l'horizon de l'avenir qui reste à conquérir et la résistance qu'il oppose à sa révélation n'a rien de comparable avec celle des coffres au trésor [...] gardés par des chiens féroces, tels qu'ils apparaissent dans les mythes démoniaques ; cette résistance-ci est celle d'une totalité encore en train de se former, d'une plénitude encore non manifeste[285]. » Le langage utilisé par Bloch pour discréditer l'originaire fait apparaître qu'il l'associe à de l'infantilisme, à la férocité, à la régression obscène d'une fosse à ordure et au démoniaque. Une terreur mythique à l'égard du mythe, dénoncé par Adorno, se laisse ici entendre. L'originaire dans le chamanisme n'est pas pour l'essentiel démoniaque. Les religions archaïques qui ont dominé durant des millénaires méritent des approches plus sérieuses et ont une valeur anthropologique inestimable. La connaissance de l'être humain

---

[284] *Ibid.*, p. 317.

[285] E. Bloch, *L'Athéisme dans le christianisme op. cit.*, p. 162.

implique de pouvoir se porter au-delà d'Athènes et de Jérusalem.

Les préjugés de Bloch par rapport au chamanisme recoupent ceux des chrétiens qui se représentent le chamane comme un démon ou ceux de la philosophie des lumières qui le voit comme un malade mental ou un charlatan. Cette disqualification du chamanisme et des cultures dans lesquelles il s'inscrit est indissociable de l'histoire du colonialisme, comme la reconsidération de la fonction des chamanes, après 1945, est liée à la décolonisation, aux doutes sur la civilisation occidentale après Hiroshima et Auschwitz et à la faculté encore limitée de l'Occident chrétien de considérer et de reconnaître son Autre[286].

2/ Mythologie germanique, chamanisme et mysticisme

La passion de l'origine, l'idée que le paradis se situe en arrière dans un passé archaïque, c'est bien sûr ce qui, dans l'art de Beuys, s'oppose à la pensée utopique de Bloch qui vise le nouveau, ce qui est à créer et non une création originelle soi-disant parfaite. Un défaitisme inconscient travaille-t-il l'activisme de Beuys et sa volonté de transformation du monde ? En se référant au chamanisme, Beuys mise plus sur le corps, la sensation, la nature, que sur l'intellect. La lumière présente dans le mythe, pour Bloch, c'était déjà la présence de la raison et de la morale dans les mythes, c'était la présence dominante, souveraine, de l'idée dans la mystique plotinienne ou rhénane. Le chamanisme est-il une régression ? Cette référence rentre-t-elle en contradiction avec le christianisme révolutionnaire de Beuys ?

---

[286] Sur ces préjugés concernant le chamanisme et sa réception tardive positive voir Wolfgang G. Jilek, « La métamorphose du chamane dans la perception occidentale » in *Chamanismes. Revue Diogène*, Paris, PUF, 2003, p. 209-237.

Contrairement à ce que dit Bloch, le chamanisme peut être une mystique et c'est même là sa définition selon Eliade[287]. Beuys a lu le livre d'Eliade, *Le Chamanisme et les techniques de l'extase*, qui porte essentiellement sur le chamanisme turco-mongol. La représentation du chamanisme par l'artiste allemand dépend étroitement de l'interprétation spécifique du chamanisme par l'historien des religions. Elle ne se fonde pas sur des enquêtes ethnographiques, prend des libertés considérables avec le chamanisme réel qui devrait d'ailleurs se décliner au pluriel, tant ses formes sont diverses. Ce n'est pas le guérisseur indigène traditionnel que voit Beuys pour l'essentiel dans le chamane, c'est le mystique. Beuys se rallie ainsi à Johann Gottfried Herder, Johann Wolfgang von Goethe et Victor Hugo, pour lesquels « le chamane était un virtuose de la pratique religieuse, un vestige de ses anciens devins et artistes qui pouvaient aller au-delà de la réalité ordinaire grâce à la musique et à la poésie. De ce point de vue, la figure emblématique la plus importante dans l'imaginaire européen était Orphée[288] ». Afin de ne pas prendre l'assimilation par Beuys du chamane et de l'artiste en un sens littéral, il faut avoir à l'esprit que le « néo-chamanisme occidental est un mouvement essentiellement livresque, où les récits de fiction d'un Castaneda ou l'essai mystique d'un Eliade ont compté bien plus que la moindre description ethnographique[289] ». Les écrits d'Artaud ont joué aussi un rôle important pour les artistes des années 1960 réalisant des performances. Ce n'est pas uniquement *Le Théâtre et son double* qui a compté, ce sont aussi des écrits d'Artaud comme *Les Tarahumaras, Textes mexicains* ou *Messages révolutionnaires*[290].

---

[287] Voir Mircea Eliade, *Le Chamanisme et les techniques archaïques de l'extase* [1951], Paris, Payot, 1983.

[288] Kocku von Stuckrad, « Le chamanisme occidental moderne et la dialectique de la science rationnelle », in *Chamanismes…*, *op. cit.*, p. 283.

[289] Roberte N. Hamayon, « Introduction à chamanismes. Réalités autochtones, réinventions occidentales », in *Chamanismes… ibid.*, p. 40.

[290] Pour ces différents écrits, on peut se rapporter à Antonin Artaud, *Œuvres*, Paris, Quarto Gallimard, 2004.

Bloch s'attaque de manière aussi virulente au chamanisme parce qu'il y voit une affinité fondamentale avec des croyances de nazis qui magnifient la mythologie germanique. Qu'en est-il au juste de ce lien de la mythologie germanique et du nazisme ?

Georges Dumézil, cité par Carlo Ginzburg, dit à propos de cette mythologie : « On trouve dans la mythologie germanique un élément -l'évolution dans le sens militaire- qui le distingue des autres mythologies du monde indo-européen[291]. » Cette dimension guerrière de la mythologie germanique exploitée par les nazis est absente de la pensée et de l'art de Beuys. Cette militarisation du mythe explique en partie sa réappropriation par les idéologies germaniques de l'extrême droite allemande. L'idéologie nationaliste du XIXe siècle, en Allemagne, a réactualisé cette mythologie germanique. La propagande néo-païenne du nazisme est bien connue. Il semble évident que cette propagande a eu des effets sur le jeune Beuys. Mais la composante guerrière disparaît de la mythologie individuelle de l'artiste. Ginsburg écrit : « Or la continuité entre la mythologie germanique et les orientations politiques, militaires et culturelles du troisième Reich était de manière notoire un des pivots de la propagande nazie. Le régime de Hitler tirait de cette continuité sans cesse étalée un puissant élément de légitimation idéologique[292]. »

Cela est discutable, si l'on se souvient de la position critique d'Hitler par rapport au mouvement *völkisch* et sa germanophilie archaïque, considérée comme étant une idéologie élitiste et confuse. Par ailleurs, Ginzburg surestime aussi le poids de l'influence de la mythologie germanique sur les nazis et leurs dirigeants ; cette idéologie est chère uniquement à Walter Darré, Alfred Rosenberg et Heinrich Himmler. Pour Joseph Goebbels ou Hermann Goering par exemple, elle est sans

---

291 G. Dumézil cité par C. Ginzburg in *Mythes, emblèmes, traces. Morphologie et histoire*, trad. M. Aymard, Ch. Paolini, Paris, 1989, p. 299.
292 C. Ginzburg, *op. cit.*, p. 302.

intérêt et prétexte à des sarcasmes, notamment quand Rosenberg s'en fait l'avocat[293].

Dumézil associe les SA aux *berserkir*, les jeunes guerriers évoqués dans les sagas islandaises avides de tumulte et de violence ; ces "guerriers fauves" avaient un bestiaire prédateur. Dumézil déchiffre le nazisme à partir de ces affinités avec la mythologie germanique. Le monde germanique, selon lui, est étranger « à l'universalisme de la chrétienté latine[294] ». Wodan/ Odhinn est « le dieu des morts, des guerriers, des rois et de l'État[295] ».

Le pacifisme de Beuys, ses références au catholicisme, sa critique radicale et anarchiste de l'État, son parti pris pour la démocratie directe ne peuvent se vouer aux dieux germaniques ; en outre, le bestiaire de Beuys n'est pas violent.

Si le déchiffrage du nazisme à partir de l'idéologie germanique était précieux au temps de l'étude de Dumézil, il est aujourd'hui insuffisant pour comprendre un phénomène culturel complexe et éclectique comme le nazisme, qui est peut-être moins une idéologie avec sa cohérence relative qu'une propagande liée à tous les opportunismes, comme le pensait Joachim Fest[296].

Est-il utile de préciser que le paganisme n'a pas d'affinités spéciales avec le nazisme ? Le croire serait absurde. Si la mythologie germanique contient des éléments chamaniques, le chamanisme n'est pas germanique selon Eliade. Il s'agit d'un amalgame qu'il fallait dissiper. On ne trouvera jamais chez

---

[293] Voir sur ce point le chapitre concernant Rosenberg dans le livre de J. Fest, *Les Maîtres du III*[e] *Reich*, trad. S. Hutin, M. Barth, Paris, Grasset & Fasquelle, 2008, p. 302-327. Fest écrit à propos du *Mythe du XX*[e] *siècle* : « Tandis que Goebbels, avec un amusement un peu agacé, qualifiait l'œuvre d' "éructation idéologique", les accusés du procès de Nuremberg déclarèrent tous sans exception n'avoir jamais lu l'ouvrage. Grâce à d'habiles méthodes de diffusion, plus d'un million d'exemplaires furent édités jusqu'en 1944, mais rares en étaient les lecteurs. » (*Les Maîtres du III*[e] *Reich*, *op. cit.*, p. 314-315).

[294] G. Dumézil cité par C. Ginsburg, *ibid.*, p. 307.

[295] *Ibid.*, p. 319.

[296] Voir Joachim Fest, *Les Maîtres du III*[e] *Reich*, *op. cit.*

Beuys d'apologie de la frénésie guerrière qui est une caractéristique du germanisme des nazis.

L'action Coyote de Beuys, par exemple, est un hommage à la culture des Amérindiens. C'est aussi un acte de soutien aux Amérindiens des États-Unis qui se rebellent, au début des années 1970, contre l'État fédéral américain. Le primitivisme de l'art de Beuys implique un intérêt important pour les cultures amérindiennes, africaines ou océaniennes qui sont liées aussi au chamanisme. Il est bien évident que pour les nazis, ces cultures n'ont aucune valeur. L'action Coyote de Beuys s'inscrit dans une logique de défense de minorités ethniques qui revendiquent le chamanisme pour défendre leur identité culturelle. Les Amérindiens des États-Unis résistent ainsi à leur assimilation. C'est le cas aussi des Sibériens qui ont maintenus leur référence au chamanisme en dépit des répressions marxistes par des chinois, des soviétiques ou des mongols[297].

La référence au chamanisme dans les créations de Beuys associe son art au primitivisme, courant fondamental dans l'art du XXe siècle. Cette référence s'inscrit donc dans une tradition artistiquc ct n'cst pas une absurdité, comme on le prétend parfois. Dans l'hostilité ou le mépris à l'égard du chamanisme de Beuys, il y a souvent le rejet traditionnel, avec ses préjugés, du primitivisme en art. Sally Price a fait remarquer qu'un bon nombre de grands collectionneurs ou de grands marchands d'art primitif considéraient que cet art était lié à la part obscure et démoniaque de l'être humain, et qu'il était un produit des instincts les plus incontrôlés que la civilisation avait régulés[298]. Même pour des amateurs d'objets primitifs, le primitivisme artistique était lié à la barbarie. Le primitivisme de Beuys, pour ce genre de préjugé, est l'écho de la barbarie nazie. Le fait que l'art nazi ait proscrit et considéré comme dégénérée toute

---

[297] Voir sur ce point Roberte N. Hamayon, « Introduction à chamanismes. Réalités autochtones, réinventions occidentales », in *Chamanismes…*, *op. cit.*, p. 45.

[298] Voir Sally Price, *Arts primitifs. Regards civilisés*, trad. G. Lebaud et Marie-Anne Sichère, Paris, Ecole nationale des Beaux-Arts de Paris, 2012.

référence au primitivisme artistique ne fait pas même question pour des détracteurs de Beuys.

Le mépris et la peur à l'égard du chamanisme et du paganisme ont une origine assez lointaine. Pour Federico Zeri, les trois monothéismes sont à l'origine de ce bannissement du paganisme. Il écrit à propos du christianisme : « L'œuvre d'évangélisation entreprise avec l'aide du pouvoir civil, par le christianisme après l'édit de Constantin [...] a délibérément rejeté, piétiné et anéanti les idées religieuses étrangères, celle des barbares [...] Leurs produits figuratifs, surtout lorsqu'ils se rapportaient aux différents cultes païens, ont été détruits ou, s'ils ont été épargnés, ils ont été rabaissés par une terminologie faite de mépris et d'insultes, où les termes de fétiche ou d'idole évoquent inévitablement des visions d'horreur et de crainte, de cruauté [...], avec des allusions à de sordides débordement sexuels et la condamnation de leur grossièreté puérile. Tel a été d'abord le sort réservé au paganisme gréco-romain, puis [...] aux civilisations précolombiennes et aux innombrables constellations culturelles et religieuses dont était faite, souvent avec des moyens surprenants, l'Afrique noire, avant que n'arrive avec la Bible et l'Évangile, le rouleau compresseur du colonialisme[299]. »

Comme les expressionnistes abstraits, Beuys réhabilite le mythe. Les adversaires de Beuys dénoncent ce point. Pour eux, le mythe, dans l'art de Beuys, n'est que fabulation et fiction. Ils interprètent le mythe comme on le faisait au XIXe siècle, en ne lui prêtant aucune valeur.

Cependant, au siècle suivant, le mythe a été revalorisé par les ethnologues et les artistes. Le mythe selon Eliade, c'est une histoire sacrée liée à un temps primordial qui raconte la création du monde et des choses. Le mythe est transmis lors des initiations. La création du monde est réactualisée lors des rituels. Ce qui intéresse tout particulièrement Beuys dans le mythe, c'est la thématique de la création, notamment de la

---

[299] Federico Zéri, « L'Art des sauvages et l'arrogance occidentale », trad. G. Minelli, in Sally Price, *op. cit.,* p. 198.

cosmogonie. Par exemple *Plight*, l'une des œuvres les plus importantes de Beuys, est étroitement liée à ce thème de la création et du mythe.

Pour Beuys, il ne s'agit pas uniquement de créer un nouvel art en s'inspirant des arts primitifs, comme ce fut le cas pour de nombreux artistes dans la première moitié du XXe siècle[300]. Il s'agit de réorienter nos vies en se tournant vers ces arts et leurs cultures. L'enjeu n'est pas uniquement, comme avec Newman, de se rapprocher des contenus de cet art pour un nouvel art, abstrait en l'occurrence. Il s'agit de changer la vie en s'inspirant de ces arts liés au sacré.

L'artiste est un chamane pour Beuys. Cela veut dire quoi ? Eliade écrit : « Le complexe chamaniste représente pour les sociétés primitives ce que dans les religions plus élaborées, on s'accorde à désigner par mystique et expérience mystique[301]. » Un chamane est un mystique et Eliade le distingue du sorcier. Le chamane n'est pas non plus un prêtre, un sacrificateur, ni même un médecine-man. Ce qui caractérise le chamane, c'est sa faculté d'expérience extatique. Il a une connaissance de l'au-delà. L'expérience extatique comprend une initiation aux mystères de l'au-delà ou du divin. Le chamane n'invente pas les mythologies, les théologies ou les rites de son peuple ; il expérimente le sacré le plus haut, dans les sociétés archaïques. Beuys nous a laissé penser qu'il était un mystique. Et il a exprimé son mysticisme dans le cadre d'une croyance païenne, sa référence majeure étant le chamanisme turco-mongol.

Pour Beuys, l'artiste peut être en contact avec le sacré. Sur ce point, il est un héritier du romantisme allemand qui pense que l'œuvre d'art peut être l'expression de l'absolu et l'artiste un témoin de cet absolu dans ses œuvres. Beuys adhère à cette religion de l'art. Ce qui est nouveau avec cet artiste, c'est la référence au paganisme et spécifiquement au chamanisme. Cette référence est indissociable d'une prise de conscience

---

300 Voir sur ce point Robert Goldwater, *Le Primitivisme dans l'art moderne*, trad. D. Paulme, Paris, PUF, 1988.

301 Mircea Eliade, *Mythes, rêves et mystères*, Paris, Gallimard, 1957, p. 81.

d'une limite des dogmes chrétiens qui innervent encore la pensée romantique allemande.

Pour Beuys, l'artiste, comme le chamane, est un thérapeute. Sa fonction, c'est de chercher les remèdes aux maladies de la civilisation actuelle. Brancusi avait déjà cette conception, de même qu'Artaud, une référence majeure pour les arts de la performance[302]. La maladie est la disparition du sens de la transcendance, plus généralement le sentiment mortifère d'un délitement du sens et de l'être. Le diagnostic est similaire à celui d'Artaud ; la vie est devenue prosaïque, sans valeur et sans substance à cause d'un matérialisme débilitant et d'un consumérisme superficiel. Les dogmes chrétiens n'ont plus de crédibilité. Le rationalisme est aussi à l'origine d'un désenchantement radical. Le pragmatisme et l'individualisme égoïste réduisent la vie à peu de choses. Sur ce point, Beuys croise aussi les critiques d'André Breton, même si ce dernier ne souscrirait pas au christianisme de Beuys.

La thérapie, pour Beuys, consiste pour l'essentiel à restituer le sens du sacré et ainsi à soigner les âmes. Restaurer le sens du sacré, cela signifie révéler la surabondance de la vie et de l'être, contre le nihilisme contemporain, avoué ou inavoué. La fonction principale du chamane est la guérison, et sa technique est l'extase. C'est elle qui offre la voie du salut des âmes. La thérapeutique de Beuys est spiritualiste et métaphysique, l'extase témoigne du surnaturel, laisse entrevoir un autre monde plus dense, plus grave, plus beau et merveilleux que le monde ordinaire. La référence au chamanisme chez Beuys est indissociable de la croyance exaltée à un monde sacré caché ; les actions chamaniques de Beuys veulent attester de l'inouï. Sur le plan artistique, il s'agit d'aller au-delà du formalisme, de l'art citationnel et autoréférentiel ou encore de l'art se faisant l'expression de la négativité historique, comme l'art défendu par Adorno.

---

[302] Voir sur ce point Antonin Artaud, *Le théâtre et son double*, Paris, Gallimard, 1964.

La conception du chamanisme de Beuys, dérivée de Eliade et faisant du chamane un mystique, est, semble-t-il, une représentation spécifique et discutable du chamanisme sibérien selon des spécialistes[303]. L'un des points de désaccord porte sur les moyens de la thérapie. Pour Eliade, c'est l'extase mystique qui est le moyen thérapeutique ; pour la plupart des spécialistes aujourd'hui, le chamane n'a pas besoin d'avoir recours à l'extase et il s'apparente plutôt à un guérisseur susceptible d'intervenir pour de nombreux maux physiques et spirituels de ses patients. Beuys n'est pas un guérisseur et ne se prétend pas tel ; sa référence au chamanisme inclut une mystique et une spiritualité, comme c'est le cas par exemple pour Newman et Mondrian qui sont aussi des mystiques ; la thérapeutique est spiritualiste et l'extase religieuse est un préalable. La surabondance d'être que révèle l'extase s'avère être l'énergie intarissable d'un « principe espérance » au fondement de toutes les actions de Beuys. Pour Eliade comme pour Beuys, il n'y a pas de solution de continuité entre l'extase chamanique et les extases de la mystique judéo-chrétienne par exemple. L'universalité de l'extase chamanique ou son exemplarité tient à cela. Si le chamanisme de Beuys se réduisait à l'art d'un guérisseur d'une société nomade mongole, il n'aurait pas d'exemplarité et serait condamné à une existence marginale en Europe. Cette dimension de son art serait plus ou moins anecdotique. Le chamanisme d'Eliade et de Beuys est en partie inventé mais ce qui nous importe ici est de comprendre que le chamanisme est une mystique dans l'art de Beuys. Si l'artiste, dans certaines de ses déclarations, n'est pas loin de croire au monde des esprits comme n'importe quel chamane, la fonction chamanique de ses performances ne consiste pas à communiquer avec les esprits pour guérir tous les maux de la terre, des plus bénins aux plus sérieux[304]. Cette fonction est de

---

[303] Voir Roberte N. Hamayon, *Chamanismes*, Paris, PUF, 2003.

[304] J. Beuys, dans ses entretiens, est parfois franchement irrationnel. Il accorde par exemple une conscience à la planète terre ou à l'oxygène ; il déclare : « L'oxygène aussi a une conscience [...], la conscience de la terre nous est peut-être cachée ; mais elle est certainement plus grande que celle des humains » (in *Bâtissons une cathédrale...*, *op. cit.*, p. 144-145. Il déclare aussi : « Dans mes actions, j'ai introduit beaucoup d'autres êtres, par exemple

restaurer le sens du sacré, c'est-à-dire la possibilité humaine d'un accès au divin et à sa plénitude inouïe. Beuys écrit : « J'utilise ce caractère chamanistique pour dire que nous n'avons pas une compréhension complète de la vie, de la culture et de l'anthropos [...], et cela implique également une conscience de toutes les énergies présentes et de toutes les dimensions spirituelles. Ce qui n'est pas le cas actuellement avec une vision restreinte de l'anthropologie et avec le matérialisme qui nous éloigne des pouvoirs spirituels[305]. » Beuys poursuit en déclarant : « Par la suite, j'ai pris cette attitude de chamane et enfin, j'ai fait des conférences scientifiques. Aussi parfois, d'un côté, j'étais une sorte d'analyste scientifique moderne, de l'autre, dans les actions, j'avais une existence synthétique de chamane. Cette stratégie visait à créer [...] une excitation pour susciter des questions plutôt que d'apporter une structure complète et parfaite, c'était une sorte de psychanalyse avec tous ses problèmes d'énergie et de culture[306]. »

3/ Le chamanisme et la nostalgie du paradis

Eliade écrit : « Vivre les mythes implique donc une expérience vraiment religieuse [...], on réactualise des événements fabuleux, exaltants, significatifs, on assiste de nouveau aux œuvres créatrices des êtres surnaturels[307]. » L'extase est, ici, liée à la contemplation de la création originelle du monde. Beuys, dans ses actions chamaniques, indique que le mythe mérite d'être revisité, comme le pensaient d'ailleurs Newman ou Rothko par exemple.

---

des animaux, des plantes, des minéraux et des réalités élémentaires qui ont également dans ce monde des dimensions spirituelles. Je pourrais aussi parler d'anges, de pouvoirs dans le monde invisible, je pourrais parler de la naissance et de la mort et de ce qu'il y a avant la naissance et après la mort » (entretien avec Lamarche-Vadel, in Lamarche-Vadel, *op. cit.*, p. 95.

305 J. Beuys, entretien avec Bernard Lamarche-Vadel, in Lamarche-Vadel, *ibid.*, p. 95.

306 *Ibid.*, p. 95.

307 Mircea Eliade, *Aspects du mythe* [1963], Paris, Gallimard, 2009, p. 33.

Dans les performances *Bâton eurasien* ou *Hauptstrom*, l'action de Beuys consiste en la réalisation d'un espace sacré ; il s'agit de se rendre « symboliquement contemporain de la Création du Monde » de se plonger « dans la plénitude primordiale » et se laisser « pénétrer par les forces gigantesques qui, *in illo tempore*, ont rendu possible la création[308] ». Les espaces symboliques créés durant ces actions de Beuys sont les hauts lieux possibles d'une manifestation du sacré. Beuys compte sur les survivances d'une mentalité "archaïque" pour l'attrait de ses actions qui sont pour lui des rituels.

Dans l'originaire que les mythes valorisent, il y a l'idée que le paradis est présent à l'origine. Le chamanisme en tant que mystique est aussi ce retour au paradis originaire. L'expérience mystique est liée à une joie indicible, rappelle Eliade. À l'origine, dit-il, le ciel est accessible, il y a une proximité du divin pour tous. À la béatitude originaire succède une chute. La condition humaine normale est considérée alors comme une déchéance. On retrouve la même thématique dans le christianisme et dans plusieurs religions. La violence des critiques de la société contemporaine par Beuys participe d'une croyance en ce paradis originaire dont la mémoire est occultée par un matérialisme aveugle. Le chamane, selon Eliade, a la faculté d'accéder au ciel. Il le fait pour les autres, dans l'espoir que l'accession devienne possible pour tous. L'objectif, à la fois déraisonnable et passionnant de Beuys, est celui de reconquérir l'Éden. Le chamanisme œuvre donc pour une restauration de l'état paradisiaque. L'idée d'une société idéale, chez Beuys, est en partie liée à ce mysticisme.

On ne doit pas prendre l'association de l'artiste et du chamane faite par Beuys en un sens littéral. C'est une analogie. Beuys prend des libertés évidentes par rapport aux rituels chamaniques, même si parfois il s'en inspire, comme dans *Le Chef* ou dans *Comment expliquer la peinture à un lièvre mort*. Un signe parmi d'autres que Beuys associe ses actions à des rituels chamaniques, c'est par exemple son imitation du langage

---

308 *Ibid.*, p. 40.

des animaux. Beuys l'imite dans l'action *Le Chef*. Il chamanise dans ce cas[309]. Dans l'action *Titus-Iphigénie*, il mime le vol chamanique[310]. L'artiste est un chamane en tant que mystique d'une religion païenne. Pour le reste, les performances de l'artiste ont des liens assez vagues avec les rituels chamaniques. L'intérêt de la référence de Beuys au chamanisme est aussi de remettre en cause et de provoquer l'ethnocentrisme du monde de l'art euro-américain et sa difficulté à s'ouvrir à d'autres cultures. Il s'agit aussi, en Allemagne au début des années 1960, de balayer l'idéologie nazie et son racisme. L'enjeu est de s'ouvrir à la nature et à sa sacralisation, comme c'est le cas dans tout paganisme. L'animalité étant un des impensés majeurs de la société contemporaine industrielle, le chamanisme, qui accorde une place centrale à l'animal, devient pour Beuys l'occasion d'une réflexion majeure sur les aveuglements contemporains.

Le mythe a une valeur religieuse et métaphysique pour l'artiste, il peut donner sens à l'existence et à la conduite humaine ; c'est cet aspect qui intéresse Beuys. Le mythe est le récit des commencements de la création du monde.

L'enjeu pour Beuys est, dans la référence au mythe, l'insistance sur la création originelle. Il s'agit pour lui de réactualiser cette surabondance d'être qui se manifeste à l'origine du monde ; l'objectif est de recréer une vie intense et de restaurer une plénitude perdue. L'irruption du sacré qui fonde le monde, c'est cela que narre le mythe. Beuys pense que la source du sacré n'est pas tarie, que le sacré comme absolu est encore disponible, malgré le chaos engendré par les deux guerres mondiales.

Après l'apocalypse historique, il s'agit pour Beuys de faire les gestes d'une refondation du monde, gestes qui laissent

---

[309] Voir M. Eliade, *Mythes, rêves et mystères*, *op. cit.*, p. 81.

[310] Sur les liens de cette action avec le chamanisme voir E. Valentin, « Beuys : mélancolie saturnienne et arc-en-ciel », *Artstudio, op. cit.* p. 32-47 et *Joseph Beuys, ich (ich selbst die Iphigénie)*, Shellmann Art München et Schirmer/Mosel, München, 2011.

penser que le sens n'est pas épuisé et que le désespoir n'aura pas le dernier mot. Bien sûr, l'après 1945 en Europe n'est pas la fin du monde qui exigerait la refondation du cosmos. La réponse de Beuys est irrationnelle, mais elle n'est ni incompréhensible ni absurde. Dans le champ de ruine de l'Europe, l'apocalypse semble actuelle, le « Chaos » paraît imminent et, comme dans le mythe, son dépassement possible dans la résurgence de la création originelle est envisageable. L'art de Beuys est métaphorique. Il se situe au niveau de l'imagination. Mais cette imagination n'est pas pure fabulation. Le chaos en Europe après 1945 est bien réel, même s'il n'est pas universel ou cosmique ; quant au dépassement de ce chaos, l'art de Beuys n'est qu'une réponse parmi d'autres, avec ses limites qu'il s'agit de discuter justement ; il ne s'agira pas évidemment d'une recréation du monde avec ses accents métaphysiques ou d'une régénération miraculeuse ou mythique. Mais l'idée que la mystique et ses promesses ne soient pas supprimées, du fait de la barbarie nazie ou soviétique, me paraît juste. Quoiqu'il arrive et malgré un désenchantement radical plus ou moins général, l'expérience mystique comme joie indicible ou révélation de valeurs vitales (vraies ou fausses) restera une possibilité de l'être humain. Beuys se fonde implicitement sur cette idée et sur cette expérience pour lutter contre le nihilisme contemporain.

4/ Le chamanisme de Beuys et l'occultation du passé nazi

Des experts de l'art contemporain ont eu l'intuition de certaines ambigüités de la référence au chamanisme dans l'art de Beuys, sans pouvoir le plus souvent les énoncer clairement. L'objection que nous pouvons faire, c'est de dire que Beuys refoule le passé historique allemand en se référant à un passé mythique et archaïque. Il y a un effet d'occultation dans cette référence au chamanisme. Cela pose problème quand on prétend répondre aux maladies historiques et sociales contemporaines. La méthode de l'artiste n'est pas rationnelle. Comment Beuys pourrait-il faire un diagnostic juste sur l'Allemagne, s'il occulte la pathologie manifeste que représente la période nazie ? Si Beuys est un artiste marquant, il n'est manifestement pas un penseur à même de répondre aux pathologies contemporaines. Dans le mythe, les événements ne sont pas irréversibles, dans l'histoire, ils le sont. Le nazisme et ses crimes ne s'effaceront jamais. L'irréversibilité des crimes commis par les nazis rappelle la fausseté de la réversibilité mythique.

L'expérience mystique est liée à une sortie du temps et de l'histoire. Elle comporte donc le danger d'une occultation de l'histoire. Ce point est capital, cela veut dire que dans les années 1960, la mémoire historique est quasiment absente dans l'art de Beuys lié au chamanisme, si l'on excepte quelques œuvres ou objets comme *Auschwitz* qui se réfère effectivement à l'histoire récente et ses traumatismes. Ce n'est pas l'histoire qui importe alors à Beuys, sinon de manière indirecte. Son art est alors plutôt lié à l'immémorial. C'est une autre mémoire qui est en jeu dans les actions de l'artiste, une mémoire du sacré qui est occultée par le matérialisme contemporain. Cette mémoire métaphysique a plus de rapport avec l'anamnèse platonicienne qu'avec la mémoire historique. En fuyant dans l'immémorial, Beuys occulte le passé nazi.

Tant que Beuys se situe dans le domaine de l'art, il n'y a pas de réel problème et on ne peut guère lui reprocher d'associer l'art et le mythe. L'artiste n'est pas tenu de témoigner de l'histoire de son temps. Mais dès que Beuys prétend à une exemplarité sur le plan de la vie, de l'éthique, de la politique et de la connaissance, les questions commencent à se poser. Ce qui importe en Allemagne, dans les années 1960, ce qui est aussi exemplaire dans le domaine de la culture, c'est d'affronter le passé nazi et non pas l'occulter par un retour à une origine mythique. C'est là que les objections à la pensée de Beuys seront légitimes.

On pourrait aussi dire : Beuys, avec sa référence au chamanisme, promet le paradis à ses contemporains. L'enfer n'est-il pas plus juste pour une partie de la génération de

Beuys ? En outre, la restauration du sens de la transcendance que propose l'artiste est une réponse trop abstraite pour être suffisante. Il n'est pas sûr non plus qu'elle soit nécessaire.

Il y a une autre ambigüité dans cette référence de Beuys au chamanisme, c'est celui du rapport aux morts. Le chamane doit être un médiateur entre les morts et les vivants, il intervient notamment pour que les morts ne hantent pas les vivants. Or, il est nécessaire que les morts hantent les vivants en Allemagne. Le monument de la Shoah à Berlin, réalisé par Peter Eisenman, hantera la mémoire allemande en occupant un endroit stratégique de la capitale allemande, et c'est un bien[311]. L'oubli chamanique des morts, nécessaire sans doute à la vie, ne doit pas devenir l'oubli des victimes de la barbarie. Il y a donc des impensés dans la référence au chamanisme de Beuys. L'artiste ne s'est pas assez expliqué sur ces références. Il a néanmoins su parfois lier son art au rappel de la barbarie nazie et à sa dénonciation, dans *Tram Stop* par exemple, comme on l'a vu. Par ailleurs, toute sa production artistique est conçue intentionnellement pour qu'Auschwitz ne se répète pas.

À ces objections, on peut bien entendu en ajouter d'autres, moins capitales. Le chamanisme est une thérapie dans des sociétés archaïques de chasseurs. Comment cette thérapeutique peut-elle être efficace ou utile dans les sociétés industrielles ? C'est évidemment impossible pour l'essentiel, sauf à le considérer comme nous le faisons, c'est-à-dire comme une mystique. Mais il est bien évident que bien des aspects de ce mysticisme ne nous sont pas familiers. La référence au chamanisme est une réponse réduite à la barbarie contemporaine. Il s'agit aussi, on l'a vu, de rappeler l'importance de la nature et la nécessité de sa préservation par le biais de cette référence au chamanisme. Certes, ce point a sa valeur et une évidente actualité écologique. De même, la référence au chamanisme favorisera la réflexion sur des

[311] Voir sur le monument de Eisenman : Irène Kruse « le mémorial de l'holocauste de Berlin » in *La Dénazification*, sous la direction de Marie Bénédicte Vincent, Paris, Perrin, Presses de la fondation nationale des sciences politiques, 2008, p. 259-290.

impensés, comme par exemple le statut que nous réservons à l'animal aujourd'hui et auquel nous n'accordons aucune valeur. Mais il ne s'agit pas de la réponse essentielle à laquelle pensait Beuys.

En outre, le chamanisme est lié à un type de sacralité, à des croyances spécifiques, à un panthéisme, à une immanence du sacré ; c'est une forme de croyance que l'on peut ne pas partager et qui n'a pas d'universalité.

Il y a aussi des limites flagrantes dans cette mystique sacrificielle qui laisse trop de place à l'immolation réelle ou symbolique. La barbarie de l'initiation chamanique dans la phase dite du morcellement du corps, même si elle est seulement imaginée, est aussi une objection contre ce type de religiosité. La torture initiatique n'est pas dépassée dans le spiritualisme de Beuys. L'ambiguïté du sacré révélée par Otto demeure. Beuys n'a pas réussi à faire l'économie de l'horrible dans sa conception du sacré. On pourrait d'ailleurs faire des remarques critiques similaires par rapport à Eliade qui reste trop complaisant par rapport à cette dimension sacrificielle du paganisme et par rapport à la violence de l'initiation chamanique.

V/ Beuys et le mysticisme

Pour bien des experts de l'art contemporain, le mysticisme de Beuys invalide sa pensée et son art. Le mysticisme, dans ce cas, équivaut à la folie. Les troubles psychiques de Beuys dans les années 1950 jetteraient une ombre sur l'authenticité de son mysticisme. L'association de la folie et de la mystique n'est pas nouvelle. Pierre Janet est la référence majeure pour fonder cette association dans sa célèbre étude sur le cas de Madeleine, l'une de ses patientes. Janet, dans *De l'angoisse à l'extase*, réduit la mystique à la folie. Son étude porte notamment sur un cas, celui d'une dénommée Madeleine connaissant des extases mystiques, mais subissant aussi une désadaptation sociale très importante.

Pour son médecin, l'inadaptation sociale invalide les prétentions mystiques de Madeleine. Pour Janet, on ne peut être une névrosée et en même temps, une mystique authentique. Cependant, il finit par dire : « Madeleine ne sera qu'une pseudo-extatique parce qu'il lui manquera toujours une certaine estampille officielle [312]. » Cela laisse penser que Madeleine était peut-être une authentique mystique, tout en étant malade psychiquement. Il n'est pas rare que les biographies de mystiques laissent transparaître des troubles névrotiques. C'est le cas de Sainte Catherine de Gênes et par exemple d'Henri Suso dont l'originalité et l'exemplarité des textes mystiques sont évidentes. Hilda Graef écrit à son propos : « L'autobiographie de Suso rapporte les plus effrayantes pénitences, dont le caractère pathologique ne peut manquer de frapper un lecteur moderne[313] . »

L'accusation de mysticisme contre Beuys signifie une réduction brutale du mysticisme à la folie. L'art de Beuys serait un art dégénéré, la production sans exemplarité d'un fou. Ses œuvres n'auraient aucun sens. Ce n'est pas le cas. On peut ne pas partager l'intérêt de Beuys pour le chamanisme sibérien, on ne peut pas le priver de toute signification, comme le fait parfois l'ethnopsychiatrie[314]. De tels points de vue réducteurs sur le chamanisme sont devenus anachroniques[315].

Michel Hulin a certainement raison, il n'y a pas de différence fondamentale entre la mystique sauvage et les

[312] Pierre Janet cité par M. Hulin, *La Mystique sauvage. Aux antipodes de l'esprit*, Paris, PUF, 1993.

[313] Hilda Graef, *Histoire de la mystique*, trad. G. Maximilien et E. Marguerite, Paris, Seuil, 1972, p. 195.

[314] Voir par exemple l'invalidation du chamanisme par l'ethnopsychiatre Georges Devereux, *Essais d'ethnopsychiatrie générale*, Paris, Gallimard, 1970.

[315] Voir sur ce point, Philippe Mitrani, « Aperçu critique des approches psychiatriques du chamanisme », *Chamanismes. Revue Diogène*, *op. cit.*, p. 183-207 qui réfute toute généralisation comme celle de Devereux qui considèrent tous les chamans comme des déséquilibrés. Hamayon considère que cette question de la folie du chamane est dépassée et qu'elle date du colonialisme et de ses préjugés culturels, voir « Introduction à chamanismes … » in *Chamanismes…*, *op. cit.*, p. 30.

grandes mystiques. La mystique sauvage sera incapable de porter à l'expression son expérience ou bien, elle ne s'exprimera pas dans le cadre d'une religion déterminée ou dans celui des dogmes religieux ; de ce point de vue, la mystique sauvage risque d'être marginalisée. Sans doute, l'art au XXe siècle est une instance privilégiée pour exprimer cette mystique sauvage dont parle Hulin qui, par bien des aspects, ressemble à ce que décrivent à certains moments les mystiques consacrés[316].

Eliade écrit : « La littérature ethnographique moderne a tendance à traiter le chamanisme comme un phénomène plutôt aberrant[317]. » Il note qu'en effet, on assiste à une dégradation du phénomène du chamanisme. Cette dégradation tiendrait notamment au fait que l'extase n'est plus le moyen de la thérapie et qu'elle est le plus souvent simulée lors de rituels thérapeutiques. En fait, je crois que les récurrents avis négatifs sur le chamanisme tiennent pour une part aux préjugés ethnocentriques d'une partie des ethnologues dans la première moitié du XXe siècle et à la répression, par exemple par l'Union soviétique, des cultures chamaniques sibériennes et d'Asie centrale. Il est probable aussi qu'Eliade ait fait erreur en réduisant l'authenticité du chamanisme à la mystique, déplorant ainsi l'absence d'extase lors des rituels thérapeutiques chamaniques.

Eliade a lui-même conforté cette association de la folie et du chamanisme en écrivant que la folie peut être une voie de l'élection chamanique, à la condition qu'elle soit finalement maîtrisée. Il écrit : « Le chaos psychique et le chaos cosmique ont une analogie pour la spiritualité primitive[318]. » Il ajoute : « Le retour symbolique au chaos est indispensable à toute nouvelle création[319] », des états psychiques anormaux peuvent être le passage obligé d'une maîtrise psychologique. De telles analogies font sans doute partie des croyances de Beuys. En

---

316 Michel Hulin, *op. cit.*

317 M. Eliade, *Le Chamanisme et les techniques archaïques de l'extase* [1951], Paris, Payot, 1983, p. 297.

318 M. Eliade, *Mythes, rêves et mystères*, *op. cit.*, p. 104.

319 *Ibid.*

fait, il ne semble pas, selon la plupart des spécialistes actuels du chamanisme, que la folie soit une voie élective pour devenir un chamane.

Si l'on tient à associer mystique et pathologie mentale, cela n'enlève toutefois rien au bonheur ineffable de l'expérience mystique. Dans *L'Idiot*, Fiodor Dostoïevski fait dire au prince Mychkine qu'il est indifférent que ces états mystiques soient morbides, puisqu'ils sont si grandioses.

L'un des effets possibles de cette expérience sera de discréditer la banalité de la réalité quotidienne, de refuser une vie mutilée, limitée et réifiée ; il y a un ferment révolutionnaire dans le mysticisme, comme il y a aussi le risque d'un aveuglement complet. À propos d'états qui s'apparentent à la mystique, Michaux écrit qu'en eux « l'incommensurable est naturel. Il est seul naturel[320] ». L'infini dans l'expérience mystique devient notre demeure. Ce qui apparaît comme un pur délire, l'accès soudain à l'infini, semble être naturel et nécessaire. L'impensable, c'est alors la vie dans la finitude et l'insignifiance. L'extase est d'emblée critique par rapport au réel car elle fait l'expérience d'une surréalité qui disqualifie complètement « le peu de réalité du réel », pour parler comme Breton.

Sigmund Freud écrivait à propos du sentiment océanique ressenti par Romain Rolland dans des expériences mystiques : « Combien me sont étrangers les mondes dans lesquels vous évoluez, la mystique m'est aussi fermée que la musique[321]. » Ce sentiment océanique dont parle Rolland et auxquels font allusion de nombreux mystiques fait partie de l'histoire de la sensibilité humaine et de ses expériences possibles ; réduire au pathologique la mystique est une simplification outrancière. Freud lui-même, aussi fermé était-il à la mystique, finit par la définir ainsi : « Le mysticisme, l'obscure auto-perception, au-delà du moi, du règne du ça[322]. » La formule a ceci d'intéressant

[320] Henri Michaux, cité par M. Hulin, *op. cit.*, p.143.
[321] S. Freud, cité par M. Hulin, *op. cit.*, p. 40.
[322] *Ibid.*, p. 82.

qu'elle indique que la mystique puise son expérience dans le psychisme de tout individu et non uniquement dans la psyché d'une folie individuelle, mais aussi, que ce qui est découvert n'a rien d'objectif. La mystique, de ce point de vue, n'est pas une connaissance du monde, du cosmos ou d'une objectivité divine mais une auto-perception du divin exclusivement en nous. Ce divin existe d'une certaine manière puisqu'il est en nous comme une possibilité de l'imagination humaine. Beuys se fonde là-dessus et je crois qu'il a raison.

La proximité, parfois, de l'expérience mystique et de la maladie mentale apparaît dans les expériences de Dostoïevski. L'écrivain a décrit l'aura qui prélude parfois à la crise d'épilepsie. Lisons le : « En pleine crise d'angoisse, d'hébétement, d'oppression, il lui semblait soudain que son cerveau s'embrasait et que ses forces vitales reprenaient un prodigieux élan. Dans ces instants rapides comme l'éclair, le sentiment de la vie et la conscience se décuplaient pour ainsi dire en lui. Son esprit et son cœur s'illuminaient d'une clarté intense […], tous ses doutes, toutes ses inquiétudes se calmaient à la fois pour se convertir en une souveraine sérénité, faite de joie lumineuse, d'harmonie et d'espérance à la faveur de laquelle sa raison se haussait jusqu'à la compréhension des causes finales[323]. » On pourrait invalider la mysticité de l'expérience en prétextant l'épilepsie. Mais ce que relate l'écrivain russe est si proche de certains récits mystiques que l'argument de la maladie mentale ne suffit pas pour invalider son expérience. Après tout, le prophète Mahomet était aussi un célèbre épileptique, cela ne l'a pas empêché d'apparaître comme l'un des grands mystiques du monothéisme. L'expérience mystique est, quoi qu'il en soit, une anomalie du fonctionnement psychique ; qu'elle se manifeste parfois à l'occasion d'une pathologie mentale n'est pas si étonnant. En supprimer toute importance en la réduisant à du pathologique, c'est à la fois se faire une représentation faussée et simpliste du pathologique, comme si ce dernier était intégralement stérile, et c'est ne rien comprendre à la richesse des spiritualités

[323] F. Dostoïevski cité par M. Hulin, *op. cit.*, p. 174.

religieuses qui se fondent en partie sur le mysticisme. C'est finalement restreindre gravement l'imaginaire, l'affectivité et la sensibilité humaine que de ne rien concéder au mysticisme. Comme Robert Musil, on doit regretter que les savants n'aient pas de visions. Ils appliqueraient leur rigueur scientifique à leur examen.

Selon Hulin, notre compréhension du phénomène mystique n'a pas vraiment progressé depuis l'étude de William James sur le mysticisme[324]. Le rejet obscurantiste du mysticisme ne vaut guère mieux que la superstition religieuse à son propos. Ce qu'il faudrait, c'est une connaissance rationnelle de « l'autre état » comme se le proposait Ulrich, le héros de Musil *dans L'Homme sans qualité*[325]. L'expérience mystique n'aurait, selon Hulin, aucun pouvoir de dévoilement. En un certain sens, c'est probable en effet qu'elle ne révèle aucune vérité objective. Mais l'essentiel n'est pas là. L'expérience existe, l'attestent des grands mystiques dans différentes traditions religieuses. On devrait sans doute parler des expériences mystiques et non d'une seule, comme le fait remarquer James et semble le confirmer la grande diversité des récits de mystiques[326]. Ces expériences vécues révèlent des imaginaires spécifiques liés à

[324] Voir William James, *Les Formes multiples de l'expérience religieuse, op. cit.*

[325] Voir Robert Musil, *L'Homme sans qualité*, trad. P. Jaccottet, vol. 2, Paris, Seuil, 1981.

[326] W. James écrit : « Autant d'individus, autant de mysticismes. » (*Les Formes multiples de l'expérience religieuse, op. cit.*, p. 384) ; il ajoute : « Le sentiment mystique d'expansion et de libre épanouissement n'a pas de contenu intellectuel qui lui soit propre : il s'allie à toutes les philosophies ou théologies dans le cadre desquelles il peut s'insérer. Nous n'avons donc pas le droit de l'invoquer comme preuve rigoureuse d'aucune croyance déterminée telle que l'idéalisme absolu, ou bien la croyance à l'unité du monde, ou à sa bonté. » (*Les Formes multiples de l'expérience religieuse, op. cit.*, p. 397). James ici reconnaît la multiplicité des doctrines ou des idées mystiques, mais semble néanmoins réduire l'expérience à une seule forme, ce qui semble inexact. Il suffit de penser à la célèbre opposition entre les mystiques chrétiennes fusionnelles liées à l'amour et aux sens et les mystiques associées exclusivement à l'intuition intellectuelle. La teneur de ces expériences n'est pas équivalente. Ce ne sont pas seulement les récits d'expérience qui sont multiples, mais aussi les expériences elles-mêmes.

des béatitudes exceptionnelles. De ce point de vue, de telles expériences méritent mieux que le mépris. Feuerbach et Bloch ont raison de leur prêter une attention soutenue.

Il convient de signaler les caractéristiques de la mystique de Beuys, liée au chamanisme. C'est une expérience sensorielle, comme si le corps, et pas uniquement l'âme et l'esprit, était de la partie ; cela correspond à la mystique chamanique selon Eliade dans laquelle on accède au ciel avec le corps et pas uniquement en esprit. Dans l'expérience mystique, un nouveau sensorium apparaît, au-delà de la sensibilité profane. Beuys fait parfois allusion dans ses propos à des sens nouveaux ou inexploités. On retrouve l'idée de s'éveiller soudain à une réalité plus dense, plus crédible que la réalité ordinaire. L'extase, c'est aussi « vivre par anticipation quelque chose comme un salut[327] ». L'expérience mystique peut se donner comme une guérison. Guérir, c'est accéder au miraculeux, à l'absolu et à la vraie vie[328]. La vie ordinaire apparaît alors comme une maladie sans fin. Des artistes du XXe siècle ont recherché cette autre vie, comme Marc, Artaud, les surréalistes ou certains peintres abstraits comme Malevitch, Vassily Kandinsky, Piet Mondrian, Ad Reinhardt, Newman, Mark Rothko, Clyfford Still. Guérir, c'est obtenir le salut entrevu lors de l'extase. D'où l'insistance de Beuys sur les liens de l'art et de la thérapie. Mais le mysticisme de Beuys, c'est aussi la croyance exaltée en « l'unité originaire en deçà des couples d'opposés[329] », le sentiment que toutes les oppositions et tous les conflits, doivent pouvoir se résoudre[330]. Il y a l'illusion chez Beuys d'une suppression définitive des conflits et certainement, à partir de son adhésion à l'anthroposophie de Steiner, l'illusion

---

[327] Michel Hulin, *op. cit.*, p. 23.

[328] Cette association entre extase et salut est au cœur de grandes pensées mystiques comme celle d'Eckhart et de Çankara, voir R. Otto, *Mystique d'Orient et mystique d'Occident. Distinction et unité* [1951], trad. J. Gouillard, Paris, Payot & Rivages, p. 28 *sqq*.

[329] Michel Hulin, *op. cit.*, p. 54.

[330] Sur cette résorption des contradictions dans une unité originaire voir M. Eliade, *Méphistophélès et l'androgyne*, Paris, Gallimard, 1995 et R. Otto, *Mystique d'Orient et mystique d'Occident*, *op. cit.*

d'un savoir absolu. L'idée que toutes les énigmes sont solubles, croyance anthroposophique, vient du mysticisme de Beuys, qui est l'expérience d'un dévoilement fondamental de l'être des choses. Mais l'expérience n'est pas d'abord d'ordre intellectuel pour Beuys ; il y a trop de prévention dans ses discours à l'égard du rationalisme et de l'esprit d'analyse pour que ce soit le cas. Le sacré pour Beuys est de l'énergie, quelque chose qui s'apparente au mana des religions archaïques.

Le sacré est, ici, une force, une puissance. L'énergie, souvent l'électricité, à laquelle se réfère constamment Beuys dans ses installations ou durant ses performances, c'est pour lui la manifestation élective du sacré. On a pensé que l'origine de la religion résidait dans la croyance au mana, un mot mélanésien. Le mana est une force impersonnelle. L'énergie de Beuys s'apparente à cela. Le mana serait le contenu de l'expérience religieuse archaïque. Le mana est présent dans toute espèce de force. Il se manifeste lors de la création de l'univers. Il s'agit d'une force grandiose ; il correspond au déploiement d'une force infinie. Le sacré pour Beuys est très proche de cela. Le mana serait présent dans la phase pré-animiste de la religion.

En fait, d'après les spécialistes des religions, le mana n'est pas détachable des objets dans lesquels il est présent ; il n'existe pas à l'état séparé. Du coup, le mana n'est pas une pure force faisant l'objet de la première expérience religieuse. Le mana comme force impersonnelle n'existe pas car dans les sociétés archaïques, les notions d'impersonnel et de personnel n'ont pas de sens. L'énergie de Beuys n'est donc pas, de ce point de vue, le vrai mana. Par ailleurs, le mana n'est pas universel. On dira donc que les œuvres de Beuys sont liées à une épiphanie de la force vitale et que son association de l'énergie et du sacré lui a été sans doute dictée par les philosophies romantiques de la nature, découvertes en partie par l'intermédiaire de sa lecture de Rudolf Steiner. Georges Gusdorf écrit : « L'herméneutique romantique découvrira le pouvoir magique d'éveiller les significations endormies sous les apparences de la matérialité. L'immobilité des choses recouvre des significations " pétrifiées par enchantement ". La même force vitale, partout en attente, s'adresse au regard de qui sait découvrir sa latence. La sagesse romantique, savoir et science, est la résurrection de la vie universelle[331]. » Cette idée que la nature est animée par des forces et qu'elle est un organisme en mouvement a son origine dans la pensée d'Herder qui inspira la Naturphilosophie allemande (la science romantique) dont Ritter, par exemple, est l'un des éminents représentants.

On trouve d'autres indices du mysticisme de Beuys, par exemple dans son insistance sur la chaleur quand il évoque le feutre ou la graisse. Eliade écrit : « La chaleur et le feu indiquent, sur le plan de la physiologie mystique, le réveil d'une puissance magico-religieuse[332]. » La chaleur, dans l'art de Beuys, a des connotations magiques. Elle n'est pas uniquement physiologique ou conviviale, elle est chamanique dans son esprit. Hulin écrit que le moi du mysticisme est « un moi soudain pourvu d'une extraordinaire gravité ou densité[333] ». Il y a des reliquats de cette gravité mystique dans les actions et les gestes hiératiques de Beuys, notamment dans les années 1960. « L'intensité du sentiment d'être présent ici et maintenant[334] », propre à des expériences mystiques décrites par Hulin, semble accompagner l'artiste allemand durant ses actions chamaniques ou chrétiennes.

Beuys ne valide pas particulièrement la connaissance avec le chamanisme. L'expérience mystique est ici plutôt ontologique ; c'est l'expérience d'une densité ontologique inouïe, d'une surabondance d'être. La dilatation du temps importe aussi dans l'art de Beuys qui semble s'ouvrir à la préhistoire, aux mystères de l'origine et de l'immémorial. Le merveilleux est dans le passé. L'expérience mystique est fondamentalement une anamnèse. La mémoire est le moyen de la révélation. Le bonheur dépend de la mémoire, une mémoire involontaire

---

331 Georges Gusdorf, *Les Sciences humaines et la pensée occidentale XII. Le savoir romantique de la nature*, Paris, Payot, 1985, p. 197.
332 Mircea Eliade, *Mythes, rêves et mystères*, *op. cit.*, p. 181.
333 M. Hulin, *op. cit.*, p. 94.
334 *Ibid.*, p. 67.

similaire à celle de Proust. L'illusion de déjà vu appartient aussi à l'expérience. On retrouve alors le vrai monde, le monde natal oublié. Le souvenir est salvateur.

On peut dire bien sûr que dans la mystique, la condition humaine n'est dépassée qu'en imagination. Mais cela n'est déjà pas si mal de la dépasser en imagination. Rien n'interdit ensuite de chercher à dépasser la condition humaine donnée et imposée, bien trop limitée et certainement perfectible.

Dans l'expérience mystique, domine le sentiment que les valeurs les plus hautes sont comprises ou intériorisées. Les vraies valeurs universelles semblent être découvertes ; ce n'est pas la vérité uniquement qui est dévoilée mais plus fondamentalement, ce sont les valeurs les plus vitales. Le risque d'égarement et de dogmatisme est une conséquence possible de ces révélations enflammées. Dans *La lettre de Lord Chandos* d'Hugo von Hofmannsthal, des objets insignifiants acquièrent une aura[335]. Même des objets dégoûtants peuvent être soudainement investis par le sacré ; chez Beuys aussi, des objets ordinaires acquièrent une dimension mythique, comme *Jason* (1961) par exemple qui est un objet prosaïque. L'arbitraire de cette sacralisation et l'aberration de cette sanctification de littéralement n'importe quoi, dans le texte du poète autrichien ou dans l'art de Beuys, trahissent un égarement inquiétant. Le sens du sacré est intact mais il est projeté sur l'insignifiant ou l'immonde. Le mysticisme peut égarer. Celui de Beuys affaiblit parfois son art, en conférant faussement une aura à des rébus indéchiffrables ou même à des rebuts.

[335] *Ibid.*, p. 105.

VI/ Une affinité fondamentale : le paganisme mystique d'Antonin Artaud

S'il y a des différences notables entre Beuys et Artaud, des similitudes profondes les rapprochent néanmoins ; la comparaison devrait pouvoir encore éclairer l'art de Beuys. Voyons d'abord ce qui les éloigne. Le public, lors de la plupart des performances de Beuys des années 1960, est tenu à l'écart comme pour *Der Chef* ou *Bâton Eurasien.* Dans l'art de Beuys, une « distanciation » est associée à l'idée de performance. La réflexion est requise pour le public, tenu à distance. Pour Artaud en revanche, le nouveau théâtre qu'il instaure doit avoir un maximum d'effets sur le public. Le théâtre d'Artaud entend bouleverser, déstabiliser, violenter le public et avoir ainsi le maximum d'effets en terme de sensations et d'émotions. Une action comme *Der Chef* de Beuys est au contraire particulièrement sobre, minimaliste et stylisée. Cette action appelle le recueillement, la méditation, elle s'adresse à nos facultés oniriques et à notre pouvoir de contemplation. Au contraire, Artaud cherche à susciter une exaltation continue et à intensifier l'excitation de nos sens. Il choisit la surabondance en s'intéressant aux voix, aux gestes, aux lumières, aux corps des acteurs et aux objets. L'action *Bâton Eurasien* manifeste, à l'opposé, une économie de gestes de la part de l'artiste allemand, qui est rarement secondé par des acteurs autres que lui-même. Par son théâtre, Artaud a le désir d'envoûter et de terroriser. La guerre, le crime, la transgression de tous les interdits, sont des thèmes possibles de son art. Ce n'est pas le cas pour Beuys qui bannit toute forme de violence et essaie de ne rien concéder à la dimension horrible et terrible du sacré qui fascine Artaud. Le théâtre singulier de Beuys n'est pas un théâtre de la cruauté qui fait la part de l'atroce et du sanguinaire ; Artaud écrit que l'idée de théâtre « ne vaut que par une liaison magique, atroce avec la réalité et avec le danger[336] ». Pour Artaud, il faut violenter les sens pour que le public se réveille. On retrouve cette stratégie dans les

[336] Antonin Artaud, « Le Théâtre et son double » [1935], in *Artaud, Œuvres*, Paris, Gallimard, 2004, p. 558.

performances de Vostell, qui mettent en scène la violence historique et sociale. Une esthétique du choc mais dissociée du mythe, à la différence d'Artaud, est au service de l'éveil de la conscience dans l'art de Vostell. Beuys refuse la dimension barbare du sacré et ne croit pas aux vertus de la violence. Sur ce point, il s'oppose à Artaud qui cherche à réintroduire dans le théâtre de la cruauté « cette grande peur métaphysique qui est à la base de tout le théâtre ancien[337] ».

Un autre point d'opposition entre les deux artistes : le statut qu'ils confèrent à l'animal ; Artaud n'a que du mépris pour ce qu'il appelle le « ouistitisme » dans le paganisme, c'est-à-dire la sacralisation de l'animal[338]. Artaud disqualifie la matière, la chair et l'animalité, au profit de l'énergie et de l'esprit. Beuys au contraire confère à la matière et à l'animal une place essentielle dans son art. Enfin, Artaud refuse un théâtre engagé socialement, alors que Beuys défend l'idée d'une sculpture sociale.

De telles différences importantes expliquent que les rapports entre Artaud et Beuys n'aient pas été explicités. Cependant, les similitudes l'emportent quand on considère tous les objectifs et les principes des deux artistes. Le texte dans le théâtre d'Artaud ou les actions de Beuys n'a plus d'importance. Dans les deux cas, il s'agit d'un théâtre gestuel et plastique, et la musique a une place privilégiée. Artaud écrit : « Il importe avant tout de rompre l'assujettissement du théâtre au texte et de retrouver la notion d'une sorte de langage unique à mi-chemin entre le geste et la pensée[339]. » La dimension psychologique du théâtre traditionnel est disqualifiée par les deux artistes. On peut reconnaître dans ce parti pris une même défiance à l'égard de la raison. Artaud associe la raison et la mort. En 1965, dans son action avec le lièvre[340], Beuys disqualifie aussi la raison, incapable d'accéder à l'être des choses et du vivant qui

337 *Ibid.*, p. 529.
338 Voir A. Artaud, « Histoire vécue d'Artaud-Mômo », in *Œuvres complètes, XXVI*, Paris, Gallimard, 1994, p. 17.
339 A. Artaud, « Le théâtre et son double », in *op. cit.*, p. 558.
340 Titre de l'action : *Comment expliquer la peinture à un lièvre mort.*

s'éprouve comme une force irréductible à tout concept. Pour les deux artistes, « ce qui importe, c'est que, par des moyens sûrs, la sensibilité soit mise en état de perception plus approfondie et plus fine, et c'est là l'objet de la magie et des rites, dont le théâtre n'est qu'un reflet[341] ». Les objets ordinaires et le corps humain seront « élevés à la dignité de signes » et, dit Artaud, « on peut s'inspirer des caractères hiéroglyphiques [...] pour composer sur la scène des symboles précis et lisibles directement[342] ». Les actions chamaniques de Beuys sont symboliques comme le théâtre d'Artaud et s'offrent ainsi à l'interprétation et à la réflexion. Il ne s'agit pas de performances purement idiosyncrasiques et intraduisibles, fondées exclusivement sur des sensations dans lesquelles Beuys, obnubilé par des souvenirs d'enfance, ne serait pas capable d'aller au-delà de l'expression d'une singularité, au bout du compte peu exemplaire[343]. Il s'agit encore moins d'expérimenter sur le plan formel un nouveau théâtre, en rupture avec le théâtre traditionnel. Beuys, à propos de son action chamanique *Der Chef*, déclarait qu'il s'agissait d'une « expression imaginative d'une théorie, car je n'ai jamais été enclin à réduire mon œuvre à une théorie politique plate et desséchée. Je cherchais à élever mon art vers une résonnance plus efficace, vers une discussion sociale avec les spectateurs[344] ». On peut donc interpréter les actions de Beuys puisqu'elles sont liées, comme le dit l'artiste, à une théorie, sans néanmoins s'y réduire. L'enjeu de l'art de Beuys est vital comme celui d'Artaud. « Le spectacle sera chiffré d'un bout à l'autre comme un langage[345] », tout peut faire sens, de même pour Beuys. L'artiste allemand aurait pu dire, comme Artaud,

[341] *Ibid.*, p. 559.
[342] A. Artaud, *Le Théâtre et son double,* Paris, Gallimard, 1964, p. 145.
[343] Cela semble en fin de compte la lecture proposée par Jean-Philippe Antoine dans son livre sur Beuys qui exclut toute référence au chamanisme et à son symbolisme dans l'art de Beuys. L'omission de cette dimension pourtant omniprésente dans les créations de Beuys permet de faire l'économie d'une réflexion sur les ambiguïtés idéologiques et politiques de la référence au paganisme dans l'art de Beuys.
[344] J. Beuys, entretien avec Lamarche-Vadel, in *op. cit.*, p. 90.
[345] A. Artaud, « Le théâtre et son double », in *op. cit.*, p. 564.

« dans l'état de dégénérescence où nous sommes, c'est par la peau qu'on fera rentrer la métaphysique dans les esprits[346] ».

Les deux artistes associent l'art et la vie, et conçoivent la création artistique comme une thérapeutique. Il s'agit de guérir une société dominée par le matérialisme et le rationalisme, submergée par le prosaïsme et exposée à un suicide définitif après les deux guerres mondiales. La parenté la plus importante entre Artaud et Beuys, c'est leur intérêt commun pour le paganisme, le mythe et le sacré. Le théâtre de la cruauté aura pour premier spectacle *La Conquête du Mexique* dit Artaud. Il fera « justice des fausses conceptions que l'Occident a pu avoir du paganisme et de certaines religions naturelles » et elle soulignera « d'une manière pathétique, brûlante, la splendeur et la poésie toujours actuelle du vieux fond métaphysique sur lequel ces religions sont bâties[347] ». « Le vieux totémisme des bêtes, des pierres, des objets chargés de foudre [...], tout ce qui sert en un mot à capter, à diriger, et à dériver des forces[348] », dont parle Artaud et dont il a la nostalgie, est présent dans des actions de Beuys, dans son action avec le coyote par exemple ou encore dans une action comme *7000 chênes*. L'art mexicain captant des forces cosmiques devient un modèle pour Artaud. Au-delà des formes, ce sont les forces qui importent dans les œuvres. De même, Beuys associe son art à la capture de forces dans ses célèbres Fonds ou dans des dessins qui sont des diagrammes de forces. Extraire les forces qui couvent dans les vieux mythes est l'un des objectifs du théâtre d'Artaud mais aussi des actions de Beuys. L'action dans le nouveau théâtre des deux artistes est liée au rite, à sa solennité et à sa gravité. Le hiératisme de l'action théâtrale fait de l'acteur, un maître de cérémonie sacré. Artaud écrit : « La longue habitude des spectacles de distraction nous a fait oublié l'idée d'un théâtre grave qui, bousculant toutes nos représentations, nous insuffle le magnétisme ardent des images et agit finalement sur nous à l'instar d'une thérapeutique de l'âme dont le passage ne se

[346] *Ibid.*, p. 565.
[347] *Ibid.*, p. 583.
[348] *Ibid.*, p. 507.

laissera plus oublier[349]. » Artaud invente l'idée d'un théâtre alchimique. Beuys introduit lui aussi l'alchimie et ses transmutations matérielles dans ses actions. L'art et la métaphysique sont à nouveau liés, les œuvres affrontant les questions essentielles : la mort, le divin, la vie. Il s'agit pour Artaud et Beuys de créer des tentations autour des idées métaphysiques, de raviver l'ancien désir de transcendance et de mystère. La dimension religieuse et mystique de l'art est restaurée. La croyance en une réalité fabuleuse et obscure est rejouée par Artaud et Beuys. Pour Artaud, l'allégorie ou le symbole auront plus de sens que des propos clairs ; ils représentent le langage des mythes. L'art symbolique est alors suggestif pour l'intellect et intraduisible dans de simples et univoques messages. Le symbole se révèle plus chargé de sens que le simple énoncé des idées. L'enjeu de l'art, dit Artaud, est « la représentation hiéroglyphique d'une énergie unique, qui à travers la croix de l'espace, c'est-à-dire en passant par les quatre points cardinaux, va de l'homme à l'animal et aux plantes[350] ». L'action *Bâton eurasien* de Beuys a été réalisée dans cet esprit. Une intellectualité nouvelle est associée à ce théâtre énigmatique de gestes capables d'exprimer l'indicible. Les thèmes majeurs du théâtre d'Artaud sont la Création, le Devenir, le Chaos. On verra que *Plight* de Beuys est la scène de ces thèmes qui sont sous-jacents dans plusieurs performances des années 1960.

Dans les années 1970, Beuys, tout en maintenant son intérêt pour le paganisme et le mythe, se tourne plus résolument vers l'action sociale et politique, voie dans laquelle Artaud ne l'aurait pas suivi. En effet, l'inventeur du théâtre de la cruauté refuse toute subordination de son théâtre métaphysique à la politique et à la société. Les revendications des marxistes sont, pour lui, trop prosaïques ; elles restent purement matérielles. Le théâtre et l'art ont d'autres ambitions, ils sont au service de « l'Homme tel un univers en réduction, au point de convergence

[349] *Ibid.*, p. 555.

[350] Antonin Artaud, « Messages révolutionnaires » [1936], in *Artaud, Œuvres,* Quarto Gallimard, 2004, p. 720.

de toutes les forces cosmiques[351] ». Cette étrange et emphatique assertion d'Artaud signifie que l'art a une vocation mystique, ce que Beuys pensait lui aussi. Finalement l'artiste allemand, à partir des années 1970 cherche à rationaliser sa pratique artistique dans ses discours, en faisant trop de concessions à l'économie politique et à une notion de créativité qui n'a plus rien de spécifiquement artistique et s'apparente à l'inventivité ou l'ingéniosité qui peut être présente dans n'importe quelle activité, même la plus prosaïque. Les théories sociales de Beuys s'éloignent du cœur vibrant de ses créations les plus puissantes et en voilent la signification fondamentale.

---

351 *Ibid.*, p. 727.

C/ *Plight* : l'entrelacs de la mort et de la naissance

Pour mieux spécifier les rapports de l'art de Beuys avec le chamanisme, l'étude de l'une de ses œuvres majeures s'impose. Il s'agit de l'installation intitulée *Plight.* L'analyse de cette œuvre permettra de préciser la teneur de l'art et de la pensée de Beuys, en les confrontant à la production de deux artistes exemplaires du 20e siècle : Duchamp et Cage. Les rapports de Beuys avec Fluxus, et notamment avec les idées de George Maciunas, seront aussi spécifiés.

I/ Analyse de l'installation

Plight, est de l'art à propos de l'art, une œuvre testamentaire au croisement des arts de l'environnement, de l'installation, du concept, de l'objet et de la performance ; toutes ces nouvelles pratiques artistiques correspondent à une conception élargie de l'art, au-delà des beaux-arts. On sait combien ces arts nouveaux ont un crédit réduit, et plus encore l'art qui les mélange. Cet essai entend faire comprendre pourquoi ils sont appréciés d'une minorité. Les beaux-arts : musique, architecture, théâtre et sculpture sont évoqués, sans être niés, par l'installation de feutre enveloppant le piano. Sans être de l'architecture, ni d'ailleurs de la sculpture, la construction sépulcrale de Beuys, rude assemblage de colonnes de feutre massives, convoque la mémoire des édifices funéraires archaïques, des habitats naturels, grottes et cavernes, d'une humanité lointaine, réveille le souvenir des demeures de fortune silencieusement rêvées par l'enfant, évoque bien sûr le réceptacle maternel originaire et les mystères ensevelis de la vie utérine.

Les deux chambres mortuaires en miroir de *Plight*, dédoublement lugubre, annonçant un monde méditatif et angoissant, s'offrent d'abord comme les scènes vides d'un théâtre sans acteur, encore hantés par la présence spectrale de

Beuys. *Plight* est l'abri d'un concert qui n'aura jamais lieu, sinon dans les cryptes profondes du corps d'un visiteur sidéré, se découvrant brusquement dans une matrice et une tombe, en face de l'énigme d'une naissance entrelacée à la mort.

Sans se livrer à une étude détaillée, on essaie ici de traduire les sensations, les impressions, les sentiments, les associations d'images et les réflexions que *Plight* provoque en nous. D'où la subjectivité parfois de notre lecture, commandée toutefois par l'œuvre de Beuys qui demande que le visiteur ne fasse pas abstraction de lui-même, car il est, en tant qu'acteur, indissociable de *Plight* ; sans lui et son regard nécessairement singulier, l'œuvre serait amputée.

L'environnement est spacieux[352]. Le piano, solennel, dont la laque noire éblouissante est un grand miroir réfléchissant les corps fragmentés des visiteurs, est un objet magnifique pour des usages exceptionnels et cérémonieux, ce qui le distingue des ready-mades de Duchamp, objets banals et anonymes pour des utilisations triviales. Le parquet, composé d'une multitude de carrés bruns et jaunes ivoire, fut sans doute, dans l'imagination de Beuys, nourri d'une onctueuse cire d'abeilles mordorée. La sobre opulence de *Plight*, entrelacée à la rudesse et à la massivité brute des colonnes de feutre, donne à l'environnement un air palatin de haute antiquité.

L'installation de feutre monumentale mais démontable est un alignement rudimentaire d'énormes rouleaux de feutre épais. Leur empilement et leur entassement ne semblent pas avoir nécessité de plans élaborés et prémédités, comme si la construction avait dû être édifiée à la hâte, dans l'urgence d'une situation grave. On imagine des gestes tout en puissance, sûrs mais frustes, pour déplacer ces fûts volumineux de laine et de feutre, et les dresser contre une menace indéfinissable. Si la construction est simple, primaire même, en revanche Beuys, selon ses déclarations, a décidé avec précision, l'épaisseur, la

[352] Pour une description précise de l'environnement, voir Fabrice Hergott, « *Plight* », dans *Joseph Beuys,* catalogue du Centre Georges Pompidou, Paris, 1994, p. 233-236.

forme, la hauteur, la proportion, la douceur, la rudesse du matériau et la couleur ; quelques quarante paramètres différents auraient été pris en compte par Beuys pour la réalisation de *Plight*[353]. Cette installation de feutre protégeant le superbe et précieux piano est une sorte de palissade, robuste en apparence, mais provisoire et exposée à un éventuel effondrement soudain. *Plight* évoque aussi de grandes cabanes de rondins sur un sol déserté et glacé et sous un ciel bas plombé. L'environnement n'impose pas une image bien définie d'un habitat. Il en convoque plusieurs, comme par exemple, selon Beuys, les tentes de feutre des mongols devenant le foyer d'un rituel chamanique. Mais le primitivisme ou l'archaïsme des édifices, un instant imaginés, est presque une constante. Ce primitivisme artistique est présent dans l'ensemble de l'œuvre de Beuys, dans ses actions chamaniques des années 1960 ou dans des sculptures comme *Grauballemann* (1952), *Die Horner* (1961) ou *Nasse Wäsche Jungfrau II* (1985).

Les deux cent quatre vingt colonnes organiques de laine de mouton et de poils de lapin, cousues les unes aux autres, forment une membrane épaisse et brute. Les entrailles qu'elles suggèrent, la masse charnelle impressionnante qu'elles laissent pressentir, font suffoquer l'imagination et raniment les anciennes claustrophobies éprouvées dans les cavernes, les grottes, ces entrailles de la terre. Le feutre qui nous enveloppe dans *Plight*, matière ingrate, opaque, désagréable au toucher, s'ajoute pour créer de légères répulsions physiques. La vie utérine dans *Plight* est liée à la mémoire sourde d'une animalité brute et puissante, d'une sombre et obscène splendeur, provoquant tout à la fois l'esquisse d'un geste de dégoût et une admiration craintive. Fabrice Hergott écrit : « Les colonnes forment des bourrelets verticaux qui ne sont pas loin de ressembler aux seins multiples d'une déesse de la fertilité antique[354]. » Silencieux, vide, dominé par le gris et le noir, la cendre et la nuit, l'environnement et son obscure violence

---

[353] *Cf.* Joseph Beuys cité par Anthony d'Offay « souvenirs de Joseph Beuys », dans *Joseph Beuys*, catalogue du centre Georges Pompidou, *op. cit.*, p. 368.
[354] F. Hergott, art. cit., p. 236.

s'infiltrent progressivement dans le corps du visiteur, presque à son insu. La nature de cette violence devient plus nette si l'on s'arrête sur l'une des propriétés du feutre qui est un isolant acoustique. L'installation de feutre est une protection contre des chocs sonores extérieurs éventuels[355]. Mais cette protection, dont le piano et les visiteurs ont les faveurs, est si démesurée, si excessive, que l'on imagine des chocs sonores puissants. L'environnement de Beuys est hanté par la mémoire des explosions et des décombres de la seconde guerre mondiale. C'est alors un entassement vertigineux de sacs de sable que suggère *Plight*, construction de fortune, érigée sous le signe d'une peur subie comme un animal. *Plight* est un abri collectif. Beuys est un contemporain d'Hiroshima. Ces gestes, liés à l'originaire, à l'élémentaire, au primordial, au *Grund* des romantiques allemands sont ceux d'une humanité troublée, blessée et égarée, cherchant à s'extraire du chaos et de la nuit engendrés par les hommes. C'est sur le fond d'une dévastation innommable, réelle et imaginée, que l'on doit chercher à comprendre les gestes rituels de Beuys, présents dans *Plight* et ses actions, ses actes d'assistance et de secours si rudimentaires, si convaincus, si immédiats, à l'efficacité incertaine. L'œuvre de l'artiste allemand est continuellement sillonnée par les sombres échos de la violence historique, même quand elle est parfois solaire et communielle comme avec *Honigpumpe*. C'est sur le plan du mythe que l'imaginaire de l'artiste recueille l'excès de la violence sociale de son temps. Le chaos social et historique, dont Beuys fut le contemporain, est transposé par son imagination dans l'univers du mythe et se transforme en chaos originaire, engendrant les gestes immémoriaux d'une fondation et d'une régénération, elles-mêmes mythiques. D'où les actions rituelles des années 1960 de Beuys comme *Hauptstrom* ou *Bâton Eurasien*. Dans cette dernière action, l'artiste, par ses gestes rituels, délimite un espace sacré lié aux quatre points cardinaux, sur le fond de la musique d'orgue d'Henning Christiansen. La religiosité de l'action indique la

---

[355] Elle avait initialement cette fonction dans la galerie A. d'Offay ; voir A. d'Offay et F. Hergott, art. cit.

nécessité d'une nouvelle orientation pour s'extraire de la confusion du monde.

Plight, dans l'esprit de l'artiste, fut une caverne initiatique dont l'enjeu était une régénération de l'être humain. Le modèle de l'initiation fut le *regressus ad uterum*, présent dans de nombreuses religions[356]. Mais n'anticipons pas, car cette sacralité présente dans *Plight* nous est devenue étrangère. Dans l'environnement de Beuys, les visiteurs nous semblent généralement désœuvrés, nullement initiés à quelque rite funéraire et encore moins régénérés. L'arrogance d'un rationalisme stérile, éprouvant secrètement « une terreur mythique à l'égard du mythe[357] » et censurant *a priori* des pratiques et des savoirs plusieurs fois millénaires, n'est guère favorable à l'élucidation des gestes de Beuys.

Reprenons pas à pas la description de notre approche de *Plight*. Nous nous sommes arrêtés sur l'image des traumas dont l'installation de feutre réveille le souvenir. *Plight*, lieu d'une mémoire angoissante de la violence sociale et historique transposée sur le plan du mythe, évoque aussi indirectement les terreurs d'une nuit archaïque infrahumaine.

On fera remarquer que cette violence de l'environnement est seulement suggérée et qu'elle est maintenue à distance. Cet éloignement est favorable à la réflexion; *Plight* n'est pas en effet le *Schmerzraum* de 1983 (*Espace de douleur*) créé par Beuys. Il s'agissait d'un environnement de plomb ; le sol, le plafond et les murs d'une pièce de la galerie Konrad Fischer, à Düsseldorf, étaient tapissés de plaques de plomb. Lugubre, pesant et opprimant, ce lieu exprimait une isolation presque absolue du monde et des hommes et une solitude accablante et intolérable. Eclairée par la lumière aveuglante d'une ampoule nue, la pièce ne possédait symboliquement qu'une issue, deux anneaux d'argent installés, près de l'ampoule, le plus petit ayant

---

[356] *Cf.* Mircea Eliade, *Mythes, rêves et mystères*, *op. cit.* et *Initiations, rites, sociétés secrètes*, Gallimard, Paris, 1959.
[357] Expression d'Adorno et de Horkheimer dans *La Dialectique de la raison. Fragments philosophiques, op.cit.*, p. 45.

la taille de la tête d'un enfant. L'argent, métal précieux, connu pour son action bactéricide et germicide, et par ailleurs conducteur de chaleur et d'électricité, devait dans l'environnement représenter une faible promesse de salut au cœur d'un monde de plomb, matière connue notamment pour sa toxicité sur le système nerveux. On reconnaît ici les préoccupations de Beuys concernant l'écologie et sa dénonciation de la dégradation des environnements. L'artiste a déclaré à propos de son espace de douleur : « Pour moi, il est évident que le compte à rebours s'est mis en marche ; tout est si ossifié que pratiquement aucun mouvement n'est encore possible[358]. » Beuys a associé son environnement de plomb aux anciennes prisons du palais des doges, à Venise, appelées "les Plombs". Installées sous les toits du palais recouverts de plaques de plomb, ces cellules se transformaient durant la journée en salle de torture, à cause de la température insupportable. Ces prisons étaient situées dans une aire secrète du palais qui abritait aussi les bureaux de l'administration, de la police et de la justice du Doge. Ce lieu secret était le siège du réel pouvoir de la république vénitienne qui n'avait rien de démocratique. Pour Beuys, les démocraties contemporaines sont des démocraties uniquement formelles, les vrais dépositaires du pouvoir restent toujours largement occultes. En l'absence d'authentique démocratie, l'artiste pense que les graves problèmes écologiques ne seront pas résolus. Le *Schmerzraum* cherche à éveiller les consciences, en suggérant les dangers qu'engendrent les sociétés contemporaines.

Plight est un environnement crépusculaire avec les tout premiers signes d'une aurore dissipant les brumes de la nuit. Pas de régénération solaire, mais les signes hésitants, suspendus, d'une vie en gésine. Certains commentaires ont souligné la sérénité et la quiétude de *Plight*[359]. En effet, l'ordonnance de l'espace et sa sobriété, la solennité et le silence de l'environnement invitant au recueillement, la chaleur

---

[358] Joseph Beuys, catalogue d'exposition, *Joseph Beuys*, centre Georges Pompidou, *op. cit.*, p. 360.
[359] Par exemple A. D'Offay, art. cit.

enveloppante du feutre, l'image de cette vie naissante, puissante et silencieuse, et cette existence embryonnaire précieuse que symbolise le piano, concourent à créer un sentiment de quiétude ; *Plight* suggère une brassée de sensations, de sentiments et d'associations d'images contradictoires, mortuaires et vitales, angoissantes et sereines[360]. Toutefois les impressions de quiétude, surgissant parfois, ne dominent pas. La sacralité funèbre que l'œuvre de Beuys désigne n'est pas sereine, ni l'animalité chtonienne de la matrice, ni la violence sonore diffuse suggérée par l'installation de feutre. Anthony d'Offay écrit : « Beuys étudiait attentivement la signification des mots et aucune des acceptions du mot *plight* ne lui a échappé : en tant que substantif, ce mot signifie le péril, le danger, une situation critique ; en tant que verbe et substantif il peut aussi signifier la promesse qui lie, le vœu. Etymologiquement ce mot est apparenté à l'allemand *Pflicht* (devoir)[361]. »

L'œuvre de Beuys est placée sous le signe du danger et du secours, de l'avertissement alarmant et de la protection, de la mort et de la régénération. C'est un espace initiatique lié à une mort et une renaissance symboliques.

Le silence de *Plight*, le temps suspendu qu'il évoque, est celui de l'attente interrogatrice et angoissée d'une puissante déflagration, d'un effondrement qui, peut-être, n'aura pas lieu. *Plight* laisse pressentir un éclair dans un ciel soudainement noir, suivi d'un roulement de tonnerre lointain et caverneux, suscitant la peur ancestrale de la foudre. C'est sous le signe d'une esthétique du sublime que l'on ressent l'environnement de l'artiste allemand. L'orage meurtrier de l'histoire se dissipe ou se profile et menace toute régénération. Dans l'œuvre de Beuys, la figure de l'éclair et de la foudre est présente dans l'une de ses dernières œuvres, réalisée dans l'atrium du Martin Gropius Bau à Berlin : *Blitzschlag mit Lichtschein auf Hirsch*[362] (1983). Elle

---

360 *Cf.* Marc Vauday, « Des aspects téléologiques de l'œuvre de Beuys » dans *Artstudio,* n°4, spécial Joseph Beuys, 1987, p. 58.
361 A. D'offay, art. cit., p. 367.
362 Titre en français, *Coup de foudre avec rayon de lumière sur cerf.*

est associée à la symbolique chrétienne du cerf de Saint-Eustache. L'illumination foudroyante du saint, qui sera à l'origine de sa conversion chrétienne, découvre une croix lumineuse entre les bois d'un cerf. Cette vision commande la nécessité de supprimer le cercle infernal de la violence.

L'imagination et la réflexion du visiteur sont sollicitées dans *Plight*. C'est déjà en ce sens qu'il en est l'acteur. *Plight*, en effet, n'est plus la scène d'un théâtre vide, dès que les visiteurs s'y introduisent. L'œuvre serait amputée sans leur présence. Elle est le lieu d'une action, l'occasion d'un vis-à-vis entre visiteurs ; c'est une œuvre ouverte à la multiplicité des expériences. Beuys a médité les notes sur la sculpture de Robert Morris[363]. Ce n'est pas le projet moderniste d'une sculpture pure, attentive à la spécificité du médium sculptural qui intéressa l'artiste allemand ; ce projet, comme le souligna Judd, était dogmatique [364]. Beuys éprouvait une indifférence souveraine à l'égard de l'une des lois d'une partie de l'avant-garde : le devoir de respecter la spécificité des différents arts et la proscription du mélange des arts. Aucune règle édictée par un médium ne pouvait, dans l'esprit de l'artiste, se substituer aux impératifs de l'expression ; la liberté absolue quant à l'usage des moyens artistiques est impérative ; chaque artiste se plie à l'unique loi qu'il se donne. Et qu'importe la nature des moyens utilisés s'ils sont bien au service des besoins de l'expression. Il faut supposer que les oppositions entre Greenberg et Morris, à propos de la sculpture et du respect ou non de sa spécificité, furent d'un intérêt limité pour Beuys[365]. En revanche, à n'en pas douter, Beuys fut intéressé par l'idée du sculpteur minimaliste selon laquelle le sujet de l'expérience artistique (le spectateur de l'œuvre) n'a pas une attitude purement réceptive par rapport à l'objet de son expérience, mais qu'il est au contraire actif et

[363] *Cf.* Robert Morris, « Notes sur la sculpture », trad. Claude Gintz, in *Regards sur l'art américain des années 60*, Bruxelles, Territoires, 1979, p. 84-92.

[364] Donald Judd, *Ecrits, 1963-1990*, trad. A. Perez, Daniel Lelong éditeur, 1991, p. 34.

[365] Pour la conception de la sculpture de Clement Greenberg, voir *Art et culture*, trad. Ann Hindry, Paris, Macula, 1988, p. 160 *sqq*.

qu'il le constitue en partie ; cela signifie que l'œuvre d'art n'est pas un absolu à contempler, et qu'elle a une identité relative toujours en suspens, qui dépend partiellement des regards que l'on porte sur elle ; l'œuvre n'existe pleinement que dans la singularité d'un regard, et ce qu'elle deviendra dépend en partie de ce que chacun en fera[366]. *Plight* n'est pas une œuvre close sur elle-même ; sans les visiteurs, la force de sa présence est diminuée. En créant son environnement, associé à de nombreuses suggestions, Beuys n'a fait sciemment que la moitié du chemin. À chacun de nous d'en faire la seconde moitié, si on le souhaite. Il ne s'agit pas uniquement de vivre les expériences générées par l'environnement ou de le penser et de l'interpréter. Beuys souhaitait que ces expériences trouvent leur prolongement dans la vie elle-même, hors du musée. Plusieurs œuvres de l'artiste ont un caractère délibérément inachevé, comme *Fond III*, *Fond VII/2* ou *La Fin du XXe siècle* qui se présentent comme un stock pour une utilisation inconnue. De telles installations suggèrent que des matériaux sont disponibles pour des actions ou des créations. Beuys propose ici une œuvre inachevée, un relai pour une œuvre à réaliser et des actions à accomplir. L'œuvre comme objet parfait et achevé est alors remise en cause. La création n'est plus strictement individuelle, elle est virtuellement collective.

Beuys, dans *Plight*, a tout d'abord l'initiative de l'expérience que nous ferons, et elle est physique. Le seuil franchi de l'environnement, les tout premiers regards jetés sur un monde de brume, l'attention est immédiatement alertée par le bruit sec de nos pas, dont la résonnance est assourdie et absorbée par le feutre. Nous sommes presque aussitôt suffoqués par l'odeur âcre du feutre qui s'infiltre dans notre corps, et bientôt enveloppés par la chaleur qui en émane. Le seuil franchi, nous faisons donc physiquement et soudainement l'expérience de nouvelles sensations et plongeons lentement dans un monde spacieux, feutré et inconnu dont on découvrira progressivement qu'il est l'occasion d'une anamnèse ; *Plight* convoque tous les sens pour une expérience sensorielle et c'est continuellement

366 *Cf.* Robert Morris, art. cit., p. 89 *sqq.*

sur le fond de cette expérience que s'exercent l'imagination et la pensée notamment, sur un mode essentiellement associatif et suggestif. L'odorat, le goût, l'ouïe, sont les premiers sens à réagir. L'expérience est sensorielle et réflexive, on surveille ses réactions physiques ; on écoute son propre corps ; une buée invisible de chaleur s'immisce en nous et éveille notre sens du toucher. Bref, on s'ausculte en ressentant les tout premiers légers symptômes d'un malaise indéfinissable, d'une fièvre soudaine et sournoise, les sensations éprouvées étant plutôt désagréables. Elles se dissiperont pour laisser la place à d'autres expériences, moins vives, seulement esquissées, insinuées par l'environnement qui s'infiltre par tous nos sens et irrigue en silence nos corps pour solliciter la mémoire, l'affectivité, l'imagination et la pensée. Dans *Plight*, en retrait du monde, il est possible de se mettre à l'écoute de son propre corps, de s'y absorber quelque peu pour entendre cette rumeur infinie et inquiétante de nos organes que John Cage pouvait nous faire entendre avec ses célèbres 4'33'' de silence en 1952[367]. La somnolence, le sommeil dans la chaleur du feutre sont des tentations dans *Plight*, l'absorption en soi-même est un risque et une chance. Beuys déclara à propos de son environnement : « Lorsqu'aucun son ne provient de l'extérieur, lorsqu'on entend rien physiquement, alors le son intérieur de l'âme –disons l'imagination de la musique– apparaît comme une suggestion plus forte encore[368]. » Le silence, le retrait sur soi et la concentration ouvrent l'écoute de puissances orchestrales imaginaires s'amplifiant sans cesse à partir du bruissement infini de nos organes, et notre regard sonde les forces illimitées encloses dans la grande paroi de feutre qui nous enveloppe. Avec son épaisseur, cette paroi fait songer à la série des Fonds de Beuys, ces « batteries » composées de plaques de feutre empilées. L'enceinte de feutre de *Plight* est un dispositif énergétique chargé de revitaliser les arts, la création et les créateurs potentiels que sont les visiteurs.

---

[367] *Cf.* Daniel Charles, *Gloses sur John Cage*, UGE, Paris, 1978.

[368] Joseph Beuys, cité par A. d'Offay, art. cit., p. 368.

L'introspection suggérée dans *Plight* ouvre sur une nuit intérieure à laquelle fait allusion Novalis dans la déclaration suivante : « Nous rêvons de voyage à travers l'univers ; l'univers n'est-il donc pas en nous ? Les profondeurs de notre esprit nous sont inconnues. Le chemin mystérieux va vers l'intérieur. C'est en nous, sinon nulle part, qu'est l'éternité avec ses mondes, le passé et l'avenir. Le monde extérieur est un monde d'ombre, il jette son ombre sur le royaume de lumière[369]. »

Mais l'expérience dominante dans l'installation de feutre est la sensation peu agréable d'un confinement excessif, qui serait sans doute intolérable si l'on devait y séjourner. Rien d'ailleurs ne fut vraiment conçu pour que l'on s'arrête dans *Plight.* L'environnement est un passage et non un séjour ; Beuys nous a introduits dans une matrice seulement pour un moment. Dans l'immense poche de feutre, nos existences embryonnaires, à l'image de celle du piano, seront passagèrement entrevues.

Les visiteurs semblent désœuvrés dans l'environnement car rien n'arrive vraiment. Ce sont eux les événements et tout est en suspens. Toute la puissance de *Plight* se recueille après coup dans le souvenir, lorsque se rassemblent et se décantent toutes les expériences ébauchées dans l'environnement, lors de plusieurs passages assez brefs où la conscience est en éveil et toutes les facultés sur le qui-vive.

Dans *Plight*, les visiteurs entourés par l'installation de feutre connaissent une situation quelque peu similaire à celle qui fut vécue par Beuys, enveloppé dans un rouleau de feutre lors d'une action, *Der Chef*, qui devait être réalisée en 1964 avec la collaboration de Robert Morris[370]. L'action durait huit heures dans une pièce séparée du public. Un haut-parleur adossé à l'un

---

[369] Novalis, cité par Albert Béguin, *L'âme romantique et le rêve,* Paris, LGF, 1993 p. 273.
[370] *Cf.* le descriptif de cette action dans *Joseph Beuys*, catalogue du centre Georges Pompidou, *op. cit.* p. 274-275. Robert Morris devait réaliser simultanément une action similaire à celle de Beuys dans une galerie de New York. Finalement, il ne l'a pas fait.

des murs de la pièce transmettait des sons émis par Beuys, des grognements, des gémissements, des souffles, des bruits de respiration, des battements de cœur, des onomatopées, des imitations de cris d'animaux comme celui du cerf notamment. On pouvait de même entendre une composition enregistrée d'Henning Christiansen et Eric Andersen, des musiciens du groupe Fluxus. L'action s'apparentait à un rituel chamanique. Beuys avait disposé de la graisse dans les angles de la pièce, et en partie le long d'un mur. Le rouleau de feutre dans lequel s'était installé l'artiste était disposé en diagonal pour suggérer le mouvement et l'énergie ; aux extrémités du rouleau, il y avait un lièvre mort, l'« animal auxiliaire » de l'artiste-chamane. Au sol, un bâton de cuivre dans un rouleau de feutre était sans doute, dans l'esprit de Beuys, un instrument cultuel lié à la captation de l'énergie cosmique et à sa régulation. Une baguette de cuivre de 1,78 mètre, à échelle humaine donc, reposait contre le mur. *Plight* conserve la mémoire de cette action chamanique de 1964, sobre et minimaliste par sa forme, et tout à fait intelligible, à la différence des autres actions chamaniques de Beuys. *Plight* ainsi que l'action suggèrent un ressourcement dans une nature salvatrice et néoromantique. L'environnement est lié à un art thérapeutique. Il s'agit de prendre ses distances par rapport à un rationalisme stérilisant et dangereux qui menace la survie de l'espèce humaine.

L'action de 1964, comme *Plight*, est indirectement liée à la biographie de Beuys, et notamment au crash de son avion en Crimée durant la seconde guerre mondiale. Secouru par des tatars, il dut sa survie entre autres à une thérapeutique qui incluait le feutre et la graisse, deux matières qui allaient jouer un rôle déterminant dans son œuvre ultérieure. Réel ou fictif, cet accident traumatisant hante toute l'œuvre de Beuys. Benjamin Buchloch a cherché à montrer que cet accident de Beuys était une fabulation[371]. Peut-être ; mais on remarquera tout de même que, pour un aviateur de l'armée de l'air allemande, le fait de subir un crash durant la guerre contre

---

[371] Sur ce point voir B. Buchloch, « The twilight of the idol », in *Joseph Beuys. The reader*, *op. cit.*, p. 109-126.

l'Union soviétique n'a rien de très singulier ; il s'agissait pour Buchloch, en remettant en question la véracité de cet accident, de dire que la biographie officielle de Beuys était falsifiée et qu'il avait sans doute bien des choses à cacher. Les marxistes comme Buchloch reprenaient les accusations rituelles de la RDA, selon lesquelles les élites de la RFA avaient été nazies et restaient des fascistes masqués. Seulement partiellement justes, de telles allégations dans le cas de Beuys demandent des investigations plus sérieuses que celles que l'on fait à ce propos depuis trente ans, en ressassant les mêmes arguments. Le fantasme, l'association libre et la paranoïa, en la matière, dominent largement l'argumentation.

Enveloppé dans son rouleau de feutre, Beuys, durant son action rituelle (*Der Chef*), se retrouve dans la situation de ses instruments de musique protégés par le feutre, comme *infiltration homogène pour violoncelle* (1969) (qui a une allure anthropomorphe) ou *infiltration homogène pour piano à queue* (1966). Cette dernière œuvre est étroitement liée à *Plight*. Elle est réalisée durant une action de Beuys qui enveloppe un piano avec du feutre et coud deux croix rouges. L'instrument symbolise la création et les pouvoirs créateurs de l'homme. Manifestement, le diagnostic est pessimiste et en même temps, le geste de Beuys indique la nécessité d'une thérapie, ce qui est aussi indiqué par le titre et le terme médical d'infiltration. Recouvert de feutre, le piano ne peut plus servir à jouer de la musique ; néanmoins, il n'est pas détruit et conserve ses potentialités. En enveloppant l'instrument avec du feutre, Beuys le rend difforme, éléphantesque et monstrueux. L'artiste a substitué à la beauté du piano un objet laid et grotesque. Cette métamorphose zoomorphe de l'instrument prestigieux n'est certainement pas exclusivement négative dans l'esprit de Beuys dont l'œuvre cherche à l'évidence à réévaluer le statut de l'animal. Animaliser le piano, c'est aussi régénérer l'art en l'immergeant dans une « nature naturante » essentiellement énergétique. Une autre œuvre de Beuys, *Hirschdenkamal für Georges Maciunas* (1982), associe le piano et le cerf[372] ; le

[372] Le titre en français est *Monument au cerf pour George Maciunas.*

piano est installé sur des plaques de cuivre conductrices, pour Beuys, d'une énergie et d'un vitalisme qui font trop défaut à l'art de son époque et dont Fluxus s'est fait l'expression.

Pour ouvrir la discussion lors de la réalisation *d'Infiltration homogène pour piano à queue*, Beuys a déclaré que l'enfant thalidomide était le plus grand compositeur contemporain. La monstruosité du piano fait donc allusion à l'infirmité des enfants thalidomides. Sous l'enveloppe zoomorphe en feutre, la beauté du piano et surtout son potentiel musical sont intacts. L'enfant thalidomide, en dépit de ses graves infirmités physiques, conserve ses facultés créatrices et, pour Beuys, le handicap peut être paradoxalement un atout pour se dépasser. L'objet zoomorphe conçu par Beuys peut être l'occasion d'une discussion avec le public, par exemple sur les limites de la science, en l'occurrence de la médecine, les dangers du marché des médicaments qui visent le profit maximal en exposant la vie des patients, comme dans le cas de la thalidomide prescrite comme tranquillisant pour les femmes enceintes et qui aura pour effet d'engendrer des enfants ayant de graves malformations physiques. « L'enfant thalidomide est le plus grand compositeur contemporain » est une formule provocatrice et brillante qui refuse la vision stéréotypée de l'enfermement des handicapés dans leurs incapacités, réaffirme l'humanité des anormaux et défend le principe de leur participation à la création la plus haute. Pour Beuys, nous sommes tous des enfants thalidomides, simplement les infirmités de la grande majorité ne sont pas visibles. Les discussions souhaitées par Beuys pouvaient porter sur le statut des handicapés dans la société, elles pouvaient inclure une réflexion sur l'extermination des handicapés physiques et mentaux par les nazis. Ayant fait un séjour en hôpital psychiatrique pour une dépression sévère, Beuys prend parti, ici, contre la politique nazie de destruction des vies considérées comme inutiles, qui a fait des dizaines de milliers de victimes durant le IIIe Reich.

Plight suggère nettement que le piano protégé par l'installation de feutre est un double du visiteur. L'association entre le corps humain, menacé et secouru, et un violoncelle dans sa housse de feutre protectrice marquée d'une croix était, en 1967, déjà esquissée[373]. Le schéma initiatique qui se profile dans *Plight* est le même que dans l'action *Der Chef*, et il est tout aussi présent dans cet objet rituel que représente le violoncelle, en quête d'une régénérescence incertaine et manifestement exposée à la destruction : il s'agit de cet énigmatique *regressus ad uterum* que nous avons signalé, descente risquée dans les profondeurs chtoniennes de la Terre-Mère, dans différentes religions archaïques.

Plight est la version monumentale des instruments de musique enveloppés par l'artiste. Que signifie ce geste symbolique d'enveloppement ? En 1962, le geste protecteur de Beuys était l'antithèse des actes destructeurs d'Arman, brisant des instruments de musique (les Colères), ou de ceux de Paik. Il s'agissait alors pour l'artiste allemand de se situer dans l'histoire des avant-gardes et de s'opposer à des tendances nihilistes purement destructrices de l'art de son temps, suivant à nouveau l'exemple d'une critique radicale mais aveugle de la culture et de l'art, entreprise notamment par des dadaïstes au début du siècle[374]. Le geste de protection du piano par Beuys signifie aussi qu'il ne s'oppose pas *a priori* aux beaux-arts, à la différence d'une néo-avant-garde dogmatique qui avait diagnostiqué la fin de la peinture ou de la sculpture. Au-delà, il s'agissait de se démarquer de l'art quand il est lié à la cruauté, ce qu'il fut par exemple dans les œuvres de surréalistes dissidents, avec l'appui d'écrivains comme Bataille ou Michel Leiris dans leurs articles de la revue *Documents*, se livrant parfois à une équivoque apologie de la férocité et au plaisir trouble d'une destruction de la conscience[375]. Beuys entendait de même se distinguer de la rébellion d'une néo-avant-garde

---

[373] Voir l'œuvre de Beuys intitulée *Infiltration Homogen für Cello* (1967-1985). Le lien entre le corps humain et l'instrument de musique est déjà présent dans un concert Fluxus de 1962, durant lequel Beuys enveloppe un instrument de musique en le marquant d'une croix, signe d'une mort et d'une renaissance.
[374] *Cf.* Peter Sloterdijk, *Critique de la raison cynique*, trad. Hans Hildenbrand, Christian Bourgois, Paris, 1987, p. 485-500.
[375] *Cf. Documents*, tomes 1et 2, Paris, Jean-Michel Place, 1991.

fascinée par la violence au début des années 1960, comme ce fut le cas dans la production des actionnistes viennois, dans l'art de Vostell et plus généralement, dans les performances d'artistes inspirés par le théâtre de la cruauté d'Artaud.

Les instruments de musique de Beuys sont plus souvent des objets à propos de l'art plutôt que des œuvres d'art. Ce sont des « ready-mades assistés ». Ils ne deviennent des œuvres d'art que lorsque l'assistance sur le plan artistique est conséquente, comme avec *Plight*, ou dans une moindre mesure avec *Klavier Oxigen* (1985), composé d'un piano et, au sol, d'une grande bouteille d'oxygène ; il s'agissait d'une métaphore plastique, simple mais puissante, de la menace d'un déclin définitif des facultés créatrices de l'être humain et de la nécessité d'un énergique second souffle pour que les activités et les savoirs de l'homme ne soient plus sous l'emprise de la violence et de la destruction. Avec *Klavier Oxigen*, Beuys faisait la démonstration que l'on peut créer une œuvre d'art en juxtaposant seulement deux objets, sans les avoir transformés, pourvu que cette juxtaposition soit signifiante et plastiquement convaincante.

II/ Confrontation avec Marcel Duchamp

Les instruments de musique de Beuys entretiennent surtout un dialogue silencieux et complexe avec l'œuvre de Duchamp, et tout spécialement ses ready-mades devenus des références majeures pour les néo-avant-gardes, à partir de la fin des années 1950. Le piano dans *Plight* est un ready-made. Ce n'est certes pas un objet trivial, comme les ready-mades de Duchamp ; mais comme eux, ce n'est qu'un objet, aussi beau soit-il, et un instrument, non une œuvre d'art, qui est exposé tel quel dans un contexte artistique sans avoir été transformé. Pour Beuys, la simple introduction d'un piano ou d'un quelconque objet dans un lieu artistique, galerie ou musée, ne faisait pas de ces objets des œuvres d'art dignes de ce nom. La consécration institutionnelle des ready-mades n'était pas suffisante non plus, dans son esprit, pour opérer une telle transfiguration. On peut d'ailleurs se demander si Duchamp considérait vraiment ses ready-mades comme des œuvres d'art ; ce qu'il pensait à ce propos semble bien contradictoire et en dernière analyse, indécidable. Sa position aurait sans doute été proche de celle d'Octavio Paz qui écrit : « Les ready-mades [...], ni art ni anti-art, mais quelque chose qui est entre les deux, indifférent, dans une zone vide[376]. » Il ajoute : « Ce ne sont pas non plus des œuvres mais des points d'interrogation ou de négation devant les œuvres [377] . » Dans *Plight*, le piano enveloppé par l'installation de feutre est effectivement assisté sur le plan artistique. Cette « assistance » n'est pas ironique ou dérisoire, comme elle le fut avec des « ready-mades aidés » de Duchamp. Quand ce dernier ajoute un titre absurde à des ready-mades, on doit considérer l'aide comme dérisoire[378].

Pour *Plight*, Beuys a choisi comme ready-made un objet aussi magnifique que le piano car il est pour lui un double de l'être humain, fragile et précieux. Dans l'environnement, cet objet est une promesse de magnificence réduite au silence, provisoirement ou de manière définitive ; le destin de cet astre embryonnaire est en suspens. C'est une image de nos virtualités créatrices, menacées dans l'environnement sépulcral de feutre nous isolant du monde. On assiste en imagination au déploiement silencieux de ses virtualités solaires, en retrait du monde, au cœur d'une matrice. Beuys ne se faisait pas la même représentation de l'homme que Duchamp. Presque tout les opposait sur ce point. Duchamp en avait une idée plutôt cynique, ce qui transparaît nettement dans *Le Grand Verre* où l'humanité nous est présentée comme une mécanique cruelle et sophistiquée, condamnée à la solitude et à l'impossibilité de communiquer. L'éros glacé et la guerre des sexes constituent

---

[376] O. Paz, *Marcel Duchamp : l'apparence mise à nu, op. cit.*, p. 29.

[377] *Ibid.*, p. 30.

[378] Duchamp donne par exemple au ready-made célèbre la Pelle à neige le titre absurde *In Advance of the Broken Arm*. En écrivant sur un autre ready-made, le Peigne, la phrase absurde suivante : « trois ou quatre gouttes de hauteur n'ont rien à voir avec la sauvagerie [...] », Duchamp donne peu ou même rien à penser.

ainsi des thématiques du *Grand Verre*. Paz écrit : « *Le Grand Verre* est une peinture infernale et bouffonne de l'amour moderne ou, plus précisément, de ce que l'homme moderne a fait de l'amour[379]. » L'idéalisme de Beuys a dû être choqué ici, lui qui donne à l'amour du prochain une place capitale et qui sublime les relations entre les êtres humains. Duchamp, dans *Le Grand Verre* ou *Etant donnés*, est du côté du voyeurisme, Beuys au contraire est du côté de la contemplation. À l'évidence, *Le Grand Verre* s'oppose au monde de Beuys. « La genèse du verre, dit Duchamp, est extérieure à toute préoccupation religieuse ou antireligieuse[380]. » À propos de l'alchimie qui aurait influencé la conception de son *Grand Verre* selon certains commentateurs, Duchamp déclare : « Si j'ai fait de l'alchimie, c'est de la seule façon qui soit de nos jours admissible, c'est-à-dire sans le savoir[381]. » En revanche, Beuys s'est intéressé à l'alchimie, en lui accordant d'ailleurs trop de crédit. Ici, l'esprit démystificateur de Duchamp s'oppose aux tendances parfois superstitieuses de Beuys. Les deux artistes se sont intéressés à l'électricité. Mais Duchamp en a fait une physique amusante et une métaphore ironique et humoristique des attractions sexuelles ; Paz écrit : « Le désir est l'électricité en large dont parle la *Boîte verte*. Dans *Étant donnés* [...] l'électricité est littéralement dans toutes les parties : entre les montants (dans le moteur) et au-dehors, comme lumière brillante baignant le paysage et la figure nue[382]. » Pour Beuys, l'électricité n'est pas une image de la libido mais le signe de l'énergie d'un monde essentiellement sacré.

Beuys était sensible à la détresse parfois extrême des hommes, et avait foi en leur magnificence secrète. La première critique de Beuys à l'encontre de Duchamp était morale : il déplore le cynisme sexuel du *Grand Verre* et d'*Etant donnés*, il rejette le nihilisme du geste de Duchamp proposant un urinoir en tant qu'œuvre d'art.

---

[379] O. Paz, *op.cit.*, p. 74.
[380] M. Duchamp cité par O. Paz, *ibid.*, p. 73.
[381] M. Duchamp cité par O. Paz, *ibid.*, p. 153.
[382] O. Paz, *ibid.*, p. 117.

Le piano dans *Plight* est l'antithèse des ready-mades de Duchamp. Ces derniers étaient prosaïques, souvent anesthésiés, situés dans une zone vide et stérile de la sensibilité, de l'imaginaire et de l'affectivité. Duchamp a choisi la plupart des ready-mades en se basant sur une indifférence esthétique et une absence de réaction. Le ready-made devait être idéalement neutre, ni beau ni laid. Paradoxalement, le ready-made pouvait devenir ainsi une expression détournée de la « beauté d'indifférence » à laquelle le dandysme de Duchamp vouait un culte. Pour Beuys, les ready-mades, considérés de ce point de vue, n'étaient que l'expression peu éloquente, sournoise et sarcastique d'une indifférence, à l'image de celle qui règle les relations ordinaires et habituelles des hommes entre eux, s'ignorant les uns les autres. Les ready-mades, pour l'artiste allemand, sont des objets triviaux dérisoires enregistrant sur un mode cynique le déclin des idéaux, l'impuissance à en conserver le souvenir et laissant transparaître la satisfaction d'un regard lucide sur la médiocrité et la vulgarité des hommes, sans chercher à rien transformer. Un nihilisme passif et un acquiescement à la logique du pire, par fatalisme ou individualisme, sont lisibles dans les objets de Duchamp. Pour Beuys, les ready-mades, englués dans le silence (relatif) de leur auteur à leur propos, étaient l'expression du *statu quo* social et non sa subversion.

Paz a sublimé la « beauté d'indifférence » de Duchamp en l'associant à une espèce d'ataraxie, en la comparant à une sagesse orientale et bouddhiste. Cette association peu crédible n'aurait pas eu l'aval de Beuys, l'ataraxie étant pour l'artiste allemand une forme d'indifférence sociale et d'insensibilisation.

Une performance et une installation de Beuys, intitulées *Le Silence de Marcel Duchamp est surestimé* (1964), entend signifier, comme André Breton, et à juste titre, qu'après *Le Grand Verre*, en 1923, Duchamp n'a plus rien réalisé de vraiment substantiel. Duchamp d'ailleurs a lui-même reconnu ce point. À propos de la déclaration d'André Breton selon laquelle il avait abandonné l'art pour une interminable partie d'échecs, Duchamp confirma par ces propos : « Simplement j'ai arrêté parce que je n'avais rien à dire pour le moment, je n'avais pas d'idée ; les idées ne viennent pas si facilement que cela[383]. » Beuys reconnaît que Duchamp a élargi le concept d'art en proposant avec ses ready-mades un nouveau genre artistique, un art de l'objet dont hériteront les néo-avant-gardes dans les années 1960, comme les Nouveaux Réalistes par exemple. Il déclare à ce propos : « Marcel Duchamp a fait quelque chose, il a élargi le concept d'art[384]. » De ce point de vue, il se reconnaît lui-même comme un héritier de Duchamp, avec ses installations mettant en scène des objets. Plus généralement Duchamp est, avec le ready-made, l'inventeur d'un art au-delà des beaux-arts. Cependant, Duchamp n'a pas vraiment exploité le potentiel artistique du ready-made, sauf tardivement dans *Étant donnés,* version exotérique et décevante de son *Grand Verre*. Pour Beuys, le ready-made exigeait le recours de la parole, de l'explication, de la réflexion ou de la théorie. Il déclare : « Son urinoir a été une véritable révélation, quelque chose qui, à l'époque, a sans aucun doute eu une importance considérable ; et il aurait pu se servir de cela comme thème de communication pendant la période de son silence[385]. » L'urinoir notamment était à certains égards un objet annonçant l'art conceptuel, il représentait un nouvel art à propos de l'art qui exigeait une réflexion théorique sur l'art. Les quelques sentences de Duchamp à propos du ready-made étaient loin d'être suffisantes pour penser un tel objet. Ce sont en fait des théoriciens de l'art comme Arthur Danto ou Thierry de Duve qui se sont chargés de cette réflexion[386]. Beuys précise : « Dans l'idée du silence, toutes nos discussions sont caduques[387]. » Il ajoute : « Alors pourquoi s'occupe-t-on tant de Duchamp ? Pourquoi personne ne s'est-il attardé un peu plus sur Schiller ou sur

---

[383] M. Duchamp cité par Bernard Marcadé, *Marcel Duchamp*, Paris, Flammarion, 2007, p. 244.

[384] J. Beuys, *Par la présente…*, *op. cit.*, p. 87.

[385] *Ibid.*, p. 85.

[386] Voir Thierry de Duve, *Résonances du ready-made. Duchamp entre avant-garde et tradition,* Nîmes, éditions J. Chambon, 1989 et Arthur Danto, *La Transfiguration du banal*, trad. C. Hary-Schaeffer, Paris, Seuil, 1989

[387] J. Beuys, *Par la présente…*, *op. cit.*, p. 82.

Nietzsche[388] ? » Pour Beuys, ici, les idées de Duchamp sur l'art ne peuvent aucunement rivaliser avec les esthétiques de Schiller ou Nietzsche. Beuys déclare : « Duchamp n'a abouti à rien, ni d'un point de vue politique ni à l'égard des développements internes à la sphère esthétique[389]. » Il faut relativiser ce point de vue, Duchamp a en effet déclaré à propos du *Grand Verre* : « Je voulais remettre la peinture au service de l'esprit[390]. » Cette décision indique la volonté de rupture de Duchamp avec l'impressionnisme, le fauvisme, le cubisme et toute forme de formalisme pour ouvrir l'art sur la pensée. Duchamp déclare : « Plus un tableau faisait appel aux sens –plus il devenait animal– plus il était prisé[391]. » Il ajoute : « On n'enseignait aucune liberté, aucune perspective philosophique [392] . » Autrement dit, l'art pour Duchamp devait changer la vie par une initiation à la liberté.

« L'expression intellectuelle plutôt que l'expression animale[393] », tel était le slogan de l'auteur des notes de la *Boîte verte*. Duchamp n'a pas dissocié l'art et la pensée, bien au contraire. Son hostilité à l'expression animale, que Beuys ne peut évidemment pas approuver, visait un art exclusivement rétinien ou émotionnel, incapable de donner à penser, qui s'était imposé au XIXe siècle avec Edouard Manet. Duchamp s'est de fait opposé à l'art pour l'art, ce que Beuys aurait dû reconnaître. Il écrivait : « Je considère la peinture comme un moyen d'expression et non comme un but[394] » ou encore : « Je crois que l'art est la seule forme d'activité par laquelle l'homme en tant que tel se manifeste comme véritable individu[395]. » Voilà encore des points qui auraient mérité plus de réflexion de la part de Beuys. L'art n'est pas une fin en soi pour Duchamp, la fin

[388] *Ibid.*, p. 82.
[389] *Ibid.*, p. 84.
[390] M. Duchamp, *Duchamp du signe. Ecrits*, Paris, Flammarion, 1994, p. 172.
[391] *Ibid.*, p. 172.
[392] *Ibid.*
[393] *Ibid.*,p. 174.
[394] *Ibid.*, p. 183.
[395] *Ibid.*, p. 185.

c'est la vie et la liberté individuelle. L'éthique importe plus que l'esthétique ou l'art.

Duchamp déclare : « C'est essentiellement Roussel qui a été responsable de mon verre *La mariée mise à nue par ses célibataires, même*[396]. » La littérature est ici la source de la peinture sur verre de Duchamp ; sa peinture sera liée aussi aux mathématiques. Comme l'écrit Paz, avec Duchamp « une œuvre est une machine à signifier[397] ». Duchamp déclare : « Mon intention était de faire, non pas une peinture à regarder mais une peinture où l'on se serait simplement servi du tube de peinture comme accessoire et non comme fin [...]. Il y a une différence entre une peinture qui ne s'adresse d'abord qu'à la rétine et une peinture qui va au-delà de la rétine [...], c'est le cas des religieux de la Renaissance. Le tube de peinture ne les intéressait pas ; ce qui les intéressait c'était d'exprimer leur idée de la divinité [...], la peinture pure n'est pas intéressante en soi comme but[398]. »

Quand Beuys dit que Duchamp n'a rien apporté sur le plan politique, là aussi la prudence s'impose. Son anarchisme, étroitement associé au slogan ni dieu ni maître, est loin d'être indifférent. Inspiré par Jules Laforgue, Duchamp aurait pu écrire « Célibat, célibat, tout n'est que célibat[399] », signifiant par là un refus anarchiste de tous les couplages sociaux détruisant la liberté individuelle, à commencer par le mariage. Quant au *Grand Verre*, c'est une petite machine de guerre contre le machisme. Duchamp prend le parti de la mariée contre les célibataires du bas du *Grand Verre* ; le masculin dans l'œuvre est subordonné au féminin qui possède une liberté essentielle et prestigieuse dont sont privés les célibataires, condamnés à l'éternel retour d'une répétition stérile. Pour dire l'impuissance des célibataires ou des mâles, Paz écrit : « Les célibataires n'existent pas réellement, ils sont une projection, une invention

---

[396] M. Duchamp cité par O. Paz, *op. cit.*, p. 22.
[397] O. Paz, *ibid.*, p. 90.
[398] M. Duchamp cité par O. Paz, *ibid.*, p. 77.
[399] J. Laforgue cité par O. Paz, *ibid.*, p. 106.

de la mariée[400]. » Il ajoute : « La femme se voit comme source de vie ; le masculin, subordonné au féminin, est un moyen par lequel la femme se connaît, se féconde et se contemple[401]. »

Pour Beuys, les ready-mades étant souvent des objets industriels, Duchamp aurait pu, selon l'artiste allemand, en faire la base d'une réflexion sur la production industrielle, la qualité de ses produits, et inventer un nouveau productivisme, différent du productivisme des artistes soviétiques dans les années 1920. Les ready-mades auraient pu être les objets d'une réflexion sur un nouvel art social, mais au lieu de cela, Duchamp, en partie contre sa volonté, a transformé le ready-made en fétiche artistique. Beuys déplore que l'objet ordinaire soit devenu une œuvre d'art, du seul fait d'être exposé dans un musée. Il voit dans cette procédure une mystification. À propos de Duchamp, Beuys dit : « Je me suis prononcé contre la mystification dont il a été l'objet[402]. » Au lieu de changer la production industrielle, Duchamp a rendu inutile un objet d'usage et l'a faussement sanctifié. Beuys déclare qu' « en mettant au musée un produit du travail de l'industrie et en proclamant ainsi que ce produit est une œuvre d'art », Duchamp s'est substitué aux « vrais créateurs » et aux « vrais travailleurs » qui ont produit en fait ce qu'il a appelé ready-made [403]. Beuys s'oppose à l'irresponsabilité morale de l'artiste revendiquée par Duchamp et au culte de l'inutile qui hante le ready-made.

L'art de Duchamp est lié à une thématique récurrente sinon omniprésente, celle de l'éros. L'auteur de *La Mariée mise à nue par ses célibataires, même*, non sans humour, considérait l'érotisme comme un nouvel « isme ». Cette valorisation excessive de l'érotisme dans l'art de Duchamp est le signe pour Beuys d'un individualisme, d'une recherche hédoniste du plaisir et de la jouissance, sur l'arrière-plan d'une indifférence à autrui et à la société. Disciple de Max Stirner, Duchamp, au-

---

400 O. Paz, *ibid.*, p. 113.
401 *Ibid.*, p. 126.
402 J. Beuys, dans Irmeline Lebeer, *L'Art c'est une meilleur idée! Entretiens 1972-1984*, Nîmes, Chambon, 1997, p. 67.
403 J. Beuys in *Bâtissons unė cathédrale…, op. cit.*, p. 220.

delà du bien et du mal, heurte le moralisme de Beuys et ses exigences d'engagement et de transformation humaniste de la société. Le dispositif pervers, voyeur et exhibitionniste de *Étant donnés*, découvert après la mort de Duchamp, a dû confirmer l'accusation morale de Beuys formulée dans le courant des années 1960. Dans son action *Vitex Agnus Castus* (1972), Beuys semble remettre en cause l'importance et l'authenticité de la libération sexuelle des années 1960, libération que Duchamp revendiqua implicitement dès sa conception du *Grand Verre* dans les années 1910. Beuys dans ses déclarations, ses actions et ses œuvres a toujours souligné l'importance du sacrifice de soi au service d'une société plus juste. En 1967, il réalise le multiple, *Le silence de Bergman n'est pas surestimé*, un empilement de bobines de films. Beuys recommande au monde de l'art les films de Bergman plutôt que l'art de Duchamp. *Le Silence,* un film de 1964, devait initialement s'intituler *Le Silence de Dieu.* Il avait pour thème l'impossibilité de communiquer, l'errance, la perversion et le chaos des pulsions dans un monde en état de siège ou en guerre. Pour Beuys, il importe de prendre la mesure du nihilisme, de l'absence de transcendance, du manque d'orientation pour les individus et de chercher des réponses à la solitude, la souffrance, le conflit et la guerre. Se préoccuper de manière presque exclusive de la satisfaction ou de l'insatisfaction sexuelle, comme Duchamp, apparaît plutôt dérisoire. Les objections de Beuys sont sans doute trop puritaines mais elles traduisent bien les limites de la création de Duchamp et l'évidente surestimation de son œuvre. Le silence de Duchamp, c'est aussi sa réserve, son scepticisme par rapport au discours, sa défiance à l'égard du langage, son goût du mot d'esprit, son refus de l'art inféodé à l'idéologie, son relativisme philosophique, son idée que l'artiste est irresponsable car il ne sait pas ou peu ce qu'il fait. Beuys, au contraire, discourt, dialogue, enseigne, produit parfois un art didactique, comme avec ses installations de tableaux noirs, et n'hésite pas à associer étroitement l'art, la morale, la religion et la politique. Cependant, Beuys n'a pas toujours su dépasser les impasses du ready-made, comme précisément dans son œuvre *Le silence*, associée à sa déclaration « *Le Silence* de Bergman n'est pas surestimé ». Sans information, cette œuvre est inintelligible et surtout, elle ne propose rien à la contemplation esthétique, ne transforme rien et finalement, ne se distingue pas des ready-mades de Duchamp qui ne sont que des objets et non des œuvres. Les bobines empilées du *Silence* d'Ingmar Bergman peuvent faire penser à la pile de Volta avec son empilement de disques d'argent et de zinc, mais la métaphore cryptée, ici, n'offre pas vraiment une forme à contempler. Trop souvent, Beuys ne transforme pas suffisamment les objets qu'il utilise, notamment dans ses installations *a priori* les plus didactiques comme *Forces directrices (d'une nouvelle société)* (1977). Les tableaux noirs de cette installation ont servi pour illustrer des discours de Beuys. Sans la connaissance des propos de Beuys, les tableaux sont incompréhensibles, ils ne représentent que la part illustrative des théories de Beuys et ne sont pas des œuvres d'art, d'autant plus que les discours de Beuys ont finalement peu de rapport avec l'art. On peut dire que Beuys se sert du ready-made, de sa consécration institutionnelle dans le monde de l'art, pour introduire dans ce monde des préoccupations politiques, morales ou religieuses. Parfois donc clairement, Beuys instrumente l'art pour des fins qui n'ont plus de rapport avec l'art. De nombreux objets dans l'art de Beuys comme les bobines du film de Bergman par exemple sont des multiples, présentés souvent dans des vitrines. Ils sont les supports notamment des idées sociales de l'artiste, mais ont rarement un statut artistique objectif.

La force et la valeur de *Plight* tiennent précisément à la faculté de Beuys, ici, de proposer une transfiguration artistique du piano qui est, dans son installation, un type de ready-made. Beuys, en dépit de sa critique de Duchamp, donne l'impression parfois de ne pas avoir assez enregistré l'importance et le poids de la réification artistique dont le ready-made est le symptôme. L'abus de l'usage du ready-made chez Beuys trahit une relative indifférence à l'art, au profit, en fait, de la politique.

La deuxième objection majeure de Beuys contre Duchamp est la déploration de son apolitisme, de son désengagement social, de son absence de sens historique et la certitude de son irresponsabilité par rapport à l'art avec ses ready-mades. Pourquoi dans ces conditions de tels objets devraient-ils être des références pour les néo-avant-gardes européennes ou américaines ?

Une installation de Beuys, présentée d'abord à Paris et intitulée *Grond* (1980-1981), semble être une nouvelle objection aux ready-mades de Duchamp. Quatre meubles ordinaires de bureau sont exposés devant un assemblage de plaques de cuivre dressées à la verticale et maintenues par un coffrage de bois. L'assemblage, puissante construction, connote la solidité, en opposition aux meubles standards, usagés et rendus ici non fonctionnels. Le construit s'oppose aux ready-mades. La stérilité et l'inertie bureaucratiques sont juxtaposées aux plaques de cuivre, conductrices de l'électricité et, dans l'imagination de Beuys, dépositaires d'une force vitale rédemptrice comme l'ensemble de l'assemblage en bois. Le ready-made duchampien est ici pour Beuys une métaphore de la réification, en l'occurrence celle de la bureaucratie. Beuys se sert du ready-made pour défendre un art engagé. Il détourne le ready-made. Sur l'un des assemblages qu'il a réalisés, il y a un haut-parleur. On entend la voix enregistrée de Beuys qui dit à intervalles réguliers : « Et maintenant nous sortons de la merde. » Sur l'assemblage, est collée une page du Frankfurter Rundschau du 23 décembre 1978 qui contient « l'Appel à l'alternative » de Beuys et présente, de manière condensée, les orientations politiques de l'artiste. L'installation est une critique de la bureaucratie. À ce propos, Beuys déclare : « J'assiste à une bureaucratisation grandissante et toujours plus large des institutions, qui fait obstacle à l'épanouissement des facultés et réduit les hommes à être de simples esclaves de cet appareil bureaucratique[404]. » Cette bureaucratie étatique s'oppose « au libre épanouissement des facultés individuelles »[405]. Le mot hollandais *grond* du titre de l'installation s'apparente au *Grund* allemand qui signifie le fondement ou la base. Ce qui fonde

---

[404] J. Beuys, entretien avec Elisabeth Rona, in B. Lamarche-Vadel, *op. cit.* p. 110.

[405] *Ibid.*, p. 111.

dans cette installation de Beuys, ce sont les forces tout à fait sensibles que recèle l'assemblage de bois avec les plaques de cuivre. Beuys oppose des forces latentes à la réification du mobilier de bureau et aux ready-mades de Duchamp. Ces forces sont utilisables pour une transformation de la société. Beuys déclare : « Mon concept de l'avant-garde au sein même de l'art vise la transformation des rapports sociaux[406]. » Avec *Grond*, Beuys détourne le ready-made et lui donne une dimension politique.

Les ready-mades étaient en fait utilisables pour Beuys, à la condition d'une double assistance artistique et morale. Le paradigme des ready-mades, l'Urinoir, était pour Beuys le degré zéro de la création artistique. Un équivalent, en somme, de la graisse (que l'artiste allemand utilisait dans ses actions) quand son état est chaotique, informel, sans perspective cristalline et solaire et qu'elle suscite le dégoût. Dans le domaine de l'art, le ready-made était un objet symptomatique, traduisant des impasses des avant-gardes, se faisant l'expression opaque de la dévaluation de toutes les valeurs et révélant la désorientation profonde des différents mondes de l'art consacrant un tel objet ; l'indigence du ready-made traduisait bien, d'une certaine manière, la condition humaine après 1945 : sa détresse et sa misère, sa violence et sa cruauté, inconsciemment éprouvées dans une hébétude figée, glacée et insouciante. Dans l'esprit de Beuys, le ready-made, comme la graisse, pouvait être en art un point de départ négatif, l'expression d'un chaos, d'un degré zéro à dépasser, à partir duquel démonstration devait être faite qu'il n'est pas impensable de surmonter la barbarie de l'histoire la plus récente. Pour l'artiste allemand, l'erreur était de faire du ready-made une œuvre d'art ou du geste de Duchamp un acte artistique et un exemple de liberté. Faire de l'Urinoir une œuvre paradigmatique pour penser l'art de ce siècle était à ses yeux se fourvoyer, car si l'on était conséquent, on devait finir nécessairement par énoncer des diagnostics tout à fait négatifs sur l'art contemporain. Impossible en effet d'ériger un urinoir en œuvre majeure sans que la misère de l'objet ne finisse par

---

[406] *Ibid.*, p. 109.

transparaître de manière accablante ; faire du ready-made une œuvre d'art exemplaire, ce serait non seulement une injustice par rapport à l'art du XXe siècle, mais un contresens consacrant le néant et l'aridité des hommes. Dans son enveloppe de feutre, le piano de *Plight*, source de suggestions virtuellement infinies dès qu'un visiteur s'introduira dans l'environnement, s'oppose comme un objet rituel et sacral au ready-made de Duchamp. Se profile ici l'objection sans doute la plus fondamentale de l'artiste allemand à l'encontre de Duchamp. Les ready-mades dénotent une absence radicale du sens de la transcendance, du sacré et des idéaux ; cette absence n'est même plus ressentie comme pénible. On soupçonne alors que le ready-made s'est inscrit dans la durée tranquille et vide de l'existence ordinaire, auréolé du réalisme sceptique, ignorant toutes les fulgurances de l'existence, insensible à sa gravité et à tout ce qui excède l'homme pour le meilleur et le pire ; oubli donc, satisfait et serein, de ce qui en principe irrigue la vie de l'art. Pour Beuys, Duchamp, avec ses ready-mades ou *Étant donnés*, s'est livré à une démystification incontrôlée de l'art ; le ready-made en tant qu'art à propos de l'art ou art conceptuel s'est dissocié de la vie, en prenant le parti d'un art autoréflexif et autonome, sans dimension morale ou simplement vitale. En associant étroitement l'art et les sciences, notamment dans *Le Grand Verre*, Duchamp a pris le parti du concept contre le sensible, la matière, la sensation, l'imagination, l'affect qui sont le substrat de la création artistique pour Beuys. Duchamp voulait en finir avec l'expression animale en art, Beuys avec l'environnement de feutre de *Plight* souhaite au contraire replonger l'homme dans la nature, la matière et les sens anesthésiés par une culture trop rationaliste. La religiosité des actions de Beuys, sa nostalgie du sacré sont bien entendu en opposition avec la désacralisation radicale que représentent les créations de Duchamp. Dans des actions de Beuys comme *Bâton Eurasien* par exemple, la musique accompagne les gestes rituels de Beuys et elle a une religiosité manifeste. La protection du piano dans l'environnement de feutre de *Plight* a le sens d'une préservation de la musique qui, souvent dans le romantisme allemand, est l'art électif pour rendre présent, ou du moins sensible, le suprasensible. *Plight* entend témoigner de la capacité de l'art à faire pressentir un monde d'une magnificence inouïe. Beuys croyait à tort à l'existence d'un monde divin ; mais cette erreur se fondait sur l'expérience réelle, mais purement intérieure, du divin en lui-même. C'est aussi cette expérience que *Plight* enregistre contre l'agnosticisme ou l'athéisme ordinaire.

La critique de Duchamp par Beuys, trop polémique est, sans nul doute, injuste et manque trop de nuances. Ses réserves par rapport au machinisme du monde industriel aurait dû le faire adhérer à l'attitude de Duchamp devant la machine ; « Duchamp, dit Paz, n'est pas adepte de son culte ; au contraire, à l'inverse des futuristes, il a été l'un des premiers à dénoncer le caractère destructeur de l'activité mécanique moderne[407]. » Paz fait aussi remarquer justement que pour Duchamp : « Il s'agit de miner l'autorité de la raison ; il n'est pas un irrationaliste : il applique à la raison une critique rationnelle[408]. » Beuys n'a pas enregistré cette critique du rationalisme qui pouvait aller dans son sens.

En exploitant le ready-made, Beuys est un héritier de Duchamp. L'antimilitarisme de Duchamp aurait dû avoir l'acquiescement de Beuys qui était un pacifiste. L'intégrité de Duchamp, que soulignait Paz, notamment par rapport au monde de l'art, son refus de se répéter en art, de dépendre financièrement d'un galeriste, son refus d'une vie d'artiste en quête de gloire et d'argent, cela aurait dû relativiser l'hostilité de Beuys par rapport à Duchamp. L'anarchisme des deux artistes aurait pu les rapprocher, même si Duchamp mettait l'individu au-dessus de toute communauté. Beuys signale son intérêt pour Piotr Kropotkine : « Les meilleurs anarchistes comme Kropotkine ne se sont pas du tout distingués comme fauteurs de troubles, mais ont défendu au contraire des idées alternatives très intéressantes, même et surtout dans le domaine de l'esprit, c'est-à-dire dans celui de l'art et de la culture[409]. » Dans l'entretien avec Irmeline Lebeer, il dit que l'anarchisme

[407] O. Paz, *op. cit.*, p. 19
[408] *Ibid.*, p. 92.
[409] J. Beuys dans I. Lebeer, *op. cit.*, p. 64.

est une tradition qui lui est familière depuis vingt-cinq ans. Beuys n'est pas un collectiviste, mais il n'est pas non plus un défenseur de l'anarchisme de Stirner comme Duchamp qui met au-dessus de tout le moi individuel[410].

Il y a une certaine pertinence des objections de Beuys par rapport à Duchamp et surtout sa réception. Comme le signale Rainer Rochlitz, le ready-made a été surestimé par la théorie de l'art, notamment par la philosophie analytique américaine et ses disciples en France[411]. Trop souvent, les théoriciens ont considéré de manière implicite le ready-made le plus célèbre, *Fontaine*, comme le paradigme de l'art du XXe siècle, ce qui est à l'évidence un appauvrissement considérable de cet art et le symptôme d'une incapacité relative de la théorie à penser l'art contemporain et à lui découvrir des mérites. L'esthétique, en se focalisant sur un urinoir, ne peut guère s'attendre à des découvertes majeures et éblouissantes dans le domaine de la réflexion sur l'art. Le ready-made, à partir des années 1980, est devenu hégémonique dans la production de Duchamp pour de nombreux experts. Ce n'était pas le cas dans des écrits marquants comme ceux de Paz ou de Jean-François Lyotard qui privilégient l'étude du *Grand Verre*. Le ready-made est devenu l'exemple type de l'art conceptuel. C'était déjà vrai dans le monde de l'art, dans les années 1970, avec l'émergence des arts conceptuels dans les pays anglo-saxons. En devenant de l'art à propos de l'art, le ready-made et ses descendants à partir des années 1970 ont été les objets d'une nouvelle forme d'art pour l'art succédant au modernisme de Greenberg. Il ne s'agissait plus de l'ancien formalisme, mais de l'art conceptuel avec ses théories à propos de l'art, soucieuses de le penser dans sa spécificité, indépendamment de tout autre domaine comme notamment la politique, la philosophie ou la morale. Pour Beuys, l'art pour l'art est une forme d'aveuglement qui s'oppose à son idéal d'une transformation de la société. À

---

[410] À propos de Max Stirner, voir son livre *L'Unique et sa propriété* [1845], trad. Henri Lasvignes, Paris, La Table Ronde, 2000.

[411] R. Rochlitz écrit à ce propos : « L'exemple du ready-made a exercé sur l'esthétique analytique [...] une fascination abusive. » (*L'Art au banc d'essai*, Paris, Gallimard, 1998).

plusieurs reprises dans ses écrits, il a clairement rejeté le formalisme et cette autonomie de l'art. Il déclare : « Les gens dits - créateurs - s'ébattent et mènent une vie de bohême, alors qu'ils devraient pouvoir développer quelque chose qui aille un peu au-delà de cette notion traditionnelle de l'art qui s'épuise en innovations et changements formels internes aux différentes disciplines, de manière uniquement stylistique, à tout petits pas transformateurs[412]. »

La critique de Duchamp par Beuys a néanmoins des limites. L'artiste allemand n'a pas su reconnaître la valeur du *Grand Verre*, qui est une œuvre exemplaire de l'art contemporain. Lyotard a su mettre en évidence ce qui caractérise, ici, l'art de Duchamp[413]. *Le Grand Verre* est lié à une série de notions qui remettent en cause les idées d'identité, d'uniformité, d'unité, de couplage, de synthèse, de logicité et d'organicité. Ces notions sont, par exemple, l'incommensurable contre l'ordre et la mesure, la dissimilation contre l'assimilation, le paradoxe, l'incongruence, la différence contre la répétition, l'hétérogène contre l'homogène. Il faut être sensible au sens éthique, artistique, social et même politique de ces notions. Elles ont une composante libertaire en s'opposant aux idées de système, d'ordre, d'identification, de classement, d'arraisonnement violent et de sclérose.

L'art de Duchamp est lié à une machination « dissimilante » (selon une expression de Lyotard) qui met en échec les logiques liées à l'idée de l'Un et du Tout ; pour ne pas réintroduire une logique manichéenne, Duchamp, selon Lyotard, juxtapose les contraires sans solution dialectique, par exemple la troisième dimension du domaine des célibataires et la quatrième dimension du domaine de la Mariée dans *Le Grand Verre*. En fait, Lyotard pense *Le Grand Verre* comme une machine célibataire qui met en crise tous les couplages et la passion de l'unification. Cette logique dans *Le Grand Verre* recoupe les œuvres qui, au XXe siècle, ont pris le parti de l'innovation et de

---

[412] J. Beuys, *Par la présente…*, *op. cit.*, p. 45.

[413] J.-F. Lyotard, *Les Transformateurs Duchamp,* Leuven University Press, Bruxelles, 2010.

la singularité contre le dogme, l'académisme, les essences, l'universel, l'imitation, le génie comme expression d'une collectivité. On comprend que Beuys, l'auteur de *Honigpumpe*, une machine communautaire, n'ait pas pu se reconnaître dans les notes de la *Boîte verte* ou même qu'il n'en ait pas compris l'importance. La communication et la communauté ne sont pas le dernier mot de l'art. Il peut être vital pour l'art de déstabiliser la rationalité et l'humanisme que défend Beuys. La notion d'inhumain de Lyotard rappelle que l'art a des rapports avec l'incommensurable et l'altérité qui viennent inquiéter ce qui est identifié comme humain, trop humain[414]. L'idéologie de Beuys, liée à la pensée de Rudolf Steiner, est sous l'emprise d'une pensée obsolète qui donne au système et au tout une importance irrationnelle. Avec des œuvres comme *Plight*, l'art de Beuys se soustrait à son discours qui tend à nier l'art, en lui opposant une notion idéaliste de créativité finalement bien indéterminée. Le concept élargi de l'art correspond, comme le dit Beuys, à la faculté de créer, d'inventer dans n'importe quel domaine de la sphère du travail. Il déclare : « La question, c'est la capacité de chacun sur son lieu de travail, ce qui compte, c'est la capacité d'une infirmière ou d'un agriculteur à devenir une puissance créative et à la reconnaître comme une partie d'un devoir artistique à accomplir[415]. » Si la critique de l'autonomie radicale de l'art par Beuys est recevable, sa dissolution de l'art dans la sphère du travail revient à liquider l'art.

Revenons donc aux œuvres de Beuys et à *Plight* pour ressaisir l'essence de l'art selon le sculpteur allemand. Le mot *Plight* signifie aussi état, condition. L'environnement de Beuys est une invitation à réfléchir sur l'état de la création artistique contemporaine ; il est de même un miroir de la condition humaine, en suspens entre la naissance et la mort, l'aube et la nuit. L'installation de Beuys feutrait intégralement la galerie Anthony d'Offay, à Londres. Ce calfeutrage d'un lieu artistique est une métaphore plastique de la clôture sur eux-mêmes des

---

[414] Voir J.-F. Lyotard, *L'Inhumain. Causeries sur le temps*, Paris, Galilée, 1988.

[415] J. Beuys, *Par la présente…*, *op. cit.*, p. 30.

lieux culturels et artistiques. L'actualisation dans la société des promesses libératrices de la création artistique était pour Beuys encore un projet, certes assombri, à transmettre peu de mois avant sa mort à une postérité hypothétique. Élargir le concept de l'art, pour Beuys, signifiait briser la clôture de l'art sur lui-même et réaliser les promesses d'une vie plus solaire qu'il recèle parfois. Beuys a désigné sans vraiment l'expliciter ce qui faisait la valeur des œuvres modernes comme celles de Mondrian, Newman, Picasso ou de tout autre artiste novateur. C'est la liberté dont elles sont le témoignage qui constitue pour l'artiste allemand leur essence et leur valeur d'exemple. Beuys dit : « C'est l'art le premier qui ressent si l'homme [...] est une créature libre ou dépendante, et à quel point il est libre ou dépendant. » La faculté de créer en art est indissociable de la liberté pour Beuys. Les œuvres authentiques sont des révélateurs d'une liberté dont on doit pouvoir disposer pour changer la société. Les œuvres marquantes de la modernité sont des signes de la liberté et de la créativité humaine. Il convient maintenant de faire en sorte que ces « signaux » soient relayés par tout être humain pour que la liberté devienne effective et la créativité féconde pour la réalisation d'une société plus idéale. La liberté et la créativité ne doivent pas rester encloses dans les œuvres, elles doivent s'actualiser dans la vie.

Encore un mot sur ce sanctuaire archaïque et sépulcral, organique et auroral de 1985 : *Plight* est l'allégorie d'une sacralisation de la vie, ce que la magnificence embryonnaire du piano suggère. Le respect de la vie est placé sous le signe du sacré quand la violence prosaïque et démesurée des hommes menace de la détruire définitivement. Les visiteurs dans *Plight*, qu'ils le soupçonnent ou non, sont face à leur responsabilité : faire croître dans le monde les possibles que l'œuvre d'art incarne ou bien laisser toute initiative à une nuit définitive, hostile aux hommes. On a reproché à Beuys de ne pas respecter la spécificité de l'art en le moralisant ou en l'annexant à la politique. La critique est justifiée si l'on s'en tient aux déclarations de l'artiste qui nous semblent éluder l'essentiel, c'est-à-dire l'art qui est présent, sous une forme il est vrai énigmatique, dans ses œuvres ou ses actions les plus importantes. Concernant *Plight*, l'objection n'a plus de sens. L'environnement de Beuys, particulièrement suggestif, mobilise toutes les facultés humaines en s'adressant tout spécialement à l'imagination, à la sensibilité et aux sens des individus. Quelle est la fonction la plus spécifique de l'art ? N'est-ce pas celle que suggère *Plight* : faire œuvre en s'opposant à la dégradation de la vie affective et sensible, et à la démolition insidieuse de l'imaginaire humain ? En exaltant nos facultés, *Plight* est une alternative au vide de l'existence, à la démoralisation institutionnalisée et à l'insensibilité du cœur. C'est une œuvre combative contre la résignation, le désespoir, l'indifférence, autant de sentiments favorables à l'extension de la barbarie. *Plight* est une puissante métaphore plastique de la mort et de la renaissance, de la violence et de son apaisement, hantée par les vertiges du sacré et dédiée à la lumière de la conscience.

III/ Dialogue avec John Cage

Impossible dans *Plight*, en découvrant le piano, de ne pas se demander ce que fut le statut de la musique pour Beuys et l'importance qu'il lui accordait dans sa production artistique. Dans les premières performances Fluxus de l'artiste allemand, le piano est souvent présent. La référence musicale majeure des artistes du groupe Fluxus est John Cage. Le silence de *Plight*, le mutisme du piano, par association, peuvent nous faire penser à la célèbre œuvre silencieuse de John cage, *4'33''*, qui eut lieu, pour la première fois en 1952. Cette œuvre était un happening. Il y a, dans *Plight*, une citation de la création de Cage. Daniel Charles a donné un commentaire de *4'33''*. Il a tout d'abord précisé que l'œuvre démontrait que le silence n'existe pas et que durant l'exécution de cette œuvre paradoxale, on entendait des bruits, notamment ceux de la nature lors de la toute première audition. Pour Cage, le silence, ce sont les bruits non voulus par le compositeur. Les bruits sont le refoulé de l'histoire de la musique. C'est ce refoulé que nous entendons en pénétrant dans *Plight*, en l'occurrence le bruit de nos pas ou les bruits produits par les autres visiteurs. Daniel Charles écrit qu'il sera impossible d'entendre le même morceau, puisque à chaque audition de *4'33''*, les bruits seront différents ; l'œuvre est donc virtuellement infinie et toujours inachevée. Les critères esthétiques habituels ne sont plus opératoires, l'œuvre n'a plus d'identité déterminée ; elle est au contraire ouverte à l'indéterminé et aux possibles ; elle est liée à l'aléatoire et à l'imprévisible. Elle n'est plus subordonnée aux intentions du compositeur, elle est désubjectivée. Elle n'est plus expressive et ne symbolise rien. Elle est ouverte aux bruits infinis du monde. Charles définit la philosophie de Cage comme un empirisme. Il parle de l'irresponsabilité assumée du compositeur par rapport à ce qui peut survenir. Les réponses de l'auditeur sont de même implicitement encouragées alors qu'elles sont interdites *a priori* dans la musique.

Différents aspects de cette esthétique sont en partie présents dans l'art de Beuys. *Plight*, en déplorant la clôture du monde de l'art, rappelle que la théorie de l'art de l'artiste allemand est liée à la sculpture sociale et que le monde doit être transformé par l'art. Il s'agit bien d'ouvrir l'art sur le monde en dépassant les différentes formes de l'art pour l'art, comme Cage ouvre la musique sur les bruits du monde. *Plight* est une œuvre délibérément inachevée, un *work in progress* qui attend d'être relayé par ses visiteurs qui poursuivront la création de l'artiste de diverses manières. L'environnement de Beuys est relativement indéterminé et remet en cause l'identité traditionnelle de l'œuvre d'art. Dans *4'33''*, Cage ne compose pas et ne règle d'aucune manière les relations entre les sons ; ce qui l'intéresse est la matérialité du son, sa singularité et sa diversité. Cet intérêt pour la matérialité de l'œuvre est aussi un point capital pour l'art de Beuys ; *Plight* est un environnement sensoriel qui s'adresse électivement au corps ; la matière du feutre s'impose à l'odorat et au goût dans ce lieu. Les réserves de Cage, par rapport à la musique sérielle, la syntaxe, les structures et les formes trouvent des résonances dans les critiques du rationalisme, récurrentes dans les discours de Beuys ou certaines de ses actions qui privilégient le matériau sonore du langage et disqualifie la syntaxe et le sens. Chez Edgar Varèse, dit Cage, il y a « un parti pris de domination des sons et des bruits[416] ». Le travail de Pierre Schaeffer est pareillement lié à son souci des relations entre les sons et entre les bruits. Cage déplore chez ces musiciens leur volonté d'ordonner les bruits. Il déclare : « J'accorde de plus en plus de place aux silences ; ce qui signifie que je cesse d'être compositeur : les silences parlent pour moi, ils montrent bien que je ne suis plus là[417]. »

Pour Cage, les silences ne sont pas expressifs, « ils ne disent rien. Ou si vous préférez, ils commencent à dire le Rien[418] ». Ce Rien laisse entendre que Cage s'intéresse à la mystique comme Beuys. Cage pense que l'Orient et l'Occident ne sont pas des mondes étrangers ; Ananda Coomaraswamy lui aurait appris que la pensée orientale n'est pas inaccessible pour un occidental. Eckhart serait proche du zen selon Cage. Le *Grund* d'Eckhart « sonne Zen[419] » dit-il. Beuys, avec sa notion d'Eurasie, est lui aussi dans la logique de relier l'Occident et l'Orient. Charles remarque en s'adressant à Cage : « Les influences orientales se marquent habituellement au seul niveau sonore ou formel chez des compositeurs qui ne changent rien pour autant à leur vision du monde. Quand Messiaen se sert des tala, il n'en reste pas moins un musicien catholique ; tandis que vous, c'est d'abord votre outillage mental que vous cherchez à renouveler[420]. » Beuys, de même, demande au chamanisme sibérien bien plus qu'une leçon artistique. C'est un exemple de spiritualité et une mystique qu'il découvre dans ce chamanisme.

La religiosité de Cage trouve évidemment des résonnances chez Beuys. Mais la religiosité dans les deux cas n'est pas la même. Cage est plus spiritualiste que mystique, c'est une éthique, une forme de sagesse, qui l'intéresse dans le zen, c'est le non-agir dans le taoïsme de Tchouang-Tseu qui lui convient, c'est à l'ontologie négative d'Eckart et à sa passion de

---

[416] John Cage, *Pour les oiseaux. Entretien avec Daniel Charles* [1976], Paris, L'Herne, 2002, p. 81.
[417] *Ibid.*, p. 119.
[418] *Ibid.*, p. 119.
[419] *Ibid.*, p. 120.
[420] Daniel Charles, in *ibid.*, p. 121.

l'insaisissable que sa pensée adhère. Beuys a associé son mysticisme au chamanisme, le sacré pour lui est une surabondance d'être, ce n'est pas le Rien de la mystique orientale ou la déité d'Eckhart qui s'offre à une intuition intellectuelle.

Cage défend le non-agir dans l'art mais pas dans la sphère de l'utile. Il ne s'agit pas, de sa part, d'un désengagement social. Le musicien fait une différence nette entre l'art et le politique ou le réel. On peut et on doit changer le réel, comme lutter contre la pollution par exemple. Mais on ne doit pas faire de la lutte contre la pollution, de l'art ; voilà un point de désaccord net de Cage avec Beuys. L'artiste allemand, à tort, tend à ne plus faire de distinction entre l'art et l'engagement écologique par exemple, faisant du second, un art. Plus globalement, Beuys ne souscrit pas à la philosophie du non-agir, même en art ; ses actions ont pour finalité la transformation de la vie et de la société. Charles demande à Cage, qui répond de manière affirmative, si son enseignement est associé à « une pédagogie du non vouloir ? Un détachement à l'égard de la volonté[421] ? ». Beuys ne peut suivre cette négation de la volonté, il s'agit plutôt pour lui de réguler la volonté, de l'intensifier, de l'orienter et d'éclairer ses aspects aveugles quand elle n'est que poussée, pulsion ou énergie.

Beuys a signalé que pour ses actions, il laissait une place significative à l'improvisation et donc à l'imprévisible ; l'aléatoire n'est donc pas exclu, en dépit d'un art étroitement associé à la théorie. Beuys pourrait souscrire à l'idée de Cage « d'ouvrir l'œuvre afin qu'on puisse l'interpréter diversement[422] ».

Cage déclare : « Nous croyons toujours qu'il faut, en art, mettre de l'ordre partout. Et si l'art incitait au désordre[423] ? » À cette question de Charles : « C'est à une anarchie que vous

[421] D. Charles in *ibid.*, p. 101.
[422] J. Cage, *Pour les oiseaux…*, *op. cit.*, p. 62.
[423] *Ibid.*, p. 100.

souhaitez accéder, et faire accéder[424] ? », Cage répond : « Oui, certainement[425]. » Si Beuys pourrait être dans la logique de dialectiser ordre et désordre, on le voit mal faire l'apologie du désordre au moyen de l'art. Pour Beuys, le désordre est une donnée sociale du capitalisme qu'il convient de dépasser. L'anarchisme de Beuys a finalement peu de rapport avec le désordre anarchiste de Cage. Finalement, Beuys est sans doute moins libertaire que Cage, sa pensée a une dimension autoritaire et dogmatique que ne possède pas celle du musicien. Beuys, en se référant à l'anthroposophie de Steiner, n'a pas su dépasser l'idéalisme des systèmes philosophiques du XIXe siècle et la naïveté de leur prétention religieuse et archaïque à l'absolu.

Un autre point, cette fois en faveur de Beuys, mérite qu'on s'y arrête. Une réflexion de Cage est révélatrice : « En ce qui concerne les sons, je vous répondrai que je n'ai pas encore entendu un son qui fût réellement insupportable[426]. » Pour Beuys, il y a des sons insupportables, les bombardements par exemple ou encore des sons hallucinés terribles, des sons torturants ou obsédants. Cage a manifestement lui aussi filtré les sons, mais sans s'en rendre compte. Voilà pourquoi il croit pouvoir s'ouvrir à n'importe quoi, à n'importe quel événement sonore. Le monde protégé et artificiel de Cage l'a mis d'emblée à l'abri des traumatismes sonores et a réduit *a priori* son champ d'expérience sonore. Beuys, plus réaliste, recommande dans *Plight* de feutrer et de filtrer le réel et sa violence fondamentale.

Le monde est un perpétuel devenir selon Cage. Il déclare, comme pourraient le faire les artistes de Fluxus, « le monde, le réel, ce n'est pas un objet. C'est un processus[427] ». Si Beuys pense que l'être est fluidité fondamentale, ce sont toutefois les objets qui dominent dans son art, certes comme reliquats ou produits d'une action. Cage déclare qu'il faut « nous rapprocher

---

[424] D. Charles, in John Cage, *Pour les oiseaux…*, *op. cit.*, p. 109.
[425] J. Cage, *ibid.*, p. 109.
[426] *Ibid.*, p. 108.
[427] *Ibid.*, p. 88-89.

du processus qu'est le monde[428] ». Il surestime ici l'importance des processus, des changements et sous-estime les inerties qui ne sont pas que des aberrations accidentelles. Beuys a une hantise : la paralysie, l'inertie, la mort qu'il ne considère pas, avec raison, comme des épiphénomènes. En outre pour Beuys, le processus n'est pas en soi positif, comme il l'est pour Cage ou certains membres de Fluxus. Comme le pensait Vostell, le flux infini peut être un processus de mort et de démolition constante, comme le révélait clairement l'histoire de l'Europe dans la première moitié du XXe siècle. Il y a un volontarisme inconscient de Cage dans cette idée que le réel est foncièrement mouvant et un optimisme qui sous-estime le poids des inerties de toutes sortes.

Beuys ne confère pas au hasard l'importance considérable que lui donne Cage. Le hasard est utilisé par Cage pour déjouer « les idées préalables d'ordre et d'organisation[429] ». Cage ajoute : « Je ne conserve de l'organisation que ce qui est utile à la survie [...], les hommes agissent en général autrement : ils organisent toutes choses et sans relâche ! Et tout particulièrement ce qu'il est inutile d'organiser : la musique par exemple[430]. » Beuys n'offre pas autant de marge de manœuvre au hasard, y compris dans l'art. Il dialectise forme et matière, la graisse peut être informe mais aussi acquérir une forme cristalline. Pour Cage, l'organisation doit être concentrée sur ce qui est utile, pas sur l'art ou sur la vie. Sur ce point, Beuys ne le suit pas ; l'art élargi, qui est l'essentiel de l'art pour Beuys et qui concerne tous les domaines de la société, est indissociable de l'organisation. « J'essaie de ne jamais rien refuser » dit Cage[431]. Voilà une attitude bien différente de celle de Beuys qui est, lui, dans l'action et la transformation critiques, pas dans le « laisser être » du non-agir. Cage dit avoir en commun avec Érik Satie et ses *Vexations*, ou avec Terry Ryley ou La Monte Young, l'idée de « briser son ego ». Ce n'est pas l'objectif de

---

[428] *Ibid.*, p. 89.
[429] *Ibid.*, p. 44.
[430] *Ibid.*, p. 45.
[431] *Ibid.*, p. 56.

Beuys qui réalise une œuvre en partie autobiographique[432] et qui croit en l'autodétermination qui suppose une conscience de soi, une liberté de choix et un moi souverain. *Plight* ne rompt pas avec l'idée de forme et d'organisation, et surtout conserve les idées d'expression et de symbolisme en art. En revanche, le sens n'intéresse pas Cage ; à ce propos, il dit : « Si j'avais quelque chose à dire, je le dirais avec des paroles. »

Il y a des points d'accord entre les deux artistes sur la politique ; d'abord, un dégoût de la politique politicienne. Cage dit : « Si vous regardez de près, dans les détails, ce que c'est qu'un gouvernement, vous ne pouvez pas échapper à un sentiment de dégoût[433]. » Beuys et Cage se rejoignent sur la défense de la nature et à propos de la lutte contre la pollution. L'artiste allemand pourrait acquiescer à l'idée de Cage de « ne pas être prisonnier de notre entourage technologique[434] ». Cage déclare : « Qui dit politique dit gouvernement, et j'ai affirmé souvent que s'il y a bien une chose inutile, c'est le gouvernement[435]. » On retrouve le même refus de l'État et d'un gouvernement qui limite la démocratie dans la pensée de Beuys. La résistance pacifique plutôt que la violence est recommandée par les deux artistes qui se réfèrent à Gandhi ou Martin Luther King. Cage cite aussi Thoreau et rappelle que la résistance danoise a invoqué Thoreau et diffusé son traité intitulé *La Désobéissance civile* pour sauver, en 1943, les juifs danois de la déportation[436]. Cage déclare : « Je tiens *Love's body* pour un grand livre » ; pour Norman Brown « la véritable vie est poétique [...] la politique consiste au contraire à supprimer la vie[437] ». On a parfois l'impression fâcheuse avec Beuys que la

---

[432] On trouve des composantes biographiques dans une installation comme *Voglio vedere le mie montagne* (voir sur ce point l'analyse convaincante de Antoine, *op. cit.*, p. 312 et suivantes. C'est le cas aussi pour *Tram Stop*, voir les analyses et les informations précieuses de Max Reithmann sur cette sculpture dans *Joseph Beuys : Si nécessaire, nous vivrons aussi privés de cœur*, *op. cit.*

[433] John Cage, *Pour les oiseaux…*, *op. cit.*, p. 127.

[434] *Ibid.*, p. 130.

[435] *Ibid.*, p. 126.

[436] Voir *Ibid.*, p. 127.

[437] *Ibid.*, p. 129.

poésie n'est plus à l'ordre du jour et qu'elle est supplantée par l'économie politique. À force de vouloir être responsable socialement, Beuys finit par ternir la vie et rejoint, malgré lui, les politiques qu'il critique.

Cage déclare : « Nous envoyons tout le monde en prison, chaque jour : les enfants à l'école, les parents au bureau ou à l'usine, les musiciens le soir dans les salles de concert[438]. » Beuys n'est pas aussi radical et libertaire, et c'est dommage, car Cage a raison de dénoncer les aliénations quotidiennes qui volent les vies de tous. Beuys accorde par exemple trop de valeur au travail que de son côté Cage critique à juste titre. Il dit à ce propos : « Nous devrions arriver à un stade où les machines nous délivrent du travail [...], c'est le travail, le fait de travailler qui est l'oppression[439]. »

Charles rappelle que la critique associe Cage et Duchamp, il précise toutefois que le silence de Cage n'est pas celui de Duchamp. Il dit que par certains aspects, le musicien est un anti-Duchamp. En fait, Cage avait une réelle admiration pour Duchamp et se reconnaissait dans plusieurs aspects de son art. Il déclare par exemple : « Je crois que la société peut être un des plus grands obstacles qu'un artiste puisse rencontrer. Je pense que Duchamp était d'accord avec un tel point de vue[440]. » En effet, pour Duchamp, la création est individuelle et singulière et en opposition, de ce point de vue, avec tout consensus social. En revanche, Beuys a placé l'art au cœur de la société en défendant l'idée d'une sculpture sociale. Cage rapporte des propos de Duchamp concernant Dieu : « ne parlons pas de ça, c'est la plus stupide des idées de l'homme[441]. » Cette distance par rapport à la société, cet athéisme déclaré rappelle que pour Duchamp comme pour Cage, il n'y a ni dieu ni maître. La figure du Christ est trop présente dans l'art de Beuys pour que son athéisme ne soit pas équivoque.

---

438 *Ibid.*, p. 128.
439 *Ibid.*, p. 124-125.
440 J. Cage, in Marc Dachy *John Cage/Marcel Duchamp*, Paris, Eolienne, 2005, p. 21.
441 M. Duchamp, cité par J. Cage in M. Dachy, *ibid.*, p. 33.

Le musicien déclare : « À une exposition Dada qui s'est tenue à Düsseldorf, j'ai été impressionné de constater que, avec le temps, Schwitters, Picabia et les autres étaient devenus des artistes alors que les œuvres de Duchamp restaient inacceptables comme art[442]. » Cela reste vrai, en effet, de certains ready-mades, comme le *Peigne en acier* par exemple ou bien sûr l'Urinoir. Beuys a sous-estimé la force de provocation de *Fontaine*. Dans un musée, la présence de *Fontaine* oblige encore aujourd'hui le public à mettre en cause le statut artistique de toutes les œuvres exposées et à douter des valeurs artistiques consacrées. Sans discussion, l'identification de *Fontaine* en tant qu'art est impossible. Ce ready-made de Duchamp suspend tout fétichisme artistique ou en révèle l'absurdité quand des théoriciens par exemple en font le paradigme de l'art du XXe siècle. La théorie de l'art se ridiculise quand elle n'a plus pour objet qu'un urinoir.

Cage remarque à propos de Duchamp : « Il prenait au sérieux le fait de s'amuser et l'atmosphère autour de lui était toujours de l'ordre du divertissement[443]. » La dramatisation expressionniste de Beuys lui interdisait de comprendre l'intérêt de cette démystification régulière et légitime du sérieux par Duchamp. Cage dit : « Je comprends Duchamp qui ne faisait rien, et il me semble que je suis à présent dans sa situation[444]. » La paresse aristocratique de Duchamp est lue probablement par Cage comme une adhésion de l'artiste au non-agir des taoïstes. Mais le musicien sait remarquer aussi des différences notables ; il dit : « Une contradiction entre Marcel et moi tient au fait qu'il dénonçait toujours les aspects rétiniens de l'art alors que j'ai mis l'accent sur le caractère physique du son et l'acte d'écouter [...], la nécessité en art quand il y est venu n'était pas d'être physique dans le regard, et la nécessité en musique quand j'y suis venu était d'être physique dans l'écoute[445]. » Sur ce point, Beuys a fait coexister les deux positions contradictoires de Duchamp et Cage.

---

[442] J. Cage, in M. Dachy, *ibid.*, p. 48.
[443] *Ibid.*, p. 49.
[444] *Ibid.*, p. 25.
[445] *Ibid.*, p. 41.

Le silence de Marcel Duchamp est, pour Beuys, surestimé ; le silence de Cage est-il aussi surestimé pour l'artiste allemand ? Le piano dans *Plight*, n'est-ce pas celui de Cage, un piano réduit au silence qui s'efface devant les bruits des visiteurs ? L'intérêt de Cage pour le silence est lié à son désir « d'englober le monde des bruits dans l'œuvre musicale[446] ». En ouvrant la musique sur le monde réel, Cage a l'assentiment de Beuys. Mais il ne s'agit pas de dissoudre la musique dans la vie quotidienne, comme le souhaite Cage. Ce dernier écrit : « J'aimais beaucoup la situation dans laquelle l'art disparaît et se trouve peu à peu immergé dans ce qu'on appelle la vie[447]. » La vie, pour Beuys, n'est pas nécessairement désirable, elle peut être stérile ou invivable. Le feutre dans *Plight* filtre les bruits du monde et notamment les bruits traumatisants. Cage dit : « Ce que je souhaite, c'est la possibilité de voir n'importe quoi survenir[448]. » Beuys non ; la déclaration de Cage est celle d'un privilégié : rien de grave ne peut survenir, tout est recevable. Les composantes mortuaires de *Plight* laissent penser que pour Beuys, l'art et la musique sont au bord de l'anéantissement. Il y a là une critique de l'art pour l'art, de l'art moderniste défendu par Greenberg, de l'art en tant qu'art de Reinhardt, de l'art conceptuel, de l'art minimal ou encore d'un art citationnel comme celui de Lichtenstein qui produit un art pour historiens d'art ; mais plus largement, Beuys entreprend ici une critique de l'art de son époque, trop hermétique et finalement inutile, ou trop complaisant à l'égard du monde actuel.

Soit l'art se ferme au monde et n'a plus de public en devenant un art pour connaisseurs, soit il s'ouvre trop au prosaïsme du réel comme Fluxus, parfois le pop art ou la musique de Cage, et s'expose à sa destruction. Finalement, l'art de Cage ne serait-il pas lui aussi un art inutile puisqu'il s'efface pour faire entendre le silence, soit les bruits du monde ? D'une certaine manière, *Plight* interroge aussi l'art de Beuys. L'artiste

---

[446] J. Cage, *Pour les oiseaux*, entretiens avec D. Charles, *op. cit.*, p. 29-30.
[447] *Ibid.*, p. 139.
[448] *Ibid.*

prétend dépasser l'art comme sphère spécifique et autonome pour faire de la transformation de la société l'art majeur. Mais en faisant ce choix, Beuys expose l'art à sa liquidation. Le piano de l'installation doit être protégé contre les tentatives d'asservissement social de l'art qui menacent l'ensemble des créations de Beuys. Ne doit-on pas comme Cage poser une différence entre la sphère politique ou sociale et l'art ?

En dépit d'affinités manifestes, Beuys n'est pas un disciple de Cage. Dans *Plight*, le contexte sonore feutré est prédéterminé, les sons ambiants partageront un même air de famille, en dépit de leur diversité. L'ouverture sur le monde de Beuys n'est pas indécise et non sélective. Il ne s'agit pas de s'ouvrir à n'importe quelle occurrence. Le laisser être, si important dans l'art de Cage selon Charles, n'est pas une catégorie centrale pour Beuys. Pas de quiétisme dans l'activisme orienté de Beuys, le réel ne doit pas être contemplé mais transformé. Dans *Plight*, le réel peut être lié à l'explosion et à la souffrance. Il n'y a pas lieu de laisser la violence du monde s'exercer. Beuys n'est pas un disciple taoïste du « non-agir » que Charles reconnaît dans la musique de Cage. Le monde sonore ready-made, que Cage semble parfois vouloir défendre, n'est pas souhaitable pour Beuys qui sait ce que les sons peuvent avoir d'insupportable. Le théoricien de l'art élargi lié à la créativité ne peut se reconnaître dans l'abstention et l'irresponsabilité de Cage par rapport au son. Comme on l'a vu, *Plight* est une œuvre symbolique et polysémique. Beuys ne se reconnaîtrait pas dans le programme de désémantisation de Cage ; d'ailleurs, *4'33''* est une œuvre significative, même si l'objectif est de faire entendre la matérialité des sons sans valeur expressive. Dans l'art de Beuys, le piano est symbolique et souvent, les objets utilisés par l'artiste sont liés à sa biographie. La tonalité expressionniste de l'œuvre de Beuys est présente dans *Plight* ; l'une des caractéristiques de l'expressionnisme allemand au début du XXe siècle est son ton apocalyptique. *Plight* fait allusion à une nouvelle apocalypse, liée au nucléaire par exemple. Beuys s'est engagé contre le nucléaire dans les années 1970. La dimension « archaïque » de l'art de Beuys, présente dans *Plight*, recèle une composante alarmante, une régression au chaos et à une nuit infrahumaine. L'apocalypse, ici, comme dans l'expressionnisme, appelle une réponse liée à la lumière, une mobilisation et une énergie pour neutraliser la violence. Le silence de Beuys dans *Plight* n'a pas la même teneur que celui de Cage. Ce silence est lié au sublime du philosophe Edmund Burke. Il est lié à la mort ou à l'idée d'un suspens de la vie ; il est le silence qui précède une déflagration intolérable, il est le silence de l'angoisse qui écoute l'horrible adversité. Ce silence est néanmoins polysémique et ambivalent, car *Plight* est aussi un espace de réflexion. Le silence est alors celui de la méditation, en retrait du monde. Le silence peut être secours et salut, occasion de réflexion pour une action salvatrice. Le silence confère aux choses leur substance, et parfois une sacralité, une gravité bienvenue, une sérénité. Le silence du piano dans *Plight*, son mutisme, renforce pour l'imagination la sensation du silence et confère à l'environnement une dimension sacrale. Il rend toute chose méditative, comme si le monde avait un sens. « Le silence est là comme un monde[449] » dit Max Picard dans *Le Monde du silence* ; la beauté du piano dans *Plight* allège la dimension chtonienne du silence dans la matrice de feutre.

Un tableau noir, support des discours de Beuys lors de ses performances ou conférences, est posé sur le piano ; il suggère que la parole peut succéder au silence de *Plight*. Le tableau est là pour de nouveaux discours, après la mort de Beuys. Le silence donne à ces futures paroles un poids que la parole à elle seule ne possède pas sans lui. Les paroles qui comptent sont tramées avec du silence, de la réflexion et de la préméditation ; *Plight* nous introduit au début du monde, dans un silence originaire et pré-humain qui est le fond d'une naissance possible du Verbe, d'un fiat lux. *Plight* n'est pas uniquement dans l'attente de l'éclair d'une déflagration, il est aussi l'écrin d'une renaissance lumineuse du Verbe. Le démonisme de la nuit et du silence dont parle Picard est aussi présent ici, si l'on pense au *Silence* de Bergman, la référence de Beuys. À propos

---

[449] Max Picard, *Le Monde du silence*, trad. J.-J. Anstett, Paris, PUF, 1954, p. 10.

de monuments antiques, Max Picard dit que les « figures archaïques ont été exhumées du silence plus que de la terre ; elles sont comme des ruines du silence[450] ». Il y a des affinités entre l'archaïque connoté par *Plight* et ce silence. Picard parle des divinités qui nous réduisent au silence, comme celles qui habitent les sphinx égyptiens, les pyramides, les mégalithes ou toute espèce d'édifice archaïque. *Plight*, cependant, ne retient pas cette dimension minérale dominatrice et inhumaine de l'archaïque. La matrice animale de l'environnement humanise le silence et en révèle les virtualités accueillantes. *Plight*, nomade et assimilable à une yourte, refuse l'autorité menaçante des monuments archaïques, envoutés par l'éternel et l'immuable.

Beuys fait remarquer que le silence de *Plight* suggère de penser à la musique. Quelle musique pourrait naître d'un tel environnement ? Quelle musique Beuys veut-il faire entendre avec des installations comme *Hirschdenkmal für George Maciunas* (1982), dans laquelle l'instrument est posé sur des plaques de cuivre qui, dans le langage de Beuys, ont le sens de conduire une énergie vitale. Il me semble qu'elle a une affinité avec la musique telle que la définit Arthur Schopenhauer. Le philosophe écrit : « Mais la musique qui va au-delà des Idées est complètement indépendante du monde phénoménal ; elle l'ignore absolument, et pourrait en quelque sorte continuer à exister, alors même que l'univers n'existerait pas [...], la musique, en effet, est une objectité, une copie aussi immédiate de toute la volonté que l'est le monde, que le sont les Idées elles-mêmes [...]. Elle n'est donc pas comme les autres arts, une reproduction des Idées, mais une reproduction de la volonté au même titre que les idées elles-mêmes. C'est pourquoi l'influence de la musique est plus puissante et plus pénétrante que celle des autres arts, ceux-ci n'expriment que l'ombre, tandis qu'elle parle de l'être[451]. » Cette ontologie de la musique me semble proche de la pensée de la musique de

---

450 *Ibid.*, p. 129.

451 Arthur Schopenhauer, *Le Monde comme volonté et comme représentation*, trad. A. Burdeau, Paris, PUF, 1966, p. 329.

Beuys. La musique peut être une expression idéale de la « volonté », c'est-à-dire, pour Beuys, de l'énergétique fondamentale du monde ou de son vitalisme essentiel. Il s'agit ici d'une métaphysique de la musique, qui laisse penser qu'elle peut être l'expression de l'absolu, mieux même, la manifestation privilégiée en nous de l'absolu, sans aucun lien avec le monde phénoménal. L'étrange définition de la musique par Schopenhauer, comme un monde en soi en dehors du monde, laisse penser que le suprasensible est musical et qu'il est en fait le vrai monde, le monde réel n'étant qu'une ombre ou presque un néant. Si le monde de la musique est effectivement en quelque sorte un monde qui se suffit à lui-même, qui n'est pas une émanation du monde réel, alors le monde de la musique est le divin lui-même comme volonté dans le langage de Schopenhauer, comme énergie dans celui de Beuys.

Schopenhauer dit encore qu'en tant que reproduction immédiate de la volonté, la musique « exprime ce qu'il y a de métaphysique dans le monde physique, la chose en soi de chaque phénomène[452] ». La musique est plus et autre chose qu'un simple moyen d'expression d'une subjectivité. Le philosophe écrit : « Le monde pourrait être appelé une incarnation de la musique tout aussi bien qu'une incarnation de la volonté[453]. » Il ajoute : « Dans une langue éminemment universelle, la musique [...] exprime [...] avec vérité et précision, l'être, l'essence du monde, en un mot ce que nous concevons sous le concept de volonté, parce que la volonté en est la plus visible manifestation[454]. » Il précise : « Si donc nous énoncions et développions en concepts ce qu'elle exprime à sa façon, nous aurions par le fait même l'explication raisonnée et l'exposition fidèle du monde exprimée en concepts ou du moins quelque chose d'équivalent. Là serait la vraie philosophie[455]. » Je crois que Beuys aurait pu faire sienne cette déclaration de Schopenhauer : « Il y a dans la musique quelque chose d'ineffable et d'intime ; aussi passe-t-elle près de nous

[452] *Ibid.*, p. 335.
[453] *Ibid.*, p. 336.
[454] *Ibid.*, p. 337-338.
[455] *Ibid.*, p. 338.

semblable à l'image d'un paradis familier quoique éternellement inaccessible ; elle est pour nous à la fois parfaitement intelligible et tout à fait inexplicable[456]. »

Schopenhauer rappelle ce que disait Leibniz à propos de la musique, il la considérait comme « un exercice d'arithmétique inconscient, dans lequel l'esprit ne sait pas qu'il compte[457] ». Schopenhauer fait remarquer que la musique est plus profonde et qu'elle ne se réduit pas à un calcul et au plaisir d'une solution exacte. La joie qu'elle éveille en nous est métaphysique et Schopenhauer, en reprenant la formule de Leibniz, écrit : « La musique est un exercice de métaphysique inconscient, dans lequel l'esprit ne sait pas qu'il fait de la philosophie[458]. » La vraie philosophie, pour Schopenhauer, a son prélude dans une musique de la volonté. Le philosophe ajoute à la divinité des nombres de Pythagore et aux nombres de la musique de Leibniz, la cosmicité d'une force.

Si l'on suit cette inspiration musicale, *Plight* est lié à une métaphysique de la volonté, en l'occurrence à une nature naturante romantique, symbolisée par la matrice du feutre mais aussi par les battements cardiaques des corps des visiteurs de l'environnement et les sons de leur système nerveux. Une philosophie de la nature est impliquée dans *Plight*. Qu'est-ce qui nous autorise à penser le rapport de Beuys à la musique en se référant à Schopenhauer, au-delà des associations que nous suggèrent l'environnement et plus généralement l'art de Beuys ? L'artiste allemand a dit l'intérêt et l'importance qu'il conférait à la musique dans des actions comme *Bâton eurasien*. C'est la musique de Christiansen qui accompagne les actions de Beuys. Dans certains cas, elle peut avoir une composante religieuse comme pour *Bâton eurasien*. Beuys, dans l'une de ses premières actions, joue au piano un fragment de *La Messe des pauvres* d'Érik Satie. L'intérêt de l'artiste pour Satie n'est pas le même que celui de Cage. Beuys adhère à l'époque à

---

456 *Ibid.*, p. 337.

457 Gottfried Wilhelm Leibniz cité par A. Schopenhauer in *ibid.*, p. 327.

458 A. Schopenhauer, *op. cit.*, p. 338.

l'engagement rosicrucien du musicien et à sa religiosité qu'il exprime dans sa musique.

IV/ Beuys et Fluxus

Dans Fluxus, est récurrente l'idée de détruire des instruments de musique et notamment des pianos, en fait dès les festivals Fluxus au musée de Wiesbaden ; même si Fluxus refuse toute forme d'art symbolique, il faut interpréter ce geste de destruction qui est en fait polysémique, le considérer par exemple comme un geste dada visant la destruction des beaux-arts. En finir avec l'instrument de musique pour ouvrir comme Cage le monde des sons, c'est cela aussi le rituel de destruction de la musique avec Fluxus. Cela peut être aussi un rejet de la virtuosité artistique, comme le veut Jurgis Maciunas, ou encore signifier vouloir en finir avec le côté cérémoniel du concert et du monde de la musique avec ses instruments précieux. En 1962, à Wiesbaden, durant plusieurs soirées de concerts « la pièce la plus marquante [...] est la destruction d'un piano [...], c'était toujours le même dont le démontage progressait à chaque concert[459] ». Paik veut, lui, en brisant des instruments de musique, se défaire de la tradition ; dans l'*Hommage à John Cage 2*, Paik semble mettre en acte une déclaration faite en 1963 : « Le piano est tabou, il devra être détruit[460]. » Il s'agit d'une désacralisation brutale de la musique traditionnelle et d'une provocation du monde musical, fermé à la dissonance et à l'excès ; l'idée est aussi de rapprocher le monde de la musique du quotidien. Dans son *Hommage à John Cage 2*, « Paik tel un guerrier sauvage, a tailladé les flancs du mauvais piano avec un couteau de cuisine et l'a finalement renversé[461] ». Vostell associe aussi destruction et musique dans le *Dé-collage-musik* ; dans cette œuvre, les bruits proviennent de la destruction

[459] Nicolas Feuillie, in *Fluxus dixit, une anthologie, vol 1, textes réunis et présentés par Nicolas feuillie*, Dijon, Les presses du réel, 2002, p. 6.
[460] N. J. Paik cité par Olivier Lussac, *Fluxus et la musique*, Dijon, Les presses du réel, 2010, p. 88.
[461] Olivier Lussac, *ibid.*, p. 94.

d'objets ; l'artiste déclare : « Il n'y a pas de principe constructif, tout n'est qu'étape intermédiaire sur le chemin de la dissolution finale[462]. » Aux instruments de concerts, Vostell substitue des bruits du monde traumatisants, comme avec son concert de bombardiers sur un aérodrome dans son happening *in Ulm, um Ulm, und Ulm Herum* (1964). Beuys n'a pas toujours proposé des gestes de protection de l'instrument de musique. Lors d'un vernissage Fluxus, il détruit à coup de hache un piano, montrant ainsi sa capacité de surenchérir sur le geste de destruction d'un violon par Paik lors de la performance *One for Violin*. Ce geste de Beuys montre qu'il partageait en partie l'esthétique iconoclaste et néo-dadaïste de Fluxus. Ce qui sans doute l'intéressait, c'était par exemple l'idée de Maciunas que tout homme est un artiste et que l'art n'est pas réservé à des spécialistes maitrisant une technique de composition ou d'exécution, comme le laisse penser la musique traditionnelle. Mais finalement, Beuys s'est démarqué du rituel destructeur de Fluxus en préservant l'instrument de musique comme dans *Plight* car sur bien des points, il s'opposait aux orientations de Fluxus, trop liées à l'anti-art des dadaïstes.

Pour mieux comprendre les relations de Beuys à Fluxus, il est utile de confronter sa conception de l'art à celle de Maciunas. Voyons les points d'accord et les divergences entre les deux artistes. Maciunas a des objectifs sociaux plus qu'artistiques. Cela est vrai aussi, dans une certaine mesure, de Beuys. Autrement dit, il s'agit pour les deux artistes de changer la vie plus que l'art. Le groupe LEF (Front gauche de l'art), lié au constructivisme russe, était une référence majeure pour Maciunas qui voulait supprimer les beaux-arts pour laisser la place à des arts utiles comme l'architecture et les arts appliqués. Il déclare : « On n'a toujours pas besoin d'artistes mais on a besoin de quelqu'un comme Charles Eames[463]. » Maciunas refusait l'idée d'artiste professionnel et considérait que tout homme était un artiste, « tout le monde, dit-il, peut être

[462] Wolf Vostell, cité par O. Lussac, *ibid*, p. 208.
[463] G. Maciunas, in *Fluxus dixit…op. cit.*, p. 74.

musicien et écouter les bruits de la rue[464] ». Son refus de l'élitisme artistique allait jusqu'à penser que l'art était fondamentalement du divertissement qui devait s'opposer à toute tentative de sublimer les arts et d'en faire une activité capitale et sérieuse. La démocratisation de l'art passait par sa démystification. Par certains aspects, l'art existait ready-made dans le réel, il suffisait de le dévoiler, comme le fit Duchamp ou Cage. L'artiste est socialement inutile puisque n'importe qui est susceptible de le devenir. L'art est superflu puisque le réel est déjà artistique. Maciunas rejette l'individualisme des artistes, préconise que les œuvres ne soient plus signées et pense que toute création doit devenir collective et anonyme[465]. Les idées de chef-d'œuvre et de génie n'ont plus de crédit, ni d'ailleurs celle d'œuvre d'art, les processus de création l'emportant sur les résultats produits. L'art ne doit plus être conçu comme une expression du moi. Dans les positions de Maciunas, on retrouve des partis pris du constructivisme et du productivisme russe des années 1920 et le programme du situationnisme : l'idée de dépasser l'art et de transformer la société. L'une de ses références majeures est Duchamp et ses ready-mades. Pour Maciunas, Cage a appliqué au son l'idée de ready-made et George Brecht l'a adaptée à l'action[466]. Il déclare en effet : « Je mets au crédit de George Brecht d'avoir étendu l'idée de ready-made au domaine de l'action[467]. » Un autre point est capital pour Maciunas : l'humour. La plupart des œuvres Fluxus sont, pour Maciunas, liées à l'humour, ce sont « de bon gags inventifs[468] » plutôt que des œuvres d'art. Maciunas, dans un entretien avec Larry Miller en 1978, récuse les beaux-arts qui ne résistent pas à la commercialisation, ni à leur intégration institutionnelle et muséale. Au contraire, Fluxus à l'époque ne se préoccupe pas de sa socialisation et de sa reconnaissance institutionnelle. « On ne trouve pas Fluxus, dit Maciunas, dans

[464] *Ibid.*, p. 74.
[465] Voir G. Maciunas, lettre à Tomas Schmidt, 1964, in *ibid.*, p. 101-105.
[466] Voir G. Maciunas in *Fluxus dixit…*, *op. cit.*, p. 65.
[467] *Ibid.*, p. 66.
[468] *Ibid.*, p. 72.

les musées. La seule exception est Beaubourg et on ne le doit qu'à Pontus-Hulten[469]. »

Beuys avait une réelle estime pour Maciunas, en pensant notamment à son engagement social. Il a émis des critiques par rapport au monde de l'art contemporain et aux artistes qui ne sont pas sans rappeler celles de Maciunas. Mais pour l'essentiel, Beuys n'est pas en adéquation avec Fluxus. En effet, les actions de Beuys dans les années 1960 sont liées au sacré, au chamanisme et au christianisme. Il ne s'agit pas du tout d'un réglage de l'art sur le quotidien comme le fait Yvonne Rainer, George Brecht ou d'autres membres de Fluxus. Beuys sacralise l'art dans le sillage du romantisme et s'oppose ainsi de fait à la désublimation artistique de Fluxus. L'humour n'a pas de place dans l'art de Beuys qui ne connaît pas l'autodérision. L'action de Beuys *Le Silence de Marcel Duchamp est surestimé* visait indirectement Fluxus. Beuys n'a jamais considéré que l'art était ready-made et qu'il suffisait, comme le pensaient George Brecht et Maciunas, de le révéler. Pour Beuys, l'art est à créer, non pas à révéler mais à produire. Fluxus comme Duchamp et Cage accordent une place décisive au hasard pour liquider l'expression du moi de l'artiste et se défaire des impératifs de la composition, de la forme et de la structure. Beuys dialectise les contraires, la forme n'est pas bannie, l'expression personnelle non plus. Beuys ne nie pas les beaux-arts, il cherche à étendre les domaines de la création et à introduire de la créativité dans toutes les activités humaines. Il n'a pas le point de vue étroitement fonctionnaliste de Maciunas qui fut aussi celui du productivisme ou du constructivisme russes. L'art, que ce soit les beaux-arts ou la créativité de toute praxis, n'a pas à se régler sur le divertissement. Le jeu n'est pas le modèle de toute création, comme le pensaient Paik ou Maciunas. Si Beuys considère, comme Maciunas ou Brecht, que tout homme est artiste, ils n'entendent pas la même chose par art et artiste. Quand Brecht dit : « tous les gens sont créateurs[470] », qu'entend-il par là ? En fait, Fluxus a réduit l'art à peu de

[469] *Ibid.*, p. 73.
[470] G. Brecht, in *Fluxus dixit…*, *op. cit.*, p. 164.

choses en soulignant la nécessité de le démystifier. S'il n'est qu'un divertissement, s'il ne peut se hausser au-dessus du gag inventif, comme le croit Maciunas, on peut comprendre que beaucoup puissent prétendre à la création. Brecht déclare : « Je ne pense pas à ce que je fais comme étant de l'art ou pas. C'est une activité, c'est tout[471]. » En effet, on sait que cela peut être pour Brecht un acte aussi prosaïque qu'éteindre ou allumer la lumière. Dans ces conditions, n'importe qui peut être artiste car faire de l'art ne nécessite aucun savoir particulier ni aucun don particulier. Tout homme peut être un artiste car l'art peut être n'importe quoi. Beuys, en déclarant que tout homme est artiste, veut dire que la créativité existe en tout homme et qu'elle peut féconder toutes les activités humaines, y compris l'art. Ce qui importe ce n'est plus l'art mais la praxis en général et les domaines de la pensée. Ce qui importe est de découvrir les moyens qui permettent de développer la créativité dans tous les domaines. C'est une poïétique de la praxis et de la pensée qu'il faut inventer pour Beuys. Si l'on veut inverser le cours de l'histoire, plutôt catastrophique pour Beuys, il faut intensifier la créativité humaine, la mettre en jeu dans tous les domaines, avec tous les individus qui seraient effectivement créatifs en puissance. Beuys se fait sans doute des illusions en décrétant que tous les individus sont créatifs, comme d'ailleurs Maciunas ou Brecht qui croient pouvoir démocratiser l'art contemporain et d'avant-garde. Mais Beuys, ayant une conception élevée de l'art, ne rejoint pas Fluxus qui en a une vision démystifiée en l'associant au banal.

Néanmoins, la disqualification de la création artistique par les adeptes de Duchamp et de ses ready-mades -ce que furent les artistes de Fluxus- a eu des effets sur la production artistique de Beuys. Cette production concède trop au ready-made de Duchamp, et des œuvres de Beuys s'apparentent plus à des objets qu'à des œuvres d'art. Certaines installations d'objets, certaines vitrines de l'artiste allemand ou encore certaines actions, n'ont pas vraiment de statut artistique et ne sont d'ailleurs pas liées à des intentions artistiques. Les orientations

[471] *Ibid.*, p. 167.

anti-art de Fluxus ont eu des effets négatifs sur les créations de Beuys en réduisant leur coefficient d'art. Un autre point important de Fluxus n'a pas été non plus sans effet sur la production artistique de Beuys. Benjamin Patterson, un membre du groupe Fluxus, écrit en 1964 : « Je le confesse, mes œuvres ne "parlent" pas[472]. » Paik écrit : « Il est très important que les membres de Fluxus n'agissent pas avec des symboles, qu'ils ne fassent pas de collages symboliques. C'est absolument vrai que nous voulions être asymboliques[473]. » Fluxus congédie les savoir-faire en art mais aussi le sens. Antoine pense que Beuys est dans la même logique que Fluxus : proscrire la symbolisation en art. Il s'appuie sur certaines déclarations de l'artiste qui laissaient penser que l'interprétation de ses œuvres est inutile et que c'est un contresens que de vouloir les interpréter en leur assignant un sens[474]. On doit ici remarquer plusieurs choses. Beuys interprète lui-même certaines de ses œuvres et donne parfois des éléments pour les rendre intelligibles. Son art n'est pas toujours anti-symbolique de ce point de vue. On peut aussi noter que Beuys n'est pas spécialement doué pour donner du sens à ses œuvres ou ses actions. Il est plus à l'aise quand il reprend des théories élaborées par d'autres, notamment par l'anthroposophie, pour traiter différentes questions qui sont rarement liées à l'art mais plutôt aux sciences, à l'économie politique, au droit, à la philosophie, à l'éducation etc. En fait, Beuys ne donne pas l'impression de maîtriser ce qu'il produit, comme bien des artistes ; le sens de ses œuvres, et notamment de ses actions, lui échappe par certains de leurs aspects. Cela tient en partie, pour ses meilleures œuvres, à leur polysémie et à la profondeur et la complexité de ce qu'elles mettent en jeu. L'intuition plus que l'intellect domine la création artistique de Beuys. Cela explique aussi certaines de ses contradictions et de ses impasses. Prétendre qu'il n'y a pas de symboles dans l'art de Beuys, que ses œuvres ou ses actions n'ont pas à être déchiffrées, cela revient à dire que ses références au chamanisme ou au

---

[472] Benjamin Patterson, in *ibid.*, p. 187.
[473] N. J. Paik, in *Fluxus dixit*, *op. cit.*, p. 99.
[474] Voir J.-P. Antoine, *op. cit.*

christianisme n'ont pas de significations particulières, qu'elles n'ont pas à être questionnées et discutées. Penser que Beuys n'a pas enregistré la dimension symbolique du chamanisme, sur laquelle insiste tant Eliade, est difficile à croire. Le sacré, pour Beuys, c'est d'abord une plénitude de sens contre le nihilisme contemporain. Exclure cette dimension du sens et son interprétation pourrait bien être un contresens majeur à propos de l'art de Beuys. Mais cette présence d'un sens dans les œuvres n'exclut pas l'insistance de l'artiste, parfois, sur la matérialité pure d'une œuvre. Quand Beuys congédie explicitement le sens, cela peut avoir une signification. Bien des experts, critiques, ont considéré que les œuvres de Beuys étaient inintelligibles, c'est parfois vrai. La réponse d'Antoine est de dire à ces experts que l'absence de sens dans l'art de Beuys est volontaire, que l'art n'a pas à signifier ou symboliser[475]. La réponse est trop simple ; il n'y a pas de normes en la matière. La littéralité, que le minimalisme ou Franck Stella ont pu revendiquer, n'est pas un impératif pour la création artistique ; dans le cas de Beuys, globalement, l'art a un sens et l'interprétation est nécessaire. De ce point de vue, il s'éloigne encore du programme artistique de Fluxus. Le goût du sacré dans l'art de Beuys traduit un désir de sens et de plénitude. Ce goût déterminant dans son art le conduisait à réaliser un art essentiellement symbolique. Si des œuvres restent inintelligibles, avec ou sans les déclarations de Beuys, c'est une limite et le symptôme d'une difficulté à s'extraire d'un idiolecte qui compromet la transmission de son art et sa pérennité[476].

V/ *Plight* et le chamanisme

Eliade fait remarquer que le monde moderne est désacralisé et que le sacré est au mieux, maintenant, une énigme pour l'homme moderne ; il est devenu inintelligible ; le plus souvent,

---

[475] Voir *ibid.*

[476] Sur les aspects idiosyncrasiques de l'art de Beuys et ses faiblesses, voir Rainer Rochlitz, « Beuys entre symptôme et symbole », in *Feu la critique. Essais sur l'art et la littérature*, Bruxelles, La Lettre volée, 2002, p. 59-74.

il ne correspond plus à rien. C'est un néant[477]. *Plight* est un espace sacré pour Beuys. C'est un espace protégé par le feutre, un lieu précieux, préservé et distinct du monde alentour ; pour Beuys, l'espace n'est ni homogène ni continu. Il y a des hauts lieux, bien différents des autres, dans lesquels le sacré peut surgir. L'espace n'est pas mathématique et abstrait, dans *Plight* il est au contraire organique et existentiel. *Plight*, on l'a signalé, est une matrice, le piano et les visiteurs sont des embryons ; on a là, la métaphore d'un monde en gésine. L'environnement fait penser à une yourte. Eliade, à son propos, dit qu'elle peut devenir un sanctuaire lors d'un rituel chamanique sibérien, au même titre qu'un temple romain ou qu'une cathédrale. Comme le temple est une image du cosmos, la modeste yourte peut devenir, elle aussi, une image de l'univers. *Plight* est une métaphore de la nature et de la Terre-Mère des mythes.

L'environnement peut faire aussi penser à la cabane initiatique des Amérindiens. *Plight*, dans l'esprit de Beuys, est l'espace d'un rituel initiatique répandu, le *regressus ad uterum*. Dans ce type de rituel, le retour à la matrice « correspond, dit Eliade, à la régression de l'univers à l'état chaotique ou embryonnaire[478] ». Les ténèbres prénatales correspondent à la nuit d'avant la création et aux ténèbres de la case initiatique ; l'idée du chaos ou de la fin du monde est implicite dans *Plight*. Le feutre protecteur dans l'environnement fait surgir l'image d'une déflagration et l'idée d'une violence extérieure extrême. L'espèce humaine est en danger pour Beuys, notamment en détruisant son environnement naturel. *Plight* possède les deux dimensions des rites initiatiques, la mort et la renaissance. Le retour à l'origine dans *Plight* n'est pas uniquement régression au chaos originaire, il est aussi ressourcement, en l'occurrence dans une nature qui est salvatrice et sacrale. Eliade écrit : « Pour les sociétés archaïques, la vie ne peut pas être réparée, mais seulement recréée par un retour aux sources. Et la source par excellence est le jaillissement prodigieux d'énergie, de vie et de

[477] M. Eliade, *Le Sacré et le profane* [1957], Paris, Gallimard, 1987, p. 19.
[478] M. Eliade, *Aspects du mythe* [1963], Paris, Gallimard, 2009, p. 105.

fertilité qui a eu lieu lors de la création du Monde[479]. » *Plight* est un complexe énergétique comme les Fonds de Beuys qui sont des dispositifs énergétiques. Mort et renaissance sont entrelacées dans *Plight*.

L'environnement de Beuys est une métaphore de l'extase mystique du chamanisme sibérien. L'extase est le retour soudain à l'origine du monde, le sentiment d'être le contemporain de la création du monde et d'un déploiement inouï d'énergies fertilisantes, certitude d'être pleinement associé à une puissance infinie qui confère une plénitude parfaite à la vie. Le retour à l'origine dans *Plight* est lié à une thérapeutique, celle de restaurer dans les esprits le sens de la transcendance ou de l'absolu pour résister au nihilisme contemporain. La thérapeutique chamanique est ici spiritualiste ; faire l'expérience de *Plight*, c'est comprendre que l'environnement a pour fonction de nous rappeler que nous pouvons encore être les contemporains d'une cosmogonie originaire, d'une naissance d'un cosmos sacré dans des expériences exceptionnelles qui resteront des expériences humaines possibles, même dans un monde radicalement désacralisé comme le nôtre. Dans *Plight*, le retour à l'origine, c'est renaître. La renaissance est spirituelle et non physique. Elle est liée à une anamnèse, le souvenir que notre survie dépend de la nature. Le *regressus ad uterum*, en l'occurrence, a pour finalité de nous rappeler que nous sommes issus de la nature et essentiellement liés à elle, et que détruire la nature comme nous le faisons aujourd'hui, c'est nous détruire. Dans le mythe cosmogonique, signale Eliade, le mythe de l'origine des médicaments est inclus[480]. La contemplation fascinée de la création du monde, dans l'expérience chamanique mystique, est aussi découverte des moyens du salut de l'humanité. Pour Beuys, nous souffrons d'un déficit de plénitude et d'être ; l'expérience mystique est l'expérience d'un monde en gloire, d'un déploiement magnifique de l'Être qui vient contredire le peu de réalité de notre monde quotidien et son insignifiance

---

[479] *Ibid.*, p. 46.
[480] *Ibid.*, p. 44.

accablante. Eliade parle de renaissance mystique comme enjeu de ces rituels initiatiques incluant le *regressus ad uterum*[481].

Dans *Plight*, « le passé apparaît comme une dimension de l'au-delà[482] ». L'archaïque n'est pas uniquement l'obscur pour Beuys, il est aussi le primordial lié à l'originaire et à un immémorial salvateur. L'expérience mystique est liée à une mémoire : celle d'un paradis originaire dont on retrouve la voie et que l'on avait oublié. Au cœur du *regressus ad uterum* est logé un paradis ; l'enjeu pour Beuys est d'en actualiser les promesses dans notre monde ici et maintenant. Eliade écrit : « La cosmogonie est le modèle exemplaire de toute espèce de faire[483]. » Pour Beuys, tous les domaines de la praxis doivent devenir créateurs. L'action sociale, artistique ou politique se fonde sur l'espérance d'une transformation des vies pour les embellir et les magnifier. L'utopie sociale de Beuys a son fondement et sa source dans un mysticisme salvateur. Selon Eliade, le chamane sibérien est, lors de son extase, capable de passer d'un niveau cosmique à un autre, de la terre au ciel ou de la terre aux enfers. Le tambour chamanique est un moyen d'accéder à l'extase ; la musique est aussi pour Beuys, avec son piano dans *Plight*, un moyen pour atteindre une expérience métaphysique. Pour l'artiste, la musique a la faculté de nous rapprocher de la transcendance ou d'en donner une image sensible, comme par exemple pour le romantique allemand Wilhelm Wackenroder[484].

Plight est lié à l'idée d'une réactualisation de l'acte cosmogonique. Dans le chamanisme sibérien, le mystique revit la création du monde ; il assiste à la restauration du temps primordial, au commencement du monde, au moment de la « création[485] ». La cosmogonie est « la suprême manifestation

---

481 *Ibid.*, p. 105.
482 *Ibid.*, p. 153.
483 *Ibid.*, p. 48.
484 Le romantique écrit : « La musique est pour le cœur humain une véritable divinité. » in W. F. Wackenroder, *Épanchements d'un moine ami des arts ;* suivi de *Fantaisies sur l'art,* trad. O. Schefer et C. Leblanc, Paris, Corti, 2009, p. 234.
485 M. Eliade, *Le Sacré et le profane, op. cit.*, p. 71.

divine[486] ». La gestation dans *Plight* est la métaphore de la création divine. Cette création est le paradigme de tout agir humain. L'art de Beuys est lié à une imagination de l'action. C'est aussi la régénération de l'être humain qui est en jeu ; *Plight* est l'image d'une anthropogonie. L'environnement traduit le souhait de Beuys de vivre dans la proximité du sacré, dans le temps mythique qui est un éternel présent. Eliade dit que la récitation rituelle du mythe cosmogonique joue un rôle important dans les guérisons chamaniques. L'installation de l'artiste allemand est le récit crypté, architectural et sculptural d'une régénération du monde par un retour au temps originel. L'artiste a voulu nous installer à la source du monde, quand le monde est *in statu nascendi*[487]. *Plight* est une expression artistique du mythe qui est ici le récit de l'irruption du sacré dans le monde, l'irruption d'une énergie créatrice infinie. Eliade écrit : « Les dieux créent par un excès de puissance, par débordement d'énergie[488]. » Les énergies si présentes dans les actions ou les œuvres de Beuys sont sacrées pour l'artiste. Elles correspondent à son obsession ontologique : faire que ses actes et ses œuvres acquièrent une présence et une plénitude. Beuys est hanté par la mort, la paralysie et la destruction ; son recours à une énergétique entend dépasser ce qui menace : le néant.

L'objection que l'on fait régulièrement à Beuys, c'est que sans la foi en sa mystique, ses œuvres sont inefficaces. Elles ne correspondent à rien. Beuys a su réaliser des œuvres comme *Plight* ou *Honigpumpe* qui sont de superbes métaphores de sa mysticité et de ses croyances ; ce n'est pas rien. D'autre part, la mystique reste une expérience humaine incontournable et exceptionnelle qui a droit à son expression en art. Le mysticisme ne compromet pas l'œuvre de Beuys en réduisant sa croyance et son expression à un idiolecte. Le mysticisme chamanique dont parle Eliade et auquel se réfère Beuys n'est pas un épiphénomène, il a des résonnances fortes dans l'histoire du mysticisme. Le mysticisme peut aider à la transfiguration de

[486] *Ibid.*, p. 73.
[487] *Ibid.*, p. 73.
[488] *Ibid.*, p. 87.

la vie et être au fondement d'utopies sociales. Il peut aussi entraîner des aveuglements. Dans le cas de Beuys, il a des effets négatifs sur sa pensée qui parfois s'apparente à un fatras magico-religieux. L'expérience mystique de l'absolu, expérience subjective, peut vouloir se traduire par une vision du monde irrationnelle qui croit pouvoir dire et savoir l'absolu ou pire, le démontrer ; l'histoire de la philosophie jusqu'à Hegel a été le plus souvent victime d'une telle prétention. L'anthroposophie de Steiner, à laquelle se réfère Beuys, est un reliquat tardif et naïf de cette ambition aberrante d'un savoir absolu, et notamment d'une connaissance scientifique du surnaturel. Mais les effets pernicieux du mysticisme de Beuys se situent surtout ailleurs.

L'artiste semble jouer le temps cosmique contre le temps historique, celui des deux guerres mondiales et celui du conflit Est/Ouest après 1945. C'est évidemment ce retrait dans l'originaire qui limite la capacité de l'art de Beuys à affronter son propre temps, c'est-à-dire l'histoire de l'Allemagne nazie, comme on l'a déjà souligné. Si Beuys n'a pas ignoré cette histoire dans son art, notamment celle du génocide des juifs, il a préféré se concentrer sur la quête de l'immémorial plutôt que sur la mémoire historique. C'est une limite de son œuvre. Une autre objection plus spécifique à *Plight* peut être faite ainsi qu'au chamanisme en général. Les rituels liés au *regressus ad uterum* sont liées au mythe de la Terre-Mère qui implique parfois une idéologie sacrificielle ; Eliade écrit : « L'aspect terrifiant de la terre-mère en tant que déesse de la mort s'explique par la nécessité cosmique du sacrifice[489]. » Selon Eliade, les mythes de la création peuvent parfois s'associer à la mort violente. L'idée est alors que la vie ne peut naître que de la vie que l'on sacrifie. Cette idéologie sacrificielle est régressive, dangereuse et barbare mais rien ne dit que Beuys eut à l'esprit cette idéologie sacrificielle pour la réalisation de *Plight*. Une autre limite de sa référence au chamanisme est le scénario du rituel chamanique qui inclut la souffrance et la mort pour toute

[489] Mircea Eliade, *Mythes, rêves et mystères* [1957], Paris, Gallimard, 1989, p. 233.

renaissance. On a vu que Beuys n'a jamais pu vraiment rompre avec l'idée fausse, foncièrement chrétienne autant que chamanique, que la mort et la souffrance étaient nécessaires pour la renaissance. La vie n'a pas besoin d'être initialement crucifiée pour rayonner ; cette superstition jette une ombre sur l'utopie de Beuys. Le sacré a une composante violente et barbare qu'il faut dénoncer et supprimer.

Ce qui importe et a une valeur, c'est la dimension mystique de la religiosité que nous avons relevée, qui dépasse les spécificités ambigües du chamanisme et de toute religion et qui sait faire l'économie de la violence et du sacrifice. C'est la dimension mystique du chamanisme de Beuys qui a une réelle résonnance pour nous, pas les croyances religieuses du chamanisme qui ont bien peu d'échos dans notre culture euro-américaine christianisée, modernisée et rationaliste. Mais en l'absence d'une connaissance du chamanisme en tant que mystique, définition d'ailleurs nullement partagée par la plupart des spécialistes du chamanisme, peut-on comprendre *Plight* ?

Sans se référer au chamanisme qui permet de saisir la mysticité de l'œuvre, on peut par associations et en mobilisant nos savoirs se rapprocher du sens de l'œuvre. Cet environnement est éminemment suggestif, on l'a montré ; un passage par les écrits de Bachelard consacré à la grotte peut confirmer notre interprétation et la prolonger. Si *Plight* peut être associé à une yourte, la grotte est aussi un lien manifeste. Le philosophe écrit : « À l'entrée de la grotte travaille l'imagination des voix profondes, l'imagination des voix souterraines. Toutes les grottes parlent[490]. » Peut-être est-ce la raison pour laquelle nous avons entendu un récit dans l'installation fascinante de Beuys. Bachelard poursuit : « Pour un rêveur des voies souterraines, des voix étouffées et lointaines, l'oreille révèle des transcendances, tout un au-delà de ce qu'on peut toucher et voir [...], l'oreille est alors le sens de la nuit[491]. » Il ajoute : « La moindre caverne nous offre toutes

[490] G. Bachelard, *La Terre et les rêveries du repos*, Paris, José Corti, 1948, p. 216.
[491] *Ibid.*, p. 217.

les rêveries de la résonance[492]. » Ce sont bien ces résonances que nous avons écoutées en analysant *Plight* et son piano funéraire. Pour Bachelard, la grotte est le temple naturel des rites religieux. Elle est liée, dit-il, à une imagination du repos, elle est un refuge pour une rêverie sans fin ; mais elle est ambivalente car elle peut susciter l'effroi. On a dit l'ambivalence de *Plight* ; la grotte est un gîte, une demeure originelle, l'archétype de la maison natale comme *Plight* ; « elle est aussi le berceau des premières industries[493] ». Ce rappel aurait plu à Beuys qui pense *Plight* comme une cosmogonie à échelle réduite capable de nous galvaniser pour créer. Les grottes d'effroi et d'émerveillement de Bachelard sont présentes dans l'installation de l'artiste allemand. Les colonnes de feutre pourront évoquer les colonnes basaltiques de la grotte de Fingal, la présence du piano, de souvenirs en souvenirs, nous fera entendre la musique de Felix Mendelsohn, consacrée aux merveilles rocheuses et marines de la nature. Bachelard écrit que la grotte chez Tieck est « l'allégorie du paysage romantique[494] », une grotte au cœur des forêts et des montagnes. Il dit : « Le poète retrouve d'instinct tous les mythes de la grotte cosmologique et de la grotte magique où s'accomplit le destin humain[495]. » Il y a certainement bien des manières de parler de *Plight*, mais elles devraient en principe converger vers l'obscure clarté d'un mystère orphique. Bachelard écrit encore : « Les mythologues ont souvent dit que la grotte était pour la pensée primitive un lieu où se condensait le mana[496]. » Le mana, on l'a dit, c'est une force sacrée que l'on a cru un temps à l'origine de toutes les religions. *Plight*, assimilé à une grotte, convoque une figure de très haute antiquité du sacré. C'est la raison pour laquelle les écrits d'Eliade, l'historien des religions, nous ont semblé opportuns pour interpréter l'œuvre sans doute la plus éloquente de Beuys, et certainement la plus exemplaire de son art et de son imaginaire. Orphée a-t-il occupé l'esprit de Beuys durant la réalisation de son installation ? Eliade écrit que la

---

[492] *Ibid.*, p. 218.
[493] *Ibid.*, p. 216.
[494] *Ibid.*, p. 224.
[495] *Ibid.*, p. 224.
[496] *Ibid.*, p. 214.

descente aux enfers est typiquement chamanique. On l'a vu, *Plight* contient ce moment infernal. Eliade dit qu'Orphée ressemble aux chamanes « avec son amour de la musique et des animaux, son art de guérisseur, ses charmes, sa puissance divinatoire[497] ». Beuys semble bien avoir pris pour exemple ce héros mythique, un héros civilisateur, défendant l'humanité contre les maladies et souhaitant la civiliser. *Plight* propose une régénération de l'art et de la vie en les sacralisant. Régénérer l'art, cela signifie le greffer sur les forces vives de l'imagination pour lui permettre d'intensifier le désir d'exister et de résister aux renoncements de toutes sortes qui dessèchent la vie. Ce désir d'une vie plus riche, plus accomplie, plus rayonnante appartenait au programme des surréalistes avec Breton ou à celui d'Artaud. On en retrouvait l'exaltation dans les quasi monochromes de Newman ou la magnificence de certaines sculptures d'Henry Moore.

On considère souvent comme choquante l'association de l'art et de la thérapie dans les créations de Beuys. Le public de l'art contemporain dénie la maladie dont il est atteint. Elle s'appelle le nihilisme, un autre nom du désenchantement contemporain. Le plus sûr diagnostic de cette maladie est l'absence d'imagination ou le vieillissement prématuré et généralisé des esprits. Le symbolisme gynécologique et obstétrique de Beuys dans *Plight* propose une nouvelle naissance et l'aurore d'un nouveau monde rajeuni, sillonné de promesses enflammées. Ce monde n'est pas à découvrir mais à inventer. *Plight* est l'image cryptée de l'utopie qui auréole la jeunesse de ses possibles.

Il n'est pas nécessaire d'adhérer aux croyances du chamanisme pour comprendre le sens des actes ou des œuvres de Beuys. Dans certaines de ses créations, l'artiste allemand a parfois su restaurer l'aura de l'art. Il a souvent aussi exposé son art à la réification. La baignoire d'enfant, par exemple, exposée par Beuys comme réponse au ready-made de Duchamp,

---

[497] M. Eliade, *Le Chamanisme et les techniques archaïques de l'extase*, *op. cit.*, p. 308.

s'apparentait à un « ready-made malheureux » (voir *JB, Badewanne*, 1960). Ici, dans ce mobilier infirme et anthropomorphe, les images de la naissance et du ventre maternel étaient pauvres, réifiées et accablantes de misère. *Plight* est la transfiguration admirable de cette Baignoire dénuée d'art et au symbolisme indigent.

Table des matières

L'HARMATTAN ITALIA
Via Degli Artisti 15; 10124 Torino

L'HARMATTAN HONGRIE
Könyvesbolt ; Kossuth L. u. 14-16
1053 Budapest

L'HARMATTAN KINSHASA
185, avenue Nyangwe
Commune de Lingwala
Kinshasa, R.D. Congo
(00243) 998697603 ou (00243) 999229662

L'HARMATTAN CONGO
67, av. E. P. Lumumba
Bât. – Congo Pharmacie (Bib. Nat.)
BP2874 Brazzaville
harmattan.congo@yahoo.fr

L'HARMATTAN GUINÉE
Almamya Rue KA 028, en face du restaurant Le Cèdre
OKB agency BP 3470 Conakry
(00224) 60 20 85 08
harmattanguinee@yahoo.fr

L'HARMATTAN CAMEROUN
BP 11486
Face à la SNI, immeuble Don Bosco
Yaoundé
(00237) 99 76 61 66
harmattancam@yahoo.fr

L'HARMATTAN CÔTE D'IVOIRE
Résidence Karl / cité des arts
Abidjan-Cocody 03 BP 1588 Abidjan 03
(00225) 05 77 87 31
etien_nda@yahoo.fr

L'HARMATTAN MAURITANIE
Espace El Kettab du livre francophone
N° 472 avenue du Palais des Congrès
BP 316 Nouakchott
(00222) 63 25 980

L'HARMATTAN SÉNÉGAL
« Villa Rose », rue de Diourbel X G, Point E
BP 45034 Dakar FANN
(00221) 33 825 98 58 / 77 242 25 08
senharmattan@gmail.com

L'HARMATTAN BÉNIN
ISOR-BENIN
01 BP 359 COTONOU-RP
Quartier Gbèdjromèdé,
Rue Agbélenco, Lot 1247 I
Tél : 00 229 21 32 53 79
christian_dablaka123@yahoo.fr

655390 - Mai 2016
Achevé d'imprimer par

1livre.com
du rêve à la réalité !